论道特殊教育

LUNDAO·TESHU·JIAOYU

——广东省聂永平特殊教育名校长工作室办学智慧

聂永平　主编

·广州·

版权所有　翻印必究

图书在版编目（CIP）数据

论道特殊教育：广东省聂永平特殊教育名校长工作室办学智慧/聂永平主编．—广州：中山大学出版社，2022.6
ISBN 978-7-306-07444-7

Ⅰ.①论… Ⅱ.①聂… Ⅲ.①特殊教育—学校管理—广东 Ⅳ.①G769.2

中国版本图书馆 CIP 数据核字（2022）第 026115 号

LUNDAO TESHU JIAOYU

| 出 版 人：王天琪 |
| 策划编辑：张　蕊　刘绍文 |
| 责任编辑：张　蕊 |
| 封面设计：曾　斌 |
| 责任校对：贾艳润 |
| 责任技编：靳晓虹 |
| 出版发行：中山大学出版社 |
| 电　　话：编辑部 020-84110283，84113349，84111997，84110779，84110776
　　　　　发行部 020-84111998，84111981，84111160 |
| 地　　址：广州市新港西路 135 号 |
| 邮　　编：510275　　传　　真：020-84036565 |
| 网　　址：http://www.zsup.com.cn　E-mail：zdcbs@mail.sysu.edu.cn |
| 印 刷 者：广州市友盛彩印有限公司 |
| 规　　格：787mm×1092mm　1/16　19 印张　400 千字 |
| 版次印次：2022 年 6 月第 1 版　2022 年 6 月第 1 次印刷 |
| 定　　价：50.00 元 |

如发现本书因印装质量影响阅读，请与出版社发行部联系调换

序

  党的十九大明确提出要"办好特殊教育"。从"关心特殊教育"到"支持特殊教育"再到"办好特殊教育",三个关键词的变化代表着党中央、国务院对特殊教育的关注发生了质的飞跃。从《关于进一步加快特殊教育事业发展的实施意见》到《国家中长期教育改革和发展规划纲要(2010—2020年)》再到《第二期特殊教育提升计划(2017—2020年)》,都说明特殊教育的发展不能仅仅停留在开办多少特殊学校、建立多少新校舍、招收多少特殊学生这类硬件基础建设上,也不能局限于关心、爱护与支持的人文情怀中,还应当办出特殊教育(简称特教)的质量,体现特殊教育的水平,让残疾儿童称心,让人民群众满意。

  广东地处改革开放的前沿阵地,多年来一直引领着教育改革的浪潮。在国家大力倡导提升特殊教育质量的背景下,广东因地制宜先后出台了《广东省中长期教育改革和发展规划纲要(2010—2020年)》《广东省第二期特殊教育提升计划(2017—2020年)》以及《广东省特殊儿童少年随班就读资源教室建设与管理实施办法》等政策法规和文件,为新时代的教育改革和课程改革保驾护航。

  要提高特殊教育教学质量,教师队伍建设是基础保障,而教师专业化水平的提高则是重中之重。自2012年起,广州市尝试以开办名教师、名校长工作室的模式,打造线上线下相结合的研修方式,发挥名教师、名校长、名校的示范、引领、辐射作用,通过以点带面的形式推动工作室成员快速成长,为广州市推进教育现代化和提高教育质量提供智力支持和人才保障。2018年,聂永平名校长工作室成立,集一省五城六校结成特殊教育学校联盟,包括办校一年的清远市清城区特殊教育学校,来自改革试验区珠海市的特殊教育学校和深圳的福田竹香学校,西部地区特殊教育的领头羊梅州市平远县特殊教育学校,国内办学历史最悠久的盲校广州启明学校,以及一直致力于特殊教育改革创新的广州市越秀区启智学校。作为主持人所在的越秀区启智学校,近年来通过"优才计划""菁英计划"等一系列的人才培养计划培养了一大批骨干教师、名教师、中心教研组组长等,并通过课程改革形成了自己的特色课程,如劳动课程、特奥课程、医教结合的康复课程等。此外,他们还不断探索特殊教育学校(简称特校)向区域资源(指导)中心的功能转型,积极构建融合支持模式,初步形成了以特殊教育指导中心为支持点、推动区域融合教育发展的良好局面。借助聂永平名校长工作室的平台,其他5所特校经过3年的学习交流、思想碰撞,无论是在个人修养和专业素质,还是在特色课程和办学管理等方面都有了新的思路和尝试,也凝结出了许多智慧的结晶。最后,我们将它们荟萃成《论道特殊教育》。或许,老师们的思想还略带青涩,但透过这本书,相信您能从这些文字背后看到特殊教育的发展、感动于特教老师的情怀、惊喜于有特殊需要的孩子的成长。在第二届粤港澳融合教育论坛上,北京师范大学特殊教育系邓猛教授对启智学校和聂永平名校长工作室先行先试的先锋模范作用给予了充分的肯定。

《中共中央 国务院关于全面深化新时代教师队伍建设改革的意见》指出,到 2035 年,教师综合素质、专业化水平和创新能力大幅提升,培养造就数以百万计的骨干教师、数以十万计的卓越教师、数以万计的教育家型教师。展望未来,工作室的使命或许已经完成,但特殊教育的使命依然在路上,"办好特殊教育"任重而道远,追求教育公平、提高教育质量,愿每一个特教人都能为之奋斗。

聂永平

2021 年 6 月于广州

目　录

第一部分　办学智慧

建构"一体两翼"办学模式　打造高质量特殊教育学校
　　——广州市越秀区启智学校办学规划 ……………………………… 聂永平（3）
艺术教育对视障学生核心素养培育的研究和探索
　　——以广州市启明学校为例 ……………………………………… 唐英姿（30）
创品质学校　展特教活力
　　——珠海市特殊教育学校办学实践与探索 ……………………… 陈　文（37）
平远县特殊教育学校2018—2020年发展规划 ………………………… 丘玉华（42）
新时代特殊教育学校提质发展的实践探索 ……………………………… 陈　杰（49）
校长是学校灵魂的工程师
　　——深圳市福田区竹香学校例谈 ……………………………… 黄木生（53）

第二部分　成果集锦

从特奥运动到校园文化品牌之探索 ……………………………………… 聂永平（61）
基于特殊学校医教结合有效支持策略的思考 …………………………… 聂永平（69）
教康结合理念下的学前融合教育课程构建与实施 ……………………… 梁佩忠（73）
运用低比例区别强化改善智障儿童不注意行为的实验研究 …………… 周锦萍（77）
个别化教育理念下特殊教育学校班级经营的视觉策略 ………………… 曹丽敏（83）
试论培智学校美术教学中渗透德育 ……………………………………… 王　睿（89）
运用多媒体课件提高智障儿童数数能力的个案研究 ………… 余志梅　张　洋（94）
艺术治疗应用于脑瘫学生康复训练的个案研究 ……………… 余娟瑜　黄华权（100）
特殊幼儿入学适应的个案研究 …………………………………………… 陈　霞（106）
听觉统合训练干预自闭症学生情绪和行为问题的研究 ………………… 陈小雕（110）
游泳康复训练对脑瘫儿童心肺功能的影响 ……………………………… 樊永辉（115）
珠海市随班就读特殊儿童全纳教育现状的调查研究 …………………… 杨　磊（120）
新课标背景下培智教师教学目标调整策略探析 ………………………… 孙　强（124）
特殊学校选修课实施的个案研究
　　——以手工穿珠为例 …………………………………… 邓乾辉　刘至彦（129）
培智学校校本课程建设的支持体系研究 ………………………………… 晏荣祥（136）

浅谈如何提高智力障碍学生学习音乐的兴趣 …………………………… 林伯慧（140）
智力障碍儿童运动能力训练方法的研究 ……………………………… 姜　月（144）
智力障碍儿童课堂问题行为干预的个案研究 ………………………… 宗廷娜（148）
自闭症儿童自我刺激行为干预的个案研究 …………………………… 晏荣祥（153）
特殊教育教师利用网络学习空间开展送教上门的教学实践探索 …… 洪金祥（158）
小学数学课教学中问题设计的现状及实施方法 ……………………… 丘玉华（161）
政策导向下山区特殊教师的专业发展的理论研究 …………………… 陈　俊（164）
游戏法体育教学模式对学生发展的影响
　　——以民间游戏对培智教育的影响为例 ………………………… 丘玉华（167）
山区特殊教育教师信息化教学能力提升策略研究 …………………… 刘　芬（170）
营造和谐班级文化　优化山区培智学校教学环境 …………………… 林志杰（173）
浅析使用希沃教学的便捷性 …………………………………………… 李喜利（176）
特教的艰辛与幸福 ……………………………………………………… 丘玉华（179）
生活与教学，云端新模式
　　——浅谈防疫期间生活语文教育信息化的运用 ………………… 郑　智（182）
个别化教育计划框架下主题教学模式初探
　　——以深圳市福田区竹香学校为例 ……………………………… 曾子豪（185）
个别化教育理念在生活单元主题教学模式中的实践探究
　　——以深圳市福田区竹香学校为例 ……………………………… 杨丽华（189）
教育，智力的冲刺与挑战
　　——开学第一课"看电影"教学片段及特殊教育教学思考 …… 廖　华（194）
当1＋1＞2
　　——"空中课堂"开展中的挑战与机遇 ………………………… 袁　园（198）
虽无桃李满天下　我心犹系三尺台
　　——一名特殊教育教师的教育感怀 ……………………………… 孙明昊（201）
特殊教育学校智慧校园建设的构想和实践
　　——竹香学校智慧校园建设例谈 ………………………………… 黄木生（205）
以志愿服务为载体的盲生责任教育初探 ……………………………… 唐英姿（209）
新课标下视障音乐分阶段教育的实践思考 …………………………… 林　洲（212）
微课在视障学生家校联动心理健康教育中的实践与反思 …………… 陈玉赟（215）
随班就读盲童定向行走训练案例研究 ………………………………… 叶宇鹏（220）
浅谈英语绘本在视障小学英语教学中的运用 ………………………… 洪　续（224）
视障学生环境教育新模式的探索 ……………………………………… 李洁瑛（227）
新课标背景下优化盲校美工课穿珠教学的实践与思考 ……………… 沈玉文（231）
盲校学生生活垃圾分类的问卷调查与分析
　　——以广州市启明学校为例 ……………………………………… 唐英姿（235）

第三部分 我们的足迹

广东省聂永平名校长工作室成员胜利会师 ………… 广州市越秀区启智学校（241）

为爱扬帆　梦想启航
　　——记广东省特殊教育聂永平名校长工作室、广州市名教师工作室研修
　　　活动 ………………………………………… 广州市越秀区启智学校（242）

特奥融合　携手共进
　　——广东省聂永平名校长工作室主持人参加特奥融合学校领导论坛报道
　　………………………………………………… 广州市越秀区启智学校（245）

广东省聂永平名校长工作室培训
　　——《培智学校义务教育课程标准》解读和"特殊学校教师专业发展"
　　　培训 …………………………………………… 广州市越秀区启智学校（247）

共享　共建　共进
　　——广东省聂永平名校长工作室成员赴清远研修活动
　　………………………………………………… 广州市越秀区启智学校（250）

目标导向　拓宽视野　强师辐射　引领发展
　　——记2019年广东省"强师工程"名校长工作室主持人团队专项研修
　　　活动 …………………………………………… 广州市越秀区启智学校（252）

探医教结合之路，促教师专业成长
　　——记广州市聂永平名师工作室赴东莞市康复实验学校研修
　　………………………………………………… 广州市越秀区启智学校（255）

特教联盟齐聚首，同向同行同携手
　　——记越秀区特殊教育联盟成立 ………… 广州市越秀区启智学校（257）

送教千里助提升，结对帮扶促发展
　　——广东省聂永平名校长工作室团队赴黔南州送教首日活动
　　………………………………………………… 广州市越秀区启智学校（259）

送教促交流，互助共成长
　　——广东省聂永平名校长工作室团队赴惠水县特殊教育学校送教活动
　　………………………………………………… 广州市越秀区启智学校（261）

多校联动深情送教　成长互助共研共行
　　——广东省聂永平名校长工作室团队赴独山县沁元学校送教活动
　　………………………………………………… 广州市越秀区启智学校（263）

送教送"心"，齐步前行
　　——广东省聂永平名校长工作室团队赴黔南州特殊教育学校送教活动
　　………………………………………………… 广州市越秀区启智学校（265）

聚力促发展,携手合作谱新篇
　　——广东省聂永平名校长工作室、广州市名师工作室团队赴梅州交流研修
　　　　活动 ································· 广州市越秀区启智学校（267）
搭建高端交流平台,共商融合教育发展之计
　　——祝贺区特教指导中心、启智学校承办第二届粤港澳融合教育分论坛
　　　　圆满成功 ····························· 广州市越秀区启智学校（269）

第四部分　爱的传承

爱的传承　专业提升 ································ 聂永平（273）
名师指引　五校联盟　共同成长 ······················· 黄木生（275）
怀敬畏　守本分　不忘教育初心 ······················· 陈　杰（277）
嵌入式视障德育的管理与思考 ························· 唐英姿（280）
在展望中前行 ····································· 丘玉华（283）
三年工作室感悟 ··································· 陈　文（285）

第一部分 办学智慧

建构"一体两翼"办学模式 打造高质量特殊教育学校

——广州市越秀区启智学校办学规划

聂永平

广州市越秀区启智学校是一所为智障、脑瘫、自闭症和多重残疾的学生提供教育、康复和职业训练的综合性特殊教育学校,是"全国首批医教结合实验基地"。作为广州市特殊教育学校中最早实施个别化教育、开展融合幼儿园探索模式、成立职业高中部、成立辅具适配中心和开展普特共融模式的学校,经过多年的改革与实践,逐渐形成"以个别化教育为主体""潜能开发"和"康复支持"并驾齐驱的"一体两翼"办学模式。

一、办学背景和理念分析

启智学校为特殊孩子提供无缝衔接的优质教育和康复支持,同时对标"国内一流水平、国际知名"的特殊教育学校,进一步优化资源,以积极开放、共赢发展的方式,打造越秀特教品牌,为促进区域特殊教育质量提升而努力。

(一) 办学历程

1. 开创期(1985—2004年)

广州市越秀区启智学校于1985年开办第一个智障班,到1990年正式挂牌为九年一贯制的公立智力障碍学校。至2004年12月前,启智学校的原校址为广州市越秀区文德南路海傍街福安里6号。当时的办学条件极差,设备、设施严重不足,学校搬迁前学生总人数仅为106人。

2. 腾飞期(2004年至今)

2004年12月,启智学校搬迁至白云路,逐步配齐教室、各类功能场室、康复训练室、信息化设备设施等。2020年7月,越秀区委、区政府决定,将广州市越秀区培智学校整体并入广州市越秀区启智学校,校名为广州市越秀区启智学校。重新整合的启智学校在原启智学校(现启智学校白云路校区)、原培智学校(现启智学校大德路校区)的基础上,还接管了原贸易职中校区(现启智学校五常里校区),形成一校三区的办学规模,总占地面积6605平方米,总建筑面积9851平方米。

2021年,全校共有33个教学班,学生共396人。学校教职工共184人,其中在编老师130人,临聘教师54人。现有广东省特殊教育名校长工作室主持人1人、广东省南粤优秀教师1人、广东省师德先进个人1人、广州市名教师工作室主持人2名、广州市特殊教育骨干教师7人、广州市中小学名班主任1人、越秀区名教师

5人、区骨干教师12人、教坛新秀12人、越秀区骨干班主任1人。这批骨干教师对学校教育教学工作、科研工作、专业化发展都发挥了引领与辐射作用。

目前，越秀区教育局在启智学校下设越秀区特殊教育指导中心，包含随班就读指导中心、智力检测中心、积极行为支持中心、辅具适配中心和转介安置中心。这五大中心肩负着指导、专业支持、服务特教教师、随班就读教师以及家长的任务，为区内有特殊需求的学生提供筛查、检测、教育诊断、审核、建档等服务，进一步推动越秀区特殊教育的发展。

（二）背景分析

1. 区域对特殊教育的需求

（1）社会的呼唤

近年来，国家不断出台关于特殊教育的政策法规，在习近平新时代中国特色社会主义思想指引下，中国将残疾人事业发展作为全面建成小康社会的目标，残疾人权益保障的体制机制不断完善，残疾人社会保障制度和服务体系不断健全。由此可见，特殊教育的目的从有针对性地进行缺陷补偿逐步过渡为关注残障人士的实际需求，助其全面发展。

（2）教育的需要

● 特殊教育

越秀区是广东省首批教育强区，拥有深厚的教育及文化底蕴。在"办好特殊教育"的大背景下，区特殊教育高质量发展与转型发展齐头并进，引领教师专业成长、学生综合发展，成了名校林立的越秀区的一张亮丽的新名片。

● 融合教育

近年来，融合教育开展情况已经成为评价区域特殊教育发展水平的重要因素。首先表现为入学方式的转变，特殊教育催生了"普通教育方式优先"的原则，按照"将近就便""全覆盖、零拒绝"的要求，优先安排中、轻度残疾学生进入普通学校就学。其次，融合教育促进特殊教育学校转型，特殊学校逐渐成了融合教育区域的推进中心。目前，特殊学校招生对象发生了明显的变化，越来越多重度和多重残障的学生进入特殊学校接受教育、康复服务，为学生提供个性化服务的要求越来越高，家长的需求非常迫切。

为优化配置区内特殊教育资源，提升15年特殊教育教学质量，由越秀区教育局牵头成立了区特殊教育联盟。启智学校作为区特殊教育联盟的龙头单位，采用全方位、立体式、多元化的融合支持模式，建立多层次互动的教康结合专业服务机制，以"全纳教育视野下特殊教育支持团队"为着力点，为区域内特殊儿童提供多样化教育课程，创新课程内容与实施方式，实现有教无类、因材施教。

2. 学校基本发展条件分析

（1）优势分析

学校（指启智学校，下同）拥有成熟的个别化教育课程体系，并以此为主体，以康复补偿和潜能开发并驾齐驱的"一体两翼"办学模式，成功塑造了医教结合、特奥体育、美术康复等多个特色品牌。

（2）劣势分析

学校地处老城区，占地面积小，设备设施陈旧落后，场室建设未具规模；课程欠缺特色、统整性；特色品牌未具鲜明特点；信息化发展较慢；特殊教育专业背景师资少，全靠职后培训；区内支持个案需求与校内师资配比不成比例，难以有效支持区随班就读工作。

（三）顶层设计

1. 办学宗旨

经过多年的探索，学校以"让每一个学生成为最好的自己"为办学宗旨，以学生发展为中心，以实现学生全面发展为目标，通过个别化教育来促进学生的健康成长。

2. 办学理念

新时期的启智学校扬帆启航，为越秀区有特殊需要的孩子提供 15 年无缝对接的个性化教育、康复支持及服务；努力打造一支高素质、专业化、创新性的新型特殊教育教师团队。

3. 教育目标

启智学校以提升学生的生活品质为目标，进而提升学生的独立性、社会融合力和生产力。而智力障碍学生的生活品质，则由于个人特质及其资源的不同而有不同的生活功能，学校因而对生活品质的含义赋予不同层级的定位。

启智学校的教育目标是"四好"，即"好公民""好帮手""好家人""好照顾"。

好公民，是拥有和一般人一样的生活模式。期待他们可独立居住，自主生活，旁人只需重点支持；居住于社区中，一切衣食住行、娱乐皆和一般人一样，参与一般人的社区活动，被平等对待；有工作，能自给自足，能管理自己的财务。

好帮手，是家庭中的得力助手。期待他们可以和家人同住，帮忙做大部分家务，是家庭的好帮手。若要独立居住，需有限的支持；在有限支持下，可应用社区中的资源，解决日常生活所需，是一个受欢迎的邻居；有例行的工作，并有成果以获得少许的报酬，能管理少量的财务，以满足成就感的需要。

好家人，是家中稳定的一分子。期待他们能和家人一同居住，情绪稳定，行为不过激，家人可放心地短暂外出，不会有饥饿或安全顾虑；在广泛支持下使用大部分社区设施，和人互动，独立使用少数特定的社区资源，和熟人自然互动，是社区中被接纳的一分子；完成大部分自身自理工作，以及应急的家务工作，有一样固定的别人交付的简单劳务，以得到奖励，能管理一次性购物的金钱。

好照顾，是需要全面支持，但照顾者不费力。他们生活自理需要广泛支持，但会尊重其选择，生理功能维持最佳状态，会配合别人的协助，使协助较容易。可能需要全面住宿服务；在全面支持下参与某些社区活动，身心稳定，是社区中被优待的一分子；照顾者能为他创造生活的重心，使其对自己的生活有期待。

4．教师追求

教师要成为具有工匠精神和创新精神的新型特殊教育教师。教师根据学生个体特质，制定与之匹配的个别化教育教学策略。在此过程中，教师不断提升自我，追求卓越，精益求精，教育至上，从而成为高效能的教师团队。

5．校训

校训是"自尊、自信、自强、自立"。

在教师的专业和爱心呵护下，学生能有尊严地生活。犹如太阳花一般，只要拥有阳光，就能自强向上；只要拥有雨露，就能自信成长；只要拥有土壤，就能自立生根。在学校快乐健康地学习，成为最好的自己。

（四）基本建设

学校实行以九年制义务教育为主，适当向学前、职高两头延伸的办学模式，推动学前至职高累计15年学段的无缝对接。根据各校区特殊孩子的发展需求和实际情况进行整体规划和重新布局，其中，白云路校区为校本部，占地面积为3517平方米，负责中、高年部（4～9年级），同时承担五大中心的职能；大德路校区占地面积为1488平方米，为学前和低年部（1～3年级）；五常里校区占地面积为1600平方米，为职高部。

学校功能场室配备齐全，现有课室33个，功能场室37个，教室与教学辅助室的比例为89.2%，包括进行知动训练、动作康复训练、情绪行为训练、语言训练、作业治疗等的场室。学校现有教学一体机、笔记本电脑、台式机等信息化设备，除此以外，还配备有完善的康复训练器材和各式各类的教玩具。

学校为学生因地制宜地建设了无障碍通道、无障碍洗手间、电梯以及各种安全防护装置。三校区均实现了网络全覆盖，监控无死角，各楼层均配备直饮水设备。不同校区因学生的年龄特点在校园建设上也有所侧重，大德路校区更偏重童趣化，功能上更注重个训场室的配备；校本部兼顾了各中心的指导、评估功能和中高年级学生的康复训练和生活化训练需求；五常里校区将在3～5年内建成职业评估安置中心及多个模拟实景化职业训练场室。

（五）办学人员

1．基本构成

启智学校目前共有专任教师174人，具有高级职称教师14人，占总人数8%，中级职称教师65人，占总人数36%，初级职称教师57人，占总人数32%；具有研究生学历的教师5人，占总人数3%，大学学历教师169人，占总人数97%；45岁以下教师149人，占总人数86%，45岁以上25人，占总人数14%，平均年龄37岁。

学校根据发展需要建构起较完善的管理架构，包括教育管理岗16人、专业教师岗174人（其中，班级教师112人、康复科教师37人、艺能科教师24人、社工1人）、生活助理岗5人。

2. 师资架构

多年来，学校力求打造一支师德高尚、团结协作、业务精良、一专多能的教师团队，各类教师在目标明确的职责管理下开展教学工作。具体职责及人员分布如图1所示。

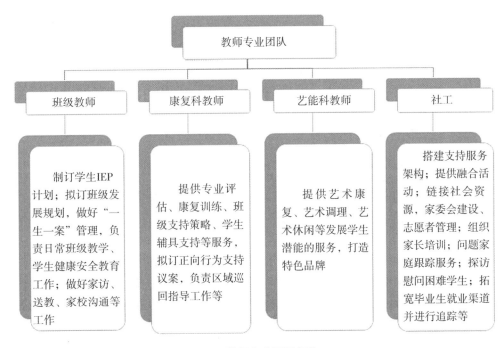

图1　教师专业团队架构

二、办学特色分析

在医教结合的理念下，学校深入探索个别化教育理念下医教结合运作模式，形成了具有不同侧重点的跨专业整合课程，为学生提供优质服务和保障。同时以特奥融合运动和非遗艺术创作为抓手，构建学校特色品牌活动，为特殊孩子搭建了展现潜能的社会融合大舞台。

（一）以生活适应为核心的课程

1. 课程理念

（1）陶行知生活教育理论

陶行知先生提出了"生活即教育""社会即学校""教学做合一"的生活教育理论，尤其是"教学做合一"的实践论，也证实了这是一套以"行"为主的教育哲学体系。

2007年《培智学校课程设置实验方案》中明确提出,要把学生培养为"具有基本的文化科学知识和适应生活、社会以及自我服务技能",中重度智障学生未来要过什么生活便要受什么教育,如何生活就该如何开展教育,也就是在生活中教育,用生活来教育——"教学做合一",脱离了生活的教育是空疏的教育、无用的教育。①

（2）全人教育理论

全人教育理论的最早提出者是日本教育学家小原国芳。② 全人教育就是塑造"完善的人"的教育,也是多方面和谐发展的教育。在特殊儿童身上障碍与潜能共存,所谓全人的考虑是在不同的发展阶段调节课程内容比重,优化出学生的最佳学习方案。

（3）最近发展区理论

维果斯基的"最近发展区理论"认为,学生的发展有两种水平:一种是学生的现有水平,指独立活动时所能达到的解决问题的能力水平;另一种是学生可能的发展水平,也就是通过教学所获得的潜力。两者之间的差异就是最近发展区。

在制定学生的个别化教育目标时,应找准学生的起点能力及最近发展区,短期目标则落点在"最近发展区"的能力区域内。

（4）个别化教育理论

个别化教育理论,是一种以适应并发展学生的差异性和个别性为主旨的教育策略与设计。它要求在教学过程中,教师根据学生的能力、需要、兴趣、身体状况等因素设计不同的教学计划或方案,采用不同的教学资源、不同的教学方法和不同的教育评价手段,使班级中每一个学生都能得到合适的教育,并取得最大限度的进步。③ 特殊学生群体不仅仅是个体间的显著差异,个体内也存在显著差异,运用个别化教育对特殊学生进行干预已是国际主流教学理论。

2．课程目标

学校从2004年春季开始,全面启动了以个别化教育为核心的课程改革,尊重和保障每一个孩子的生存权和发展权,在提供最切合其自身教育的基础上,以生活为核心,以具体完整的生活活动作为教学内容体系,以个别化教育为理论指导,贯彻因材施教的原则,务必使每一个孩子都得到最适宜的教育。学校全面落实国家课程标准,结合全人发展的教育观念,围绕学生个人生活、家庭生活、学校生活与社会生活构建课程体系。因应不同学段学生的成长发展需求,将教育目标按发展阶段从"好照顾",到"好家人""好帮手",最后成为"好公民"的四级培养目标逐级

---

① 刘大伟:《教育要回到生活培养真人》,载《教育文摘》2019年第1期,第38-40页。
② 张文京:《特殊教育课程理论与实践》,重庆出版社2014年版,第40页。
③ 肖非、王雁:《智力落后教育通论》,华夏出版社2000年版,第187页。

递进，形成无缝衔接、平滑过渡的个别化教育核心课程（见表1）。

表1　启智学校个别化教育核心课程

年段	培养目标	核心课程
学前部	学前部依据教康结合、早期干预、潜能开发的办学定位，在遵循幼儿身心发展规律的同时，把握好学前阶段康复的黄金期，利用科学的康复手段最大限度地缩小与普通孩子的差距，顺利进入小学阶段	在医教结合理念下以康复为核心的五大领域课程
低年部（1、2、3年级）	通过生活核心的主题式教学，结合跨专业整合的康复手段，把学生培养成自我认识、配合他人及有基本学习适应能力的"好照顾"	基于新课标、以提升能力为基础的学习适应课程
中年部（4、5、6年级）	通过生活核心的主题式教学，运用康复支持性手段，把学生培养成掌握生活的基本知识和简单生活技能的"好家人"	基于新课标、以生活为核心的功能性课程
高年部（7、8、9年级）	通过生活核心的主题式教学，结合购物与服务、烹饪与家政、休闲与整理等核心板块训练，把学生培养成能独立自处，并能参与一般社区活动的"好帮手""好公民"	基于新课标、以生活为核心的社区生态适应课程
职高部（职一、职二、职三）	通过不同的职业样本实操，培养职业人格，训练基础技能，把学生培训成能在支持下独立工作，并能处理自己生活及参与社区互动的成年人	以融入职场、融入社会为核心的职业陶冶课程

3. 运作与实施

学校制定了规范的、以个别化教育为核心的课程运作模式，以保证为每一个学生提供有针对性、高效能的教育服务。

（1）个别化教育计划实施步骤

个别化教育计划（individual education program，简称"IEP"）是特殊教育的重要环节，包括收集基本资料、评量、评量结果分析、依评量结果初拟IEP目标、召开IEP会议、教学实施和评价7个主要步骤。

（2）个别化教育计划运作

个别化教育计划运动作的具体流程如图2所示。

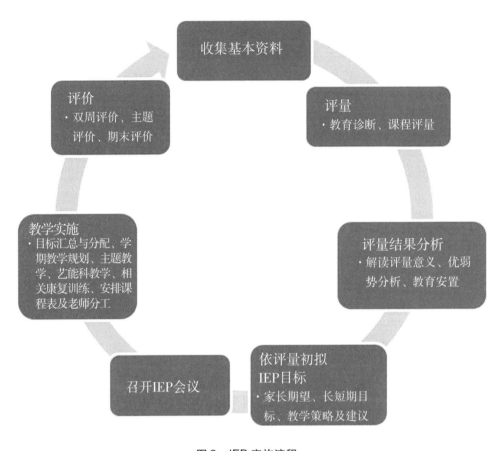

图2 IEP 实施流程

4. 校本课程的开发与管理

（1）校本课程的开发

对标国家课标，积极开发各年段的校本核心课程，形成从学前到义务教育阶段，再到职业高中的 15 年无缝衔接。此外，结合学校的办学特色，开发了一系列如劳动教育课程、美术康复课程、特奥融合课程等校本特色课程，在国内特殊教育同行中具有较高的知名度和影响力。

（2）校本课程的管理

校本课程的管理主要围绕"课程理念的前瞻性""课程设置的科学性""课程管理的规范性""课程实施的有效性"4 个维度展开。

维度一：课程理念的前瞻性。定期邀请国内知名的课程专家为学校课程和发展指明方向，做好校本课程的顶层设计、前瞻布局。

维度二：课程设置的科学性。积极利用各种资源和搭建平台，与多所高校形成紧密合作，拓宽视野和课程设置思路。在高校专家引领下，根据学生未来发展需求设置课程，对课程的设置不断优化、调整，确保其科学性。

维度三：课程管理的规范性。组建课程开发攻坚组，对校本课程的实施做好过程性的管理，确保校本课程管理的规范性。

维度四：课程实施的有效性。借助广东省聂永平名校长工作室的平台，举办科研课题、论文、案例、说课、赛课等评比交流活动，广泛吸引校外同行的优秀资源并汲取其经验，通过学校发展规划的"优才计划""菁英计划"，有针对性地进行教师专业化培训，做好学校课程优质实施的人才储备，确保校本课程的有效性。

（二）医教结合跨专业康复运作模式

1. 医教结合的背景以及理念

随着教育对象的障碍程度严重化、障碍类型多样化，如中重度智障儿童、脑瘫儿童、自闭症儿童、生长发育迟缓儿童、多重残疾儿童增多[①]，启智学校的学生患自闭症的占比为40%，有多重障碍的占比为24%（如图3所示），以致原有传统、单纯的教育手段难以奏效，这势必引起特殊教育模式的改变，如将医学手段引入学校体系中。

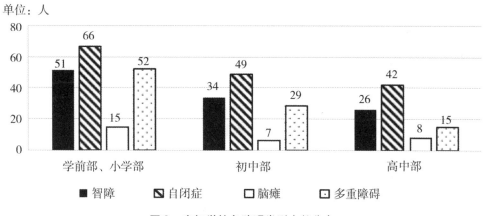

图3　启智学校各障碍类型人数分布

我国针对中重度、多重障碍学生的康复治疗服务主要由医院承担，特殊教育学校的相关服务尚未完全建立，导致学生很难同时兼顾学习与康复，康复治疗不能有

---

① 杜晓新、王和平、黄昭鸣：《试论我国培智学校课程框架的构建》，载《中国特殊教育》2007年第5期，第13-17页。

效为教学服务。① 医教结合是我国特殊教育改革的可行途径。② 教育部等七部委共同制定、颁发的第一期、第二期《特殊教育提升计划》，均很重视医教结合在特殊教育学校的实施。

特殊教育"医教结合"是指与特殊儿童相关的医学领域和特殊教育的全面结合。其中，相关医学领域包括儿科、其他临床科、康复科、保健科、护理科等学科，这些学科的内容涉及特殊儿童的筛查、诊断、临床医疗、康复治疗、护理保健、建档、转介、综合干预等工作。而特殊儿童的教育教学只有与这些工作良好衔接，才能共同构成完整的特殊教育服务体系。③

2. 医教结合之探索

（1）建团队、打基础

学校于2004年成立语言训练组，其后陆续成立动作康复组、感知觉动作训练组、积极行为训练组、辅具适配组，以及初步构建医教结合的队伍。通过"请进来、派出去"，为教师提供丰富的学习平台；通过"在实践中践行理论"，确保学以致用；通过"高位引领、重点突破"，攻克难关，提炼总结经验。康复团队影响力渐增，部分老师更是被华南师范大学特殊教育学院、广州体育学院等聘为授课讲师，多名教师先后承担了广东省、浙江省特殊教育培训的讲师，对多所学校开展长期的专业辐射。

（2）勤思考、多探索

学校探索教育和康复的结合点，构建保障体系，提高康复训练比例和有效性。陆续探索小组评估专业整合、学校与医院合作构建模式，按类型开展跨领域训练，开展低年段跨专业整合模式，等等。学校在2010年被教育部授予第一批"全国医教结合实践基地"的称号，同时参与制订了2016年颁布实施的《培智学校义务教育课程标准（2016年版）》中的《康复训练课程标准》。

（3）建模式、常合作

学校逐步搭建跨专业团队合作模式的基本架构，以学生的IEP为抓手，在家庭、学校、社区中实施康复训练，提升学生的教育训练效果，进而为其适应社会、过上有品质的生活奠定基础。具体架构如图4所示。

3. 校内跨专业整合模式运作体系

三级体系（如图4所示）彼此之间进行沟通和联系。当某些学生难以用教育手段达成目标时，如出现严重的情绪行为问题，需要医生提供药物支持，待其情绪稳定后，教育的介入才会更有效。

---

① 沈晓明：《我为什么提出特殊教育"医教结合"的理念》，载《上海教育》2012年第21期，第8-9页。
② 张伟锋：《医教结合：特殊教育改革的可行途径——实施背景、内涵与积极作用的探析》，载《中国特殊教育》2013年第11期，第20页。
③ 马珍珍、陈东珍、蔡蓓瑛等：《上海市特殊教育医教结合工作情况的现状调研》，载《中国特殊教育》2012年第4期，第21-26页。

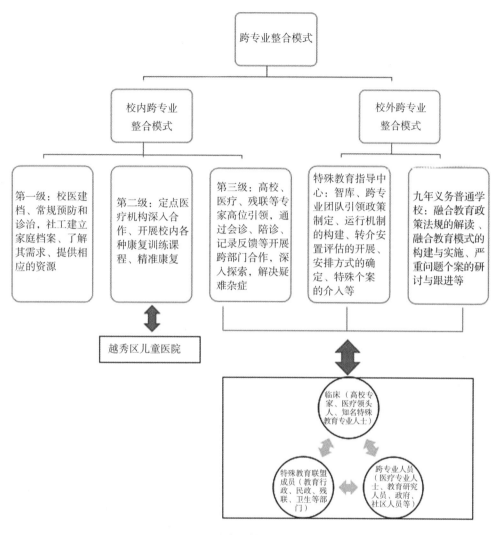

图 4 跨专业整合模式架构

4．校内跨专业整合模式中康复课程训练目标

学校通过以下路径来运作校内跨专业整合第二级（如图 5 所示）。

跨专业整合康复模式依据《培智学校义务教育课程标准（2016 年版）》中《康复训练课程标准》的目标体系进行整理，形成学校康复运作训练目标体系。下面以"沟通与交往领域"中的一个目标为例进行说明。

首先，将《康复训练课程标准》的目标进行分解、整理，编制出各领域目标序列。例如，将其中的"听懂常用词语和词组"分解为听懂名词、动词、人称词、形容词、并列词组、动宾词组、主谓词组、偏正词组、介宾词组等。

其次，将目标进行组合，设计评估活动。同一个评估活动可以设计多个评估目

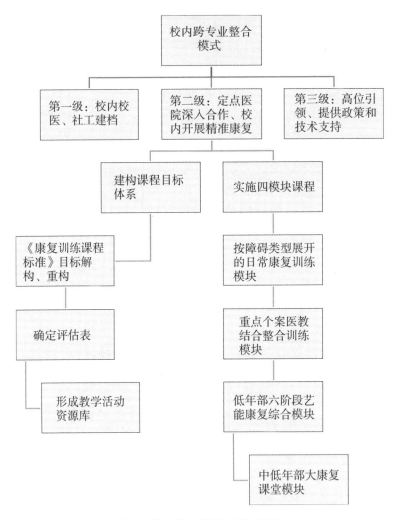

图 5　校内跨专业整合模式路径

标。例如，通过指认图片的活动，评估学生是否理解名词；通过"做一做"活动，评估学生对动词的理解能力等。

最后，依据目标训练，设计教学活动卡并拍摄录像，形成教学资源包，为教育和训练提供大量素材，更好地指引教师开展教学。

5. 校内跨专业整合模式中康复训练模块

（1）按障碍类型展开的日常康复训练模块

学校依据每个障碍类型的核心障碍以及特征，整理出训练重点以及目标序列，形成训练模块。如针对智力障碍学生的训练目标是提高其感受能力、活动能力以及协调能力，并通过增加感知活动和肌肉活动，促进大脑机能的修复和补偿。智力障碍学生的康复训练主要包括6个领域——感知、运动、认知、语言、生活自理、社会适应。以认知领域为例,认知能力包括注意、记忆、理解、判断、推理等高级的思维活动能力。学校根据目标设计训练课程。此课程包括基础准备、初阶技能、高阶技能训练。

(2) 重点个案医教结合整合训练模块

与医院建立长期合作,医院为学校提供教师和家长培训,包括各种障碍类型学生的诊断、评量及常用策略、疾病预防和药品使用等。同时,学校选取重点个案开展共同评估、制定 IEP,并在医生的指导下落实教学、开展研讨,使医学手段与教育手段充分融合(如图 6 所示)。

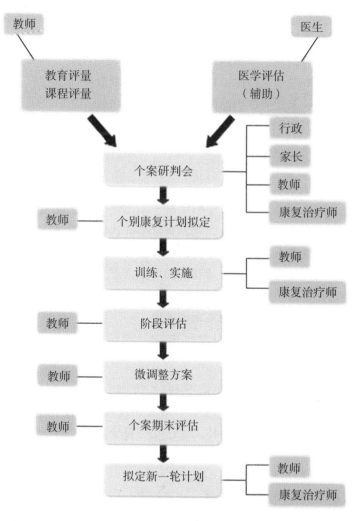

图 6　医教结合整合训练操作流程

(3) 低年部六阶段艺能康复综合模块

基于跨专业整合康复训练目标体系，依据《培智学校义务教育课程标准（2016年版）》中的艺能科课程标准，并参考英国教育部2017年修订的《特殊需要学生P Scales学业表现目标》、凯伯的学习发展阶段与动作—知觉发展理论，总结出六阶段总目标及训练重点。通过评估将低年部学生分为六阶，通过每周4课时开展小组康复训练，重点探索极低能力学生的康复训练途径。

● 总目标规划

第一阶段以提升学生参与活动的意愿为主要目标。训练重点主要以动作、感知觉活动和美术、音乐、体育活动相结合，参照艺术调理、音乐调理等手段，加入代币制的概念。第四至第六阶段以国家艺能课课程标准中的目标为主要目标，开展有主题的、有结构的艺能课。

● 以第一阶段为例介绍具体运作

首先，确定本阶段学生情况：对环境中大部分刺激无明显反应，动作能力发展限制其参与活动，暂未能关注活动中的人、物品及事件。然后，确定总目标、各领域目标，同时结合IEP，制定本阶段的训练目标。

当学生能主动参与超过50%的课堂活动即达成第一阶段的目标，就可以进入第二阶段课程。

(4) 中低年部大康复课堂模块

基于中低年部学生在视知觉、手眼协调、本体觉、前庭觉及整合性这四方面的发展需求，学校开展四模块康复大课堂，对学生开展以知觉动作能力为核心，融合认知、语言、社会性等方面的集体康复训练，设计各障碍类型训练重点和内容。

学校设计了四模块课程内容和活动资源库。依能力对全校低、中年部学生进行分组，教师经初步评估确定训练目标和活动，通过每周2课时，每组每月开展一个模块的训练，以4个月为一个周期实施该课程。

（三）特奥融合特色品牌促潜能发展

1. 特奥潜能发展理念

特奥的精神是"勇敢尝试，争取胜利"，特奥运动的理念和使命是"共同参与、分享快乐、交流技艺、增进友谊"。"平等、参与、融合、快乐"，表达了所有特奥运动员的共同心声。为特殊群体人士搭建特奥平台能鼓励他们走出家门、融入社会，促进残健融合。

2. 特奥潜能发展目标

学校一直以来努力搭建特奥平台，通过体能、康复训练提升特殊学生的身体素质，并培养其顽强拼搏、自信乐观的阳光心态。以特奥为契机，通过不同的活动形式来激发学生的运动兴趣，吸引更多的学生加入特奥运动中来，感受运动所带来的成功与快乐。

3．运作模式

（1）组建学校特奥攻坚小组，全校性选拔特奥运动员

特奥攻坚小组老师经常参加各种与特奥有关的理论、实践培训，切实提高教练水平。学校全校性地选拔了对特奥运动具有浓厚兴趣，并具有一定能力的特奥运动员组成特奥后备队。

（2）以点带面，促进群体性体育活动的开展

学校重视群体性体育活动的探索，认真落实每天一小时的大课间活动。在体育老师的指导下，各班会根据本班学生能力的实际情况设计具有本班特色并符合本班学生的活动。学校每学年还会组织大型户外体育竞技运动会、体育嘉年华活动等来提升学生的身体素质。

（3）组建特奥融合足球队，搭建帮助他们成功的社会融合活动平台

学校创建了特奥融合的特色项目，于2015年与广州体育学院一起加入了融合学校行列，组建了特奥融合足球队。

（四）非遗艺术显潜能

1．非遗潜能发展理念

学校以非遗艺术创作活动为抓手，将本地的非物质文化遗产融入学校教育和学生生活，通过多元的艺术教育教学方式进行康复补偿与潜能开发。

2．非遗潜能发展目标

非遗艺术项目进校园，通过学生全方位、多角度的参与，培养其民族自豪感和文化认同感。在创作实践中既可以进行康复补偿，还可以进行潜能开发，培养一技之长，在社会实践展示的过程中感受成功的喜悦，使学生逐步走出校门，与社会共融。

3．运作模式

（1）组建多项非遗社团

将非遗融入学校拓展性课程，邀请专家、非遗传承人到校授课，版画、年画、广彩、泥塑、剪纸等项目将作为潜能开发课程、社团课程在学校广泛开展，让学生在拓展课程中近距离接触多种非遗、学习非遗。

（2）分层级教学、康教结合，推进非遗规范化、广泛性传播

根据学生的 IEP、康复需求、特点，分层级推进教学，使其有针对性地学习、掌握非遗知识技巧，了解、感受非遗项目，推进非遗规范化和广泛性传播。

（3）特色创新，非遗融入新元素

要让非遗"青春永驻""在特教扎根"，还要与时俱进，融合新鲜元素。可以将戏剧、舞蹈、表演等融入非遗之中，还可以改造非遗相关创作的工具和表现形式，让非遗更适合在校园、特教中传播。

（4）整合多方资源，学校社区联动，探索校外活动体验

一方面要强化校内普及和传播，另一方面要探索校外活动体验，整合非遗资

源，让师生走进非遗项目单位，开展"非遗融合活动"，将"融合"与"非遗"无缝链接。

（五）搭建全方位服务支持体系

1. 支持体系理念

以完善特殊教育机制为基础，以提升教育质量为核心，增进特殊人群福祉为目标，以各部门联动为保障，构建普特结合、学段完整、普职融通的特殊教育全方位服务支持体系。

2. 支持体系目标

全方位服务支持体系的总目标是让每一个孩子享受公平、合适的服务，让每一个家庭享受有品质的生活，让每一个教师享受有效的课堂、成就最好的自己。

3. 学校系统服务支持体系构建

以特殊教育联盟为保障，联动民政、残联、教育、医疗等多部门，针对学生、家庭、教师和学校三方不同群体的不同需求，提供全方位服务支持体系。如联动各方面社会力量，为学生提供缺陷补偿、潜能开发服务，为其成为"好照顾""好家人""好帮手""好公民"而努力。为特殊需求家庭提供保障服务，提升家庭功能、构建和谐的家庭氛围等。具体如图7所示。

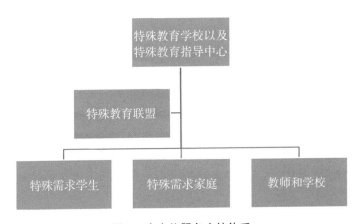

图7 全方位服务支持体系

4. 校外支持体系的构建

校外支持体系的构建以区特殊教育联盟为保障，采用DOT即多元化（Diversification）、全方位（Omnibearing）、立体式（Three-dimensional）的融合教育模式，将各部门、各专业人员进行统整，以学生的需求为核心，展开支持网络，支持学校构建融合教育环境，赋予教师特殊教育能力，给予学生多元化的课程。DOT包括三元素。

（1）课程的创新：多元化（D）

由于特殊需求学生个性化差异较大，所以需要构建以"五育并举"综合育人为目标，既注重面向全体学生，又注重个别差异的多元化课程，包括学科课程、适应性课程以及康复补偿课程。同时提供个性化且多元的教学方法、策略资源包。创造多元化机会，增加学生与同伴交流、与社会外界互动的机会，提升其社会交往能力，增强自信，促进全人发展。

（2）支持模式的创新：全方位（O）

融合教育的模式全方位覆盖学前、义务教育和职业教育阶段，为有特殊教育需求的青少年提供无缝对接的教学服务。服务对象也要全方位覆盖，为普校特殊需求学生提供个性化的教育支持服务。同时在策略、方法上给学生、教师以及家长提供全面支持。在服务内容上，指导中心将为有需要的个案提供转介安置、智力检测、学习指导、积极行为支持以及辅具适配等多项个性化的服务。

（3）架构的创新：立体式（T）

DOT 融合教育模式重视立体化的运作，强调模式运作需要教育行政部门、特殊教育学校、普校、跨专业团队以及智库专家们的共同参与，各部门各司其职，打破局限性，发挥强大的功能作用。基于 DOT 融合教育模式，为普校教师、家长提供大量支持，包括理论培训、实操指导以及其他资源的支持（如图 8 所示）。

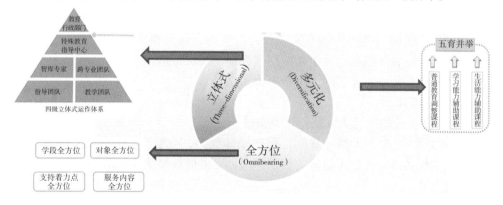

图 8　区域性 DOT 融合教育模式

5. 区域支持体系构建

根据《越秀区第二期特殊教育提升计划》的部署，于 2019 年成立越秀区特殊教育联盟，越秀区教育行政部门负责其行政管理，越秀区教育发展中心提供教科培支持，以越秀区启智学校为龙头引领，将区内普校、智库、跨专业团队作为联盟体。联盟的成立，不仅提供了普校和特校、专家和一线教师、行政部门和残疾人联合会以及特校等沟通和合作的平台，使融合教育从评估安置、转介、鉴定到指导等流程更加顺畅，而且提升了管理架构的清晰度，促进了区域内融合教育支持系统的建设，为提升区域内整体融合教育的质量奠定了基础。

越秀区启智学校作为广东省内最早一批九年一贯制特殊教育学校之一，为区内特殊教育发展做出了重要贡献，得到了省、市教育部门的高度认可。2004年，广东省教育厅授予启智学校"广东省特殊儿童随班就读指导中心"。之后，学校在市、区内融合教育方面不断努力探索，提供更加有力的专业保障，相继被授予"智力检测中心""积极行为支持中心"等。自各中心成立之后，学校为市、区内普校提供了师资培训、个案辅导、环境建构、智力检测、资格认定等服务。如为普校4206名学生提供智力检测，为普校提供特殊教育宣导约339课时，为40多名普校学生提供1000多课时的积极行为训练，设计并制作了1000多件教学辅具，对近百名学生提供转介安置服务。

（六）培养整合型人才，名师基地辐射引领

1. 统筹规划

（1）背景分析

越秀区特殊教育二期提升计划明确指出要加大力度培养特殊教育专业人才，培养一批多专多能的整合型特殊教师。随着融合教育的迅速发展，特校招收的学生障碍程度越来越严重，多重障碍类型学生以及严重行为问题学生人数越来越多，意味着教师在教学上所面临的挑战也越来越大。

（2）持续专业化发展

学校坚持邀请国内外知名专家来校开设讲座，从输血式培训过渡为造血式培训。从新教师、青年教师、骨干教师到名教师，层层打造，为进一步打造整合型人才、整体提升教师的专业素养而不断努力。

2. 创新模式

（1）"优才计划"为人才培养保驾护航

"优才计划"为5年整体规划，面向全体教师，分层次、分梯队，循序渐进，充分发挥学校名教师、骨干教师的带领作用，着力把教师从单一的专业教师培养成跨专业型人才。

（2）"菁英计划"助力青年教师成长

"菁英计划"是为青年教师专业成长而搭建的平台。由全校的名师、骨干教师组成的精英导师团队，通过开展任务驱动型的带教活动，让青年教师在师德修养、班级工作管理以及教育教学实践三方面多管齐下，以成为区骨干教师为目标。

3. 制度保障

（1）考核评价多渠道激励

学校实行多元评价机制以及多渠道的激励，骨干教师对外辐射成为常态。近年来，由省教厅、市教育局主办，高校组织的特殊教育教师培训班，省内外及市内多所特校、特教中心约30多个单位都邀请我校骨干教师作为工作坊的带教导师到各校进行带教指导，同时学校也作为跟岗实践基地为同行们提供交流学习的平台。

（2）以赛促能

学校制定案例评比、说课比赛等校内教学比赛，促进教师们专业成长。除此之外，成立攻坚小组积极辅导教师参加上级部门组织的各项比赛。

（七）数字化信息资源开发

1. 基础设施建设

以教育信息化基础设施和人才队伍的培养为基础，以校园信息网络建设和教育信息资源开发应用为重点，加速实现学校教育信息化、智能化、现代化。学校在教育信息化硬件配备、师资培训、德育管理、云平台、新媒体开发及应用、教学研究等方面都取得了显著成效。

2. 常态化运作

（1）基于学校重视，赢在管理到位

学校建立了以校长为组长、覆盖各项骨干和所有学科的信息化工作小组，制定落实信息化的发展规划，采取普及型和提高型相结合的方法，搭建平台以赛促能，鼓励和推荐教师参加各级信息类评比活动，近三学年累计获国家级奖项15个、省级奖项18个、市级奖项24个、区级奖项44个，可谓是硕果满满。

（2）紧跟时代步伐，建新媒体平台

早在2015年，学校已搭建广州市越秀区启智学校网站，又应时代的需要搭建起微信公众号平台，以便更好地宣传推广学校，更好地服务于社会和家长，成为德育、教学宣传阵地，成为"五育并举"课程资源宣导的平台。

（3）建智慧特校，迈进大数据时代

未来五年，学校将全力打造智慧特校，基于"以教学、评估和管理为核心突破，逐步推进智慧校园建设"的需求和当前校园软硬件基础，根据"中心突破、以点带面"的智慧校园建设策略，制定智慧校园平台分阶段推进规划，最终通过信息技术的手段和大数据来全面辅助学校提升教学质量和信息环境。

3. 探索信息技术与学科整合的有效途径

学校把信息技术运用于课堂教学和教育科研，积极提升信息技术的研究水平，探索信息技术与学科课程的整合，使课题研究和教师业务素质同步成长，并在国家级、省级、市级信息技术赛事中荣获百余项奖项。

三、办学成效分析

本节主要对应启智学校的办学特色，从课程建设、教师发展、学生发展、社会影响四大方面，逐一分析启智学校的办学成效、教育效能。

（一）课程建设

国家课程最优化实施的唯一途径就是国家课程校本化。[1] 在多年的课程建设与

---

[1] 张志勇：《课程改革的本质就是课程民主》，载《中国教育学刊》，2014年第5期。

改革过程中，在结合学生能力与需求、师资构成、办学资源和发展目标的基础上，精益求精、传承与创新，持续推进校本课程的开发与完善，构建了"学前—低年段—中年段—高年段—职高部"的阶梯式课程，教育成效得到多方高度认可。

1. 落实"一生一案"

特殊教育作为教育的"兜底工程"，让所有地段内中、重度智力障碍的适龄儿童都能接受义务教育。由于学校教育对象以中、重度为主，以及残障类型多样化，于 2004 年全面实施个别化教育，落实"一生一案"。

2. 校本课程创新

（1）课程结构方面的创新

课程紧紧围绕学生日常生活需求开展，包括个人自理、家庭生活、学校生活、社会生活等。创新性地提出了阶梯式课程的观点，根据不同年龄段学生在"独立性""社会融合""生产力"等方面的发展需求，设计相应的生活教育课程内容，还加入了以改善功能为宗旨的康复课程。针对年龄小的学生，以补救性康复训练为主；针对年龄较大的学生，以支持性康复服务为主。

（2）课程运作方面的创新

根据《培智学校课程设置实验方案（2007）》的要求，把生活语文、生活数学、生活适应、劳动技能等学科与生活教育课程整合，开设生活主题课、生活实践课、例行活动等综合课程。学校的生活教育课程全面实施以主题教学为特色的运作模式，引入各种生活情境和活动，使学生在真实的情境中边做边学，提高学习效果。

（3）课程管理方面的创新

在个别化教育理念的指导下，形成一套课程管理模式。从评估入手，通过对不同项目的评估，全面了解学生的能力基础和发展需求，为每一位学生制定 IEP，再根据每个个体的不同需要，设计适合的课程内容。

3. 管理与评价

（1）对学校课程的整体自我评价

学校课程的教育理念先进，教师达成共识，具有引领性。学校课程的"教育理念"是通过科学、系统的学习，让每一个学生成为最好的自己，享有出彩人生。

课程的教育目标清晰，符合国家的教育目标，具有前瞻性。课程教育的"总目标"是尊重和保障每一个孩子的生存权和发展权，在提供最切合自身教育的基础上，以生活为核心，以具体完整的生活活动作为教学内容体系，以个别化教育为理论指导，贯彻因材施教的原则，务必使每一个孩子都得到最适宜的教育，最终成为具有积极生活态度、良好个性品质、较高生活品质的出彩社会人。

课程的教育内容体现广州越秀的地域特色，充实丰富，具有功能性。生活教育课程的教育内容包括个人生活、家庭生活、学校生活与社会生活。康复训练课程的教育内容包括语言训练、动作训练、感知觉训练、情绪行为管理。

课程的教学组织形式多样，具有统整性。生活教育课程的实施主要以主题活动的形式开展。康复课程的实施包括抽离式训练和班级支持服务，形式包括个别训练、小组训练等。

课程的教学活动设计科学有序，具有序列性。按照课程的主要基本环节设计教学活动，包括学生生活环境、作息时间等方面的调查，课程评估、制订教学方案、编写教材、教学实施和结果评鉴等。

课程的教学评量以课程为导向，具有全面性。课程的教学评量包括学习过程评价（课后）和整体发展水平的评价（期末）两部分。教学评量涵盖了学生个人基本技能（包括个人生活自理、健康安全、沟通、自我管理、基本数理常识），家庭、学校和社区生活适应技能，充分利用家庭、学校和周边社区的各种环境和人力资源，强调家长的配合和参与。

（2）对学校课程的微观评价

每学期结合学校发展、课程改革和教师专业成长的需要，开展形式多样的教师岗位练兵课研讨活动，通过具体的课堂教学评价，引导教师教育理念和一线教学的全面落实，促进教学效能。

（3）多元化的评价

结合各级各类的研讨交流活动，如兄弟学校的跟岗交流、学校的家长开放日、各级主管部门的调研考察、专题培训、专家指导等渠道和平台，多维度、多方面地展示学校各项工作，落实多元化的评价。

4．实施成效

学校构建起了"学前—低年段—中年段—高年段—职高部"的阶梯式课程，积累了较为成熟的经验。2010年，学校出版了一系列经验型丛书，2015年出版了一系列启智学校课程发展的"太阳花"丛书；同时召开了课程改革成果论证会，来自全国各地（含港澳地区）的100多所特殊教育学校、机构参加了这个会议，与会的28位专家是分别来自北京师范大学、华东师范大学、华中师范大学等多所国内知名大学的顶尖特教专家。经深入系统论证后，专家们一致认可启智学校在课程设置上的鲜明特色，并作出以下几方面的评价。

在办学理念方面，经过多年的探索，学校形成了"让每一个学生成为最好的自己"的办学宗旨，一切工作都是以学生的发展为中心，以实现学生的全面发展为目标，通过个别化教育来促进学生的健康成长。

因应学生的变化全面规划学校的课程，对生活主题课、常规课、艺能和信息学科、社团活动课和潜能开发课以及康复服务进行了整合，课程理念先进，符合学校的实际和学生的特点。在课程改革的基础上，学校全面推进个别化教学，打破了传统的分科教学，这样的改革符合课程与教学改革的方向，也符合特殊儿童的实际需要。

学校的管理充分发挥教师的自觉性、主动性、积极性，通过建章立制，充分发挥人、财、物的效益，达到了无为而治的良好效果。

总而言之，经过30多年的办学实践，学校已经形成了15年无缝对接的以个别化、生活化教育为核心的成熟的办学思想和模式，在全国培智类学校中有显著的影响，已成为国内成功实施个别化教育模式的标志性学校之一。

（二）教师发展

1. 名校长、名教师辐射引领

我校依托省级名校长工作室及市名教师工作室两大平台，为教师提供多方位的培训机会，搭建多元教学展示平台。通过组织工作室成员到同行学校进行参观学习、听课交流以及送教下乡研修活动等形式，与工作室各校长共同研讨出具有学校特色的发展规划。工作室邀请专家王雁教授到校对新课标及新时期特教教师的准入要求进行深入解读，并对工作室的发展及广东省特殊教育的情况做了精准的分析及建议。期待未来以工作室平台辐射省内特校，推动新课标下的课程改革和教师专业化发展。

2. 师资力量整体提升

学校目前已成长起一大批专业骨干教师。其中，约有12人分别在广州市教研院的特教中心担任多个组别的教研组组长以及成员，成了广州市特殊教育教研的中坚力量；约有10人受聘于华南师范大学、广州体育学院、广东省外语艺术职业学院等高校，成了特殊教育各专业课程讲师。

3. 教师教研能力强

（1）课题级别不断提高

教师在日常教学中注重个案研讨、教学思维碰撞。其中，课题级别从市级小课题到省级小课题，再到省级一般课题、省教育厅的重点课题，级别不断提高，教师们的科研能力在稳步提升。

（2）各类比赛获奖丰富

无论是信息化教学比赛、优课比赛、教具比赛，还是论文比赛、IEP教学成果等，教师们的获奖级别囊括中央、省和地方市、区的奖项。从2010年至今，两校教师个人业绩获部级奖项共106人次、省级奖项共214人次、市级奖项共286人次、区级奖项共333人次，这都见证着教师的努力与成长。

（3）学术活动影响好

学校2010年协办"全国启智杯新课程研讨会"，2012年举办广东省智障教育美术学科现场教学观摩研讨活动，2015年召开个别化教育模式成果发布会，2017年开展区融合教育教学研讨。学校以生活适应为核心、跨专业整合的课程与运作模式，获得一致好评。

（4）教学成果丰富

学校将多年的教学经验与成果进行总结、整理汇编，出版了"太阳花系列"丛书，《医教结合教育成果论文集》《特殊儿童支持性游戏训练手册》《培智学校医教结合探索之路》等书；康复实验研究向美术科辐射，创新特校美术课堂模式，编写了一套低、中、高年级学生适用的美术康复教材。我校成功的教学经验推广到同行学校，互相借鉴，取长补短。

（三）学生发展

1. 特奥项目聚合力

学校的特奥运动员多次参加世界级、国家级的特奥会比赛，在全国甚至世界特奥会中的足球、篮球、轮滑、游泳、滚球等项目比赛取得辉煌的成绩。至今为止，学校获金牌 160 枚、银牌 114 枚、铜牌 92 枚、第四名奖牌 26 枚，总数合计 392 枚。我们的特奥运动员被推选为 2010 年广州亚残会光荣的火炬传递手，中华人民共和国第九届残疾人运动会第六届特奥奥林匹克运动会的火炬传递手。2019 年，启智学校融合足球队代表中国参加第十五届特殊奥林匹克世界夏季运动会，获融合足球比赛项目第四名。历年来，启智学校特奥运动项目获得的成绩斐然。（如图 9 所示）

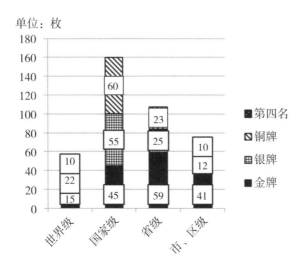

图 9　启智学校特奥运动项目获奖情况一览

为了让学校的特奥品牌项目更好地发展，学校努力构建了特奥项目的支持网络体系。（如图 10 所示）

省、市、区政府，以及残联和教育局在落实与特奥运动发展相关的政策时给予了特别的关注，为学校的学生提供了很多特奥活动机会。东亚区特奥搭建了不同的社会融合活动平台，让更多的特殊孩子得以走出校门、走向社会。社会上很多运动团体也聚焦到了学校，如中超联赛广州富力俱乐部走进了校园，世界羽联举办的特奥融合羽毛球活动及中国男篮集训活动都邀请了我校的特奥运动员参加，开阔了孩子们的眼界，也让他们收获了友谊与快乐，增强了自尊心和自信心。

图10　特奥项目支持网络

特奥联盟体以启智学校为核心，联动五城特校，发挥引领示范作用，扩大特奥运动影响力及对社会的辐射作用。在开展特奥融合活动过程中与融合学校牵手缔结姐妹学校，让融合伙伴带领特奥队员创辉煌。在日常的训练中，学校特奥攻坚组的教练们为特奥运动员提供全方位的技术指导与生活照顾，让孩子们的综合能力不断提高，不断创佳绩。

今后，学校还会不断完善健全特奥项目支持网络体系，为提高学生身体素质及个人生活品质搭建各种平台，让特殊孩子在特奥运动的滋养下阳光自信地成长。

2. 艺术之苗勤栽培

学校营造潜能发掘教育的氛围，激发潜能开发培养意识。2012年，学校特邀"通草画"非遗传承人苏昕老师驻点我校，开创了"非遗传承在特教"的先河。教师根据学生的情况和基础分层组建组别，循序渐进给予学生潜能开发、发展和个性展示的空间。学校努力搭建展示艺术创作成果的平台，把学生的优秀作品分别投送到不同的展示或比赛平台，均获一致好评。

未来，学校将会和市少年宫特教部携手结为融合艺术教育合作伙伴，着力打造综合素质高的艺术教师队伍，缔结融合艺术教育社会支持网络，搭建更多更广阔的自我展现平台。

（四）社会影响

1. 社会团体助力特教、特奥发展

省、市、区领导多次到校调研和慰问，关注越秀区特殊教育事业的发展，关心特教工作者，关爱特殊孩子的成长。领导们一致肯定学校"医教结合，精准康复"的办学定位，对个别化课程、特色品牌、教师专业化发展等都给予高度评价。学校的发展除了政府、教育行政部门的大力支持，同时也离不开社会各界多年来的关爱。

（1）社会团体雪中送炭，为启智师生保驾护航

2020年，新冠肺炎疫情突如其来，很多爱心企业心系学校的疫情防控工作，在学校各项防疫物资紧缺的情况下，纷纷送来了珍贵的抗疫物资，为学校顺利开学、师生的人身安全提供了强而有力的支持。

（2）定期志愿服务，助力学校稳定发展

社会各界向学校提供了丰富的教育教学资源和志愿服务。有的常年为学校提供教育教学资源，有的近十年坚持每月为师生们义剪，还有不少知名企业、社会公益队伍、事业单位等结合学校的大型活动提供志愿服务、活动物资，为困难家庭提供专项资金、免费教育教学资源等多项公益支持。

（3）搭建平台，促进普特融合

与区内第40中学、第10中学、清水濠小学、朝天路小学等20多所学校签订手拉手共建协议，定期开展师生间的交流活动，让普校学生切身感受特殊孩子成长的艰辛，学习与他们交流和沟通的方式。手拉手共建活动提供了普特融合的平台，帮助能力较好的特殊孩子逐渐适应普校的生活，共同促进融合教育的发展。

（4）加强宣传，推动学生融入社会

学校每年开展的不同活动均多次登上电视、网络和纸质媒体等，引起社会的广泛关注，也让社会进一步了解特殊教育，接纳特殊教育，为学生日后融入社区、融入社会打下基础。

2．跟岗交流促成长

学校成熟的课程管理体系在业界享有一定的知名度和影响力，吸引了全国各地特殊学校前来跟岗学习交流。

（1）同行学校跟岗交流，共促成长

近年来，学校接待全国各个地区（含港澳台）等特殊学校到校跟岗交流203批次，共3031人次。通过交流互动，将我校成功的经验推广到全国各地；同时，我们也从其他学校的分享中，汲取成功的经验，扬长避短。

（2）为特殊教育师资队伍培养接班人

我校是特殊教育专业协同育人联盟基地——应用型人才培养基地、《现代特殊教育》培智学校课程改革实验基地，并先后成为华南师范大学特殊教育学院实践教学基地，广州体育学院特殊教育系双师培训基地，星海音乐学院音乐学系、广东第二师范学院、山东省滨州医学院等各所高校的实习基地。近年来，学校共培养22批次300多名高校学生，承担起高校学生的特殊教育理论与实践的指导工作，为其日后从事特殊教育工作打下扎实的基础。

四、办学存在问题与展望

学校以国家两期特殊教育提升计划为基本遵循,办学条件进一步改善,师资力量进一步增强。启智学校将立足新起点,进一步凝聚特殊教育发展共识,明确目标任务,逐步实现"国内一流水平、国际知名"的目标。

(一) 办学模式还需实践探索

目前,学校积极向学前和职业高中两头延伸,但是未能覆盖区域内所有学段学生需求。由于资源教师和资源教室配备不足,同时欠缺专职巡回指导教师,我区未能为随班就读学生和残疾幼儿提供充足服务。

(二) 区特殊教育指导中心缺少政策支持

设置在启智学校的越秀区特殊教育指导中心缺少政策支持,下设的五大中心虽已挂牌,但至今没有人员编制和财政投入的政策支持,现时工作人员暂由学校教师兼任,兼任教师工作量超出负荷,无法更有效地提供服务。

(三) 学前、职业高中及教育体系有待完善

学校的学前班采用混龄的小班分班模式进行教学,该班是阶段性的实验研究项目,为学龄前特殊孩子进入普通幼儿园和小学提供过渡性的支持和服务。目前,学校需要突破的瓶颈问题有两个:一是教师如何跨专业合作,使特殊孩子得到最优的康复支持,争取康复利益最优化;二是学前课程需要架构,从无到有,从有到优,从优到精,需要较长时间的整合。

职业高中班目的在于为学生提供职业技能训练,以便他们将来走上工作岗位。越秀区教育局出台的《广州市越秀区第二期特殊教育提升计划(2018—2020)》中提到"在启智学校建立越秀区特殊教育职业训练中心",该中心在区教育局、区人社局和区残联的支持下,联合探索毕业生职业技能等级认定方式和职高"政校企多方合作"模式,为职高毕业生提供就业机会。

参考文献

[1] 杨逢镕,嵇晓嘤. 随班就读和随班就读的支持体系 [M] //随班就读教学手册. 北京:华夏出版社,2013.

[2] 梁斌言. 我国智力残疾儿童随班就读工作的现状与发展趋势 [M] //智力残疾儿童随班就读的理论与实践. 天津:天津教育出版社,2010.

[3] 张文京,严小琴. 个别化教育在教康整合相关服务中实施 [M] //特殊儿童个别化教育:理论、计划、实施. 重庆:重庆大学出版社,2015.

[4] 黄建行,雷江华. 特殊教育学校学生康复的方法 [M] //特殊教育学校学生康复与训练. 北京:北京大学出版社,2014.

[5] 黄建行,雷江华. 校本课程开发的支持策略 [M] //特殊教育学校校本课

程开发. 北京：北京大学出版社，2012.

［6］王辉. 特殊儿童的评估取向与范围［M］//特殊儿童教育诊断与评估. 南京：南京大学出版社，2018.

［7］张文京. 教康整合相关服务课程［M］//特殊教育课程理论与实践. 重庆：重庆出版社，2014.

［8］施良方. 课程理论：课程的基础、原理与问题［M］. 北京：教育科学出版社，1996.

［9］钮文英. 启智教育课程与教学设计［M］. 台北：心理出版社，2003.

［10］于文. 自闭症儿童教育实践与案例［M］. 北京：经济科学出版社，2013.

［11］钮文英. 身心障碍者的正向行为支持［M］. 台北：心理出版社，2009.

［12］罗伯特·凯格尔，琳·柯恩·凯格尔. 孤独症谱系障碍儿童关键反应训练掌中宝［M］. 胡晓毅，王勉，译. 北京：华夏出版社，2015.

［13］中华人民共和国教育部制定. 培智学校义务教育课程标准（2016年版）［M］. 北京：人民教育出版社，2018.

作者简介

聂永平，特殊教育高级教师，现任广州市越秀区启智学校校长、党总支部书记，从事特殊教育教学和管理工作超过20年，被授予"广东省特殊教育名校长工作室主持人""广州市名教师工作室主持人"称号，先后被评为国家教育科研先进个人、市百千万首批名教师、市优秀教育工作者、市优秀教师、市青年岗位能手、市志愿先进个人、市特殊教育先进个人等。积极参与学校教改科研工作，现主持国家级课题1个、省级课题3个、市级课题1个，主持参与的课题多达20余项，教学成果丰硕。

艺术教育对视障学生核心素养培育的研究和探索

——以广州市启明学校为例

唐英姿

一、问题的提出

2017年，以培养"全面发展的人"为核心的《中国学生核心素养》正式发布，将中国学生核心素养分为文化基础、自主发展、社会参与3个方面，综合表现为人文底蕴、科学精神、学会学习、健康生活、责任担当、实践创新六大素养，具体细化为国家认同等18个基本要点。视障学生核心素养的培养，一方面与普通学生一样具有同等的重要性，另一方面又具有视障学生身心特点的特殊性。我们重点培养学生的自主发展能力，强调视障学生形成自信自尊的意识、提升自立自强的能力、具备乐学善思的品质等，不囿于视障者的交际圈，能参与社会活动，处理好自我与社会的关系。

艺术是丰富、净化人类精神世界的重要源泉，是美的一个重要表现形式。春秋时期，孔子提出的"兴于诗，立于礼，成于乐""志于道，据于德，依于仁，游于艺"等思想，奠定了审美教育特别是艺术教育在中国传统文化中不可替代的地位。新课程改革强调艺术教育是素质教育的重要内容之一，是全面提高学生"核心素养"的重要手段。研究表明，视障学生除了在视觉上有障碍以外，其身心发展规律与普通学生基本一致，甚至听觉、触觉等感觉较普通学生更灵敏，在音乐、美术的艺术发展上具备一定的优势。开展盲校特色的艺术教育，能奠定视障学生的文化基础，涵养深厚的人文底蕴，发展创新的科学精神，使视障学生在艺术课程的实践探索中提高思维品质和创造能力，养成终身学习的习惯。因此，艺术教育在视障学生的教育中具有不可替代的作用，是培养视障学生核心素养较好的手段。近年来，我校在核心素养理念下，将德育目标通过审美转化，让枯燥严肃的理性教育染上灵动的色彩。

二、培育视障学生核心素养的艺术教育途径

（一）以艺术教育四大方向为目标

学校艺术教育是培养青少年广泛的感性需要、艺术能力和积极的审美行为表现的教育，是国家教育方针和全面实施素质教育的有机组成。提高学校艺术教育质量，深化美育内涵，把稳步促进学生艺术素养的形成、积极参与审美生活的创造和主动适应社会发展的需要作为衡量学校艺术教育质量的根本标准，是新时期全面实

施素质教育的必然要求和重要措施，也是全面贯彻落实《国家中长期教育改革和发展规划纲要（2010—2020年）》树立科学的学校艺术教育质量观的迫切要求和长期任务。

我校艺术教育设定了四大目标，即坚持以"立德树人、以美育人、提升审美和人文素养"为目标的大方向；形成惠及全体、优质丰富和体系完备"三位一体"的大格局；构建校内艺术课堂、校外艺术实践活动、校际文化交流"三维互动"的大平台；营造文教结合、课内外结合、校际家庭社区相结合的"三联合一"的大环境。重视以美育人、以文化人，牢牢把握做好新时代学校艺术教育工作的着力点，用艺术教育点亮视障学生心灵，引领视障学生树立正确的审美观念、陶冶高尚的道德情操、培育深厚的民族情感。

（二）以开放性、多元性、互动性的姿态构建艺术教育大课堂

学校坚持"以美育人、以文化人，提高学生审美和人文素养"要求，以开放性、多元性、互动性的姿态构建艺术大课堂，积极探索培养德智体美劳全面发展的社会主义建设者和接班人。

1. 音乐课堂开展多感官联动教学，提高视障学生创造能力

多感官联动教学是目前音乐教育当中不断普及推广的先进教育模式，是将内在的隐性的音乐感知活动用外显的方式表现出来，使学生的"无意注意"发展成"有意注意"，从而提高学生的学习效果。多感官联动学习符合视障学生的身心发展规律，充分地调动起视障学生的多元感官和多元智能，激发学生的学习热情。更为关键的是，多感官艺术教育符合视障学生核心素养的提升要求，可以为核心素养教育的贯彻落实创造良好条件。视障学生通过多感官联动学习，学会感受与鉴赏，学会声乐模仿，学会创造音乐，逐步地提高创造能力，推动视障学生全面成长。

2. 美工课堂凸显"触觉性"，注重培养学生创新精神

根据盲校新课标"造型·表现""设计·应用""欣赏·评述""综合·探索"4个学习领域，开设穿珠、纸艺、陶艺、编织、绘画等特色课程，丰富视障学生的触觉感受和审美经验，激发创作激情，提高审美能力。

以穿珠课程为例，该课程可为视障学生的认知发展创造条件。首先，视障学生在穿珠的准备活动中，通过触摸不同形状、材质的珠子和绳子，积累相对应的触觉经验，从而提高触觉辨识度。其次，视障学生在穿珠过程中制作造型各异、多维立体的作品，积累造型、空间的认知感受。此外，视障学生在穿珠的过程中逐渐探索穿珠的规律，体会、创作珠艺作品，从而促进视障学生的观察力、专注力、创造力以及逻辑智能中次序性的发展。最后，学生在穿珠活动中手部肌肉的灵敏性、双手协调性、手脑协调能力都明显提高，这有利于视障学生的生理康复，促进身心的健康发展。

又如纸艺课程，视障学生通过触摸不同质感、形状的纸张，丰富其触觉的认知，积累触觉经验，提升图形辨认能力。通过三角插折纸的学习，提高学生的空间

想象能力、造型能力和创作能力。视障学生在体验造型游戏活动乐趣的同时,也锻炼了精细动作,提高了双手协调性、手脑协调能力。视障学生从感知到运用、从运用再到创作的过程,传达了体验、概念、情感,开放式创意的教学拓展视障学生的想象空间、创造性思维,激发视障学生的创新动力。

3. 构建艺术特色课程,在艺术课堂中奠定视障学生的文化基础

在盲校课程中,艺术教育能充分尊重视障学生的个性特点、发掘艺术潜能,有着特殊的地位。根据视障学生的个性特点以及兴趣爱好,在音乐课程下开设合唱、奥尔夫音乐等大班教学课程,尤克里里、电子琴、牧笛等小班体验课程,古筝、二胡、声乐、钢琴等个别化训练课程;针对视障学生长期"以手代目",触觉灵敏、手部操作灵活的特征,在美工课程下开设串珠、折纸、剪纸等课程;结合视障学生的认知特点及本土文化,开设具有盲校特色的艺术课程,例如,美工、语言表演、健美操、非视觉摄影、无障碍电影、自然科学艺术等课程。根据各个艺术课程的特性,运用对应的教学策略培养视障学生的核心素养。每个学生每个学期至少参加一个艺术类兴趣课程,各课程教学组除了日常教学工作,还会不定期举办各类比赛活动,如语文课组的演讲比赛,英语角的英语口语大赛,美工科组的盲生折纸大赛等,丰富多彩的艺术小组既充实了视障学生的学习生活,又能确保每位学生掌握1~2项实用艺术表演技能。学生艺术科的学习纳入期末考核和毕业考核科目中,并有详细成绩记录在册。

4. 弘扬传统文化,开展经典诵读

语言艺术是艺术的一个门类,它是运用语言的手段创造审美形象的一种艺术形式。核心素养的三大领域之一是文化基础,包括文化底蕴和科学精神。文化底蕴包括中华优秀传统文化。《盲校语文新课标》指出,"盲校语文课程对继承、弘扬中华民族优秀文化传统和革命传统,增强国家意识和民族文化认同感……具有不可替代的优势",应该"继承和发扬中华优秀文化传统和革命传统,弘扬以爱国主义为核心的民族精神和以改革创新为核心的时代精神"。西汉文学家刘向曾说,"书犹药也,善读之可以医愚"。盲校开展系列经典诗文诵读活动,鼓励学生多读书、读好书,并撰写、分享读书心得,既传承发展中华优秀传统文化,抒发爱国情怀,又激发学生对诗歌、散文朗诵的热情。

三、系统建构校外合作与艺术教育实践育人培养共同体

在空间结构上,在学校领导下,由艺术科教师团队、学生团支部、少先队以及社会志愿服务队等组成的社会艺术实践工作组,以资源、人才、知识、信息等为纽带,建立需求导向、发展共享的深度合作机制,构建多方位共融、多维耦合的艺术培养共同体。

在时间维度上,连续坚持培育3年以上艺术社团实践活动。以服务对接为主线,按照视障学生的实际需求,综合形成"六层"整体推进开展艺术教育实践活

动，由牵头引领带动层、合作共融培育层、艺术活动设计层、艺术文化辅导层、美育精神宣讲层、艺术活动推广层，层层推进开展社会实践活动，同时深化面向全校学生的社会实践，开展通识教育，满足视障学生多样性需求和个性化发展要求，稳步促进学生艺术素养的形成、积极参与审美生活的创造和主动适应社会发展的需要。

（一）在艺术实践中培育盲生核心素养

1. 组建艺术社团，拓展视障学生艺术教育渠道与形式

近年来，学校先后成立了合唱团、民乐队、美工小组、非视觉摄影小组、流行乐队、健美操队等艺术社团（如图1所示），充分发掘盲生艺术潜能，树立盲生健康美好生活理念，提升盲生的观察、感受和欣赏美的能力。学生根据自己的爱好、特长选择参与的社团。在艺术社团中他们既是学习者、表演者，又是组织者、探究者。在艺术实践的过程中，他们主动进行艺术思考，学会自我管理、承担责任、协调和处理活动中各项关系，磨炼了意志，提升了思维品质，陶冶了情操。在社团活动的艺术沟通中，盲生的社交能力、社会责任感和社会适应力得到提升，自信心、认同感、幸福感得到增强。

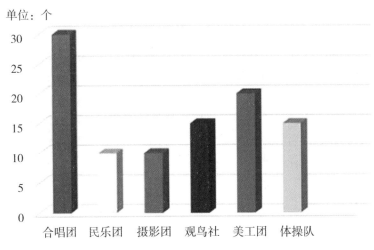

图1　艺术社团活动

2. 开展一系列的艺术实践活动

例如，学校组织艺术团的师生到星海音乐厅欣赏广东民族乐团《诗情话意——中国古诗词音乐会》，提高视障学生对民族音乐的鉴赏能力。带着对广州西关建筑的好奇、对西关文化的向往，学校带领学生到荔湾博物馆及荔枝湾涌进行参观学习，了解西关的民风民俗和西关发展史。学校带领学生走进广府庙会，开展非视觉摄影活动，让盲生体验和探究艺术。

3. 举办"属于每一位同学"的艺术节活动

以"热爱艺术,追求高雅"为宗旨,学校每年定期举办"属于每一位同学"的艺术节活动,以级部为单位组织专场艺术展演,让每位学生都有机会登上音乐的舞台,提高学生艺术素养。学校再从中挑选优秀节目,与艺术团的各类节目一起,共同参加学校主题艺术节的汇报演出,提升校园文化水平,极大地活跃了校园文化生活。

(二) 立足融合理念,拓宽艺术教育途径

学校重视新课改环境下特殊教育课程改革及发展的需要,充分认识到"融合教育"对我校发展的实际意义。

1. 探索学科融合

例如,在团委的协调下,语文、音乐、美工等科组的老师通力合作,策划了具有盲校特色的一年级新生的开笔礼。伴随丝竹音乐,学生们身穿汉服吟诵《三字经》、触摸"人"字并与家长一起用毛笔书写大大的"人"字。在浓浓的艺术氛围里,孩子们接受中华传统文化的熏陶,正式开启小学生的求学生涯。

2. 与专业团队合作,优势互补促盲生发展

学校积极与社会各界进行艺术合作共建,把合唱训练作为实施素质教育的有效渠道。例如,学校邀请华南师范大学音乐学院为我校提供艺术教育支持,指导我校合唱团的训练,并量身打造一首合唱曲目《我听说》。在训练中注重将严格的训练与思想教育结合起来,使学生在训练中磨炼意志品质、培养团队精神、学会关心他人,并成功地与华南师范大学合唱团在星海音乐厅共同演绎这首歌。接着在中山纪念堂,学校合唱团先后受邀参加"星海璀璨,艺海扬帆——民办执信艺术教育成果展演"、广州市2019十佳最美教师颁奖典礼的现场表演。近两年,合唱团参加广州市第十四届中小学生合唱节并获一等奖、"广州市优秀合唱队"展演、广东电视台现代教育频道少儿春晚节目录播。合唱团的感人事迹还登上了"学习强国"App 和《人民日报》新媒体平台,向全国人民展示我校学生良好的综合素质和自强不息的精神。

3. 探索"普特校际融合"新模式

学校积极探索盲校和普校艺术融合的教育模式,并得到广州市番禺执信中学的支持,两校签订了融合共建协议,开展各领域的交流合作。例如,进行特色艺术课程与体验式融合教育交流活动,共同举办一年级新生开笔礼、新年音乐会等,促进两校艺术教育等方面的共同发展。又如,两校学生共同参加语言艺术、陶艺、音乐等课程融合教育,拓展盲生的艺术眼界,帮助盲生提高艺术素养,提升人际交往能力和整合社会适应能力。这也打破了盲生大部分时间的活动范围限于盲校校园内,与外界和社会接触少的局面。再如,与天河区教育研究中心开展音乐课堂教学普特融合探索,组织普校音乐老师来我校进行同课异构,共同执教盲童的音乐课,让普校老师接触视障教育,让视障学生接受普校老师的教学,推动我校艺术教育不断

前行。

4. 艺术教育与科技教育相融合，探索提升视障学生科学素养

艺术教育视角下的核心素养主要表现之一是审美感知。大自然是取之不尽的艺术源泉，结合古诗词中常出现的花鸟，学校于2017年启动"听音辨鸟"科技项目，带领学生到华南植物园、湿地公园等地进行观鸟和植物观察活动，通过自然艺术教育培育学生的理性思维和科学探究的精神。观鸟活动给学生提供了一个融入主流社会的新途径。活动中，他们感受到文学作品中提到的大自然的美好，提高求知探索的兴趣，同时接受珍爱生命教育，提高环境保护意识。

四、学校艺术教育稳步推进，成果丰硕

学校遵循艺术教育教学的规律和特点，加强艺术教育课堂教学，实施艺术教育实践活动课程化管理，注重校园文化环境育人作用，3个方面融合促进、形成合力。构建了课堂教学、课外实践、校园文化建设、艺术展演"四位一体"的融合机制，形成课程育人、活动育人、环境育人的育人合力，取得了一定的教育成效。近年来，启明学校在艺术教育方面培养了众多学生进入高校进行艺术学习和深造，例如，王子安同学考取英国伯明翰皇家音乐学院，王广彬同学考取星海音乐学院附属中等音乐学校，苏永诚、郑浩钊、刘海洋等多名同学陆续考取北京联合大学音乐专业、长春大学等，邓文杰考取广东省外语艺术职业学校音乐专业等。学生在音乐艺术类、美工艺术类、语言艺术类等方面都取得了丰硕的成果。（如图2所示）

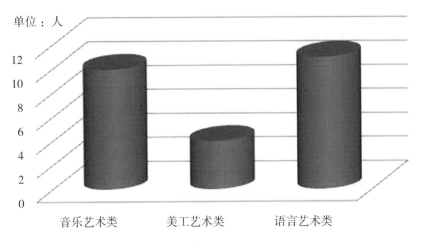

图2　获奖统计

五、结束语

习近平总书记强调,"要全面加强和改进学校美育,坚持以美育人、以文化人,提高学生审美和人文素养"。艺术教育对培养视障学生的核心素养具有重要的作用,教师作为艺术教育的主导者,要积极发挥引导作用,激发学生的学习兴趣,丰富学生的学习内容,帮助学生树立学习艺术的信心,从而构建良好的师生关系。同时,也要注重实践活动的开展,利用丰富的实践活动提高学生的积极性和主动性,促使学生自主参与艺术教学,从而提高学生的核心素养,促进学生综合素质的不断提升。

参考文献

[1] 福州第四中学. 艺术美·课程美·德育美·文化美:普通高中实施"大美育"的实践探索 [J]. 福建基础教育研究,2017(10).

[2] 尹少淳. 文化·核心素养·美术教育:围绕核心素养的思考 [J]. 教育导刊,2015(9).

[3] 李冬梅. 聚焦美术的核心素养与绿色教育 [J]. 新课程(中旬),2015(13).

[4] 林崇德. 中国学生发展核心素养研究报告 [R]. 北京:北京师范大学,2016(11).

作者简介

唐英姿,女,中学高级教师,广州市启明学校副校长。广州市小学卓越校长,广州市支持少先队工作好校长,荣获广州市中职学校德育突出贡献奖。华南师范大学兼职研究生导师,广州市"小学卓越校长促进工程"导师,广东省雷晓晖名师工作室指导专家,西藏林芝市"名校长工作室"特聘专家,广东省聂永平特殊教育名校长工作室成员。先后主持"视障学生'健康生活'核心素养培养的研究——以艺术教育为例"等多个省、市级规划课题,在《教育导刊》等期刊发表过论文。

创品质学校　展特教活力

——珠海市特殊教育学校办学实践与探索

陈　文

一、学校概况

珠海市特殊教育学校创办于 1989 年，隶属于珠海市教育局，是为全市智力残疾、听力残疾、视力残疾等残疾少年儿童提供康复、教育的综合性、寄宿型、12 年制的综合学校。

学校占地面积 22510.94 平方米，学校总建筑面积 30549 平方米，拥有齐全的康复、教学、文体活动、职业教育及生活设施与设备。学校建筑以海洋文化为主题，教学楼等的建筑上有着许多充满童趣性的涂鸦和彩色色块，被誉为"中国最美的五所特校之一"。

学校以"实在做人、博爱做事"为办学思想，以"和谐共处、快乐生活"为办学理念，以"尊重生命、激发潜能、弘扬人道"为校训。学校经历 30 多年的发展，已经具备了较大的规模，积淀了一定的文化底蕴，提升了办学品味。学校现有 453 名学生，共有 43 个教学班。学校现有教职员工 192 人，其中在编人员 170 人。他们大部分毕业于北京师范大学、华中师范大学、华南师范大学、重庆师范大学等师范院校的特殊教育专业，形成了一支观念新、能力强、年轻化的教师队伍。

学校成立 30 多年来，在各级领导和社会爱心人士的关心、支持和帮助下，经过全校师生的共同努力，学校工作取得了一定的成绩。学校曾获"全国后勤管理先进单位""广东省特殊教育先进单位""珠海市巾帼文明岗""三八红旗集体""工人先锋号""珠海市教育系统先进集体"等荣誉称号。学校涌现出一批师德优、业务精的教师楷模。在教育教学方面取得了丰硕的成果，学生在国内外文艺、美术、摄影、体育比赛中获得佳绩。

二、学校办学特色

（一）搭建专业成长平台，培育高效团队

1. 师德引路，文化浸润，建设和美特校

师德建设是校园文化建设的重要组成部分。学校制定了《珠海市特殊教育学校师德评价制度》。围绕学校的精神内涵，以活动为载体，开展丰富多彩的师德建设活动。多名教师分别被评为"全国优秀班主任""珠海市师德模范""交通银行特教园丁""珠海市最美教师"。他们的行为文化使学校的价值观念"人格化"，提升了学校教师的职业自信和职业自觉，同时为提升学校内涵发展提供了强有力的思想保障。

2. 加强教师学习，搭建教师专业成长平台

（1）加强教师队伍建设规划

学校办公室与教务处根据事业发展的要求和本校教师实际，加强对教师学历、专业、职称、年龄结构等的整体规划，确定了学校教师队伍建设规划，明确建设目标和重点，分阶段重点推进。

（2）引导教师自主学习

学校实施"学习+实践+反思"的教师专业成长模式。学校开展每月一次的全校教师业务学习、班主任业务学习、科组长业务学习。定期进行聚焦课堂教学质量的"磨课"（反复打磨一节课）、"研课"（课后及时开展研讨）等主题活动。学校还开展大量的教学研讨活动，促进全校教师自主学习，不断提升教师的教育教学水平。

（3）鼓励教师同伴互助

学校坚持师徒"结对子"的青蓝工程；选择业务精、能力强、有敬业精神的教学骨干与新教师结成师徒，在备课、上课、作业批改、课外辅导及班级管理等方面给予新教师悉心指导；在青年教师中间继续开展"五个一"工程，有力促进了青年教师快速成长。

（4）加强教师专业引领

学校为教师创设了许多学习机会，每学期根据教师的专业方向与年龄结构，组织教师参加全国、省和市的教学研讨等培训学习活动。根据省内学校的办学特色，组织各学科组分批到省内各兄弟学校交流学习。我校先后组织全体教师赴重庆师范大学、华东师范大学及华中师范大学参加了暑期专业培训。

（5）搭建教师成长平台

学校通过组织举办班主任德育沙龙、课件制作培训、读书汇报交流会、校刊《草雨晨声》等教学教研活动，依托市特殊教育指导中心举办基本功大赛、优质课竞赛、班主任专业能力大赛等活动，搭建教师成长平台，提高了教师执教能力，增强了教师专业自信。

在学校坚持不懈的培养下，学校青年教师成长迅速，涌现出一大批教坛新秀、骨干教师，学校现有珠海市名教师3人、珠海市名班主任1人、珠海市名教师工作室1个。教师在国家、省、市各级教育教学比赛中屡获佳绩，如孙强老师获第二届广东省中小学青年教师教学能力大赛特殊教育组一等奖。近年来，教师参加国家、省级信息化大赛，获全国一等奖8项，全国二、三等奖15项，省一等奖14项。

3. 深化校本教研，提升学校科研水平

（1）强化校本教研活动

学科组、课题组充分发挥教研优势，在说课、听课、评课、示范课、教学研讨等方面采取了扎实有效的措施；组织新教师开展了教育教学、班级管理、行为矫正等主题的研讨沙龙，让青年教师获益良多。

（2）深化校本课题研究，教研成果突出

学校以课题研究为抓手，鼓励教师立足于教育教学实践，积极开展课题研究，取得了丰硕的成果。学校先后获批立项省级课题 5 项、市级课题 27 项（含微课题 15 项），荣获广东省第四届中小学校本课程一等奖、第三届珠海市基础教育教学成果一等奖、广东省特殊教育学校课程建设优秀成果评选交流展示方案类二等奖等。学校教师积极撰写研究论文，共有 50 多篇论文在国内期刊上发表或在国家、省、市级教育教学论文评比中获奖。

（3）构筑区域平台，发挥引领与辐射作用

学校建立珠海市特殊教育名教师工作室，搭建市一级专业交流成长平台；开展教育帮扶，与珠海斗门区特殊教育学校、怒江州特殊教育学校等结对，通过派出支教人员、管理人员及骨干教师交流等形式传播学校先进的特殊教育理念、教育管理和教学经验，在教师培训、教研、资源等方面为结对学校提供有力支持；与香港罗氏信托学校、香港匡智松岭学校、澳门明爱学校、澳门路环中葡学校、黑河市特殊教育学校、林芝市特殊教育学校建立姊妹结盟学校，加强校际的交流与学习。

（二）构建课程文化，丰富校园生活，促进学生全面发展

1. 核心课程，彰显特教特色

为保证国家课程实施的有效性和适切性，学校进行了一系列国家课程校本化实施的研究，不断加强校本课程的研究建设。经过多年的探索和发展，我校在课程建设方面已经形成特色，逐步形成了"低年级发展性课程为主、中年级功能性课程为主、高年级适应性课程为主、职高年级职业性课程为主"四类特色鲜明、专业性强的核心课程体系。

2. 开发选修课程，推进分层走班

为了将个别化教学的针对性和班级教学的高效率结合起来，尊重学生特殊需要和个性化选择，我校从 2014 年秋季开始开设选修课程。选修课程分兴趣类、技能类两大类。授课时间安排在每周三、周四下午，共 4 个课时。目前，我校教师共开设选修课程近 20 多门，参加选修课程学生共计 141 人，占全校学生总数的 31%。我校还在启聪班的语文、数学课程上开展了走班上课的研究。

3. 推进"包班制"，开展协同教学的研究

为了更好地推进个别化教育工作的开展，学校开始进行"包班制"的教学模式探索，由最初的 1 个实验班推广到目前 26 个班级实施了包班教学。包班教学除了音乐、体育、美术课由专任教师担任之外，其余课程皆由包班教师担任。包班教师担任本班学生的个别化主管教师，从学生的评量、制订教育目标、拟定个别化教育计划、实施个别化教育计划再到评估与修正等均由个别化主管教师负责，包班团队提供支持，精准教育，责任到人。

学校在"包班制"的基础上开展了协同教学的探索，探索课堂上开展分组双主教教学模式。学校在分组时首先考虑学生能否参与课堂学习，再考虑学生的内容层次，提高课堂教学效率。

4. 注重个别化教育，加大康复训练力度

（1）深化落实课程评估工作

学校目前选取了启智部 1～3 年级作为课程评估试点班级，开展课程评估研究探索，做到"学前有评估、学中有记录、学后有评量"，将课程评估与学生发展紧密结合起来。

（2）抓好康复训练

教务处制定了《教师开展个别化训练管理工作方案》，明确训练目的、人员、工作要求和奖励办法。本学期已有 64 位教师加入了个别化训练团队，其中，2 位老师专职从事脑瘫康复训练工作。

5. 职业技能教育初见成效

我校于 2012 年 9 月成立职业技能教育高中班，开始积极探索职业教育的途径，根据学生的障碍类型、障碍程度和学生的未来职业定位，学校在启智职高班中开展职业课程走班的探索。走班课程包括糕点制作、手工包装、客房清洁等，为学生以后的职业发展奠定基础。坚持开展各类职业教育活动，组织职高班学生分别赴企业及职业学校参观交流，了解职场的工作情况及职业学校的学习特点。

6. 学科竞赛异彩纷呈，校园文化丰富多彩

学科竞赛凸显生活适应特色，文体活动丰富多彩，德育主题鲜明贴切、德育实践活动丰富。

三、学校未来展望

近几年，学校发展进入快车道。我们将按照市委、市政府及市教育局的统一部署，为推进我市教育现代化添砖加瓦。以创建一流的特殊教育学校为目标，注重学校的内涵发展，以教学工作为中心，推动课程体系改革，加强学校的管理工作，大力发展职业教育。发挥学校的骨干、辐射作用，逐步向集文化教育、职业教育、康复、养护于一体的综合化、社会化方向发展，努力走出一条规范化、精细化、特色化的学校发展之路。

四、珠海市随班就读情况简介

（一）珠海市特殊教育的基本情况

1. 珠海市特殊教育义务教育阶段发展总体情况

（1）义务教育阶段学生数大幅增加

从 2015 年的 497 人到 2019 年的 810 人，我市残疾儿童数量增长 60%，其中，特殊教育学校就读学生人数占比最多且增幅明显，从 339 人增长到 522 人，随班就读人数稳中有升，从 150 人左右增长到 200 人左右，送教上门人数变化波动较大。

（2）残疾儿童义务教育入学率逐年稳步提升

近年来，我市残疾儿童义务教育入学率一直保持在 90% 以上，特别是 2018 年

达到 97.23%，超过省厅 95% 的目标要求。

（3）特殊教育师资队伍逐渐增强

近五年来我市特殊教育教师人数保持快速增长，从 105 人增加到 211 人，其中，专任教师已经达到了 146 人，占教职工总数的 69.19%，保持稳步增长态势。

2. 特殊教育学校及相关福利机构的建设情况

我市现有珠海市特殊教育学校、斗门区特殊教育学校 2 所综合性的特殊教育学校。珠海市社会福利中心隶属于市民政局，中心在册人数 180 余名，病残率达 85% 以上。

（二）珠海市随班就读工作开展情况

1. 构建市、区两级特殊教育指导中心工作体系

依托两所特殊教育学校，我市已经成立了特殊教育指导中心，为全市融合教育工作提供支持。市特殊教育指导中心现设有 6 个巡回指导组，共 27 名巡回指导教师，对我市普通学校随班就读工作进行巡回指导。其他几个区没有特殊教育学校，暂时依托教师发展中心或者具备条件的普通学校，建立特殊教育指导中心。目前，各区已经在筹备此项工作。

2. 完善资源教室建设工作

目前，我市已建成 31 所资源教室，覆盖香洲区、斗门区、金湾区、高新区及高栏港区等。2018 年后，我市要求各区根据学校布局及发展需求，自行安排，保证招收 5 人以上残疾儿童的普通学校建有资源教室，每间资源教室配备 1～2 名资源教师。目前，香洲区、高栏港区、金湾区均已开展建设。香洲区已招聘 9 名特教专业教师（2021 年新增 2 人），成立了特教教研组，全区分 9 个片区，将定期巡回指导和重点指导相结合，充分发挥其专业指导作用。

3. 加强专业化特教师资队伍建设

依托市特殊教育指导中心，我市建设特殊教育教师培训基地，进行特殊教育教师队伍的培养；面向全市各教育部门相关干部，各学校领导、教师和家长开展融合教育公共知识讲座；组织各区教育部门相关负责人积极参加省特教干部培训；针对特校与非特教专业教师、资源教师和随班就读教师（班主任）开展特教专业知识培训，经考核合格后持证上岗；支持"蓝晶灵融合教育支持中心"对自闭症儿童家长进行培训等。

作者简介

陈文，中学高级教师，珠海市特殊教育学校副校长，分管教育教学工作。任教期间先后被授予珠海市教坛新秀、珠海市优秀教师、珠海市先进教育工作者、珠海市十佳师德标兵、珠海市劳动模范等荣誉称号。作为特教新兵，刻苦钻研业务，坚持教育教学课题研究及教学改革探讨。在学校推进包班制、选修课等课程改革方案，推动学校职业教育的课程改革。

平远县特殊教育学校 2018—2020 年发展规划

丘玉华

根据《国家中长期教育改革和发展规划纲要（2010—2020 年）》《广东省中长期教育改革和发展规划纲要（2010—2020 年）》《国家教育事业发展第十三个五年规划》《广东省国民经济和社会发展第十三个五年规划纲要》《广东省特殊教育提升计划（2014—2016 年）》《广东省教育发展"十三五"规划（2016—2020 年）》文件精神，为进一步推动学校快速发展，现制定《平远县特殊教育学校"2018—2020 年"事业发展规划》，明确提出"建设优势突出、特色鲜明、省内一流、有较高影响的特殊教育综合学校"的宏伟目标，坚持"特色发展、综合发展、开放发展"三大战略，完成"完善特殊儿童培养体系、组建科学研究团队、加强师资队伍建设、增强社会服务能力、提升市级影响力"五大重点任务，做好"推进现代特殊教育学校制度建设、争取社会支持、加强校园建设"三大保障工作，为全面建成"三个定位，两个率先"的广东做出应有的贡献。

一、"建校"工作回顾

平远县特殊教育学校坐落于梅东村，目前正在施工建设。2016 年 4 月在教育部、广东省梅州市教育局、平远县教育局等相关部门的正确领导下正式开建，2017 年 9 月正式投入使用。至 2020 年 9 月，学校共有 27 名在编教师，若干后勤人员，52 名在校生，73 名送教上门生。

学校坚持"与爱同行、与善同在、克难奋进、自强不息"的办学理念，以"培养适龄特殊儿童适应生活发展"为主要发展目标，积极采取措施，不断加强师资建设，全面提升学校办学水平。我校成为平远县第一所省级特殊教育综合学校，实现了平远县无特殊教育学校到建立一所综合性特殊教育学校的历史性跨越。

（一）校园建设日益更新

现任梅州市副市长、时任平远县委书记的曾尚忠同志非常关心我县特殊教育的发展，亲自部署了新校址的征地工作和建设规划。目前施工方已完成行政楼、教学楼和宿舍楼三栋楼的修建及装潢工作。学校建筑的建设指标均达到或优于《特殊学校标准化建设指标》。

与此同时，在我校校长的带领下，学校全体领导班子组织现有教师对新校建成后功能场室的设置进行了研究讨论，拟建设语训室、劳技室、心理室、实训室、康复训练室、图操作室等 17 个功能课室。

平远县特殊教育学校的建立开创了我县特殊教育的历史新纪元，解决了平远特殊教育从无到有的求学难题，是一项深得民心、造福社会的工程。

（二）招生工作圆满结束

目前统计数据显示，全县有 157 名残障适龄儿童，其中，11 名在特殊学校就读，100 名分布在全县中小学随班就读，其余 46 名无能力入学。

为更好更有针对性地给残障儿童提供教育教学，我校领导队成员组成调查小组在 2016 年 10 月到 12 月连续 3 个多月对全县残障儿童进行摸查，通过电话沟通、入户调查等多种形式了解我县适龄入学的残障儿童数量、残障类型、学习需求等，并于 2016 年 12 月 24 日、25 日进行入学新生预报名工作，统计愿意就读学生预报名人数为 63 人，其中在校就读的有 45 人，其余的属上门送教对象。2016 年 9 月，学校招收第一批学生 11 名。截至 2020 年 9 月，学校共有 27 名在编教师，若干后勤人员，52 名在校生，73 名送教上门生。

（三）师资队伍建设成效显著

与招生相对应的，招教工作也在 2017 年 3 月提上日程。3 月 18 日至 3 月 25 日，我校与平远县人社局、教育局等相关分管领导先后赴南京、广州、湛江三地进行校园现场招聘，以结构化面试的形式聘得特殊教育专任教师 16 名、康复治疗师 1 名。为发展新教师的专业文化水平，更好地助力我县特殊教育的发展，我县教育局组织了学校全体教师到广东省佛山市顺德启智学校进行为期一个月的跟岗培训学习。后期，我校领导组织部分教师到过全国多所具有特殊教育办学特色的学校进行学习。

（四）社会扶持衔接不断完善

2016 年 10 月 16 日下午，在平远商会的引荐下，广州远信集团三棵柚基金会、平远县义工协会一起走进我校，开展"关爱特殊儿童远信三棵柚携手与爱同行"的主题活动。平远县教育局局长肖洪海、广州远信集团三棵柚基金会的 60 名高管层领导、平远县义工协会 40 多名志愿者、平远县特殊学校全体师生以及家长们共同参与了该次活动。2017 年 4 月 12 日，平远县南皇子家庭农庄负责人谢勇先生到我校慰问残疾儿童，代表南皇子家庭农庄全体职工向残疾儿童送上问候和祝福，并给师生们送来一批土鸡蛋，以加强学生营养，进一步提升师生的伙食质量。该机构负责人表示，未来招聘工作人员会首先考虑残疾人。这为我校学生提供了离校后的就业发展机会。

二、"2018—2020 三学年"规划发展战略

"2018—2020 三学年"期间，在经济发展呈现新常态、创新驱动成为新引擎、综合改革激发新活力的新形势下，学校既迎来了良好发展机遇，也面临着多重挑战。为此，学校提出了三大发展战略。

（一）发展机遇

1. 党和政府关心、重视特殊教育和残疾人事业为学校发展带来契机

党和政府历来十分关心特殊教育，《国家中长期教育改革和发展规划纲要（2010—2020年）》提出"关心和支持特殊教育""完善特殊教育体系""健全特殊教育保障机制"。《中华人民共和国国民经济和社会发展第十三个五年规划纲要》明确要求"提升残疾人群特殊教育普及水平、条件保障和教育质量"。特殊教育成为社会建设的重要内容，摆在了党和政府工作的突出位置，这为加快发展特殊教育以及残疾人高等教育提供了有力的政策支持，也为学校的发展带来难得的契机。

2. 广东省的大力支持给学校的发展提供了有力保障

为深入贯彻教育优先发展战略、加快推进教育现代化建设、打造南方教育高地、助推我省"三个定位、两个率先"目标的实现，根据国家及教育局的相关文件制定了《广东省教育发展"十三五"规划（2016—2020年）》。该规划指明要落实特殊教育经费投入，推动实施残疾学生15年免费教育，落实好广东特殊教育提升计划及后续行动，初步建立布局合理、学段衔接、普职融通、医教结合的特殊教育体系；切实解决未入学适龄残疾儿童少年义务教育问题；积极发展残疾儿童学前教育，大力发展以职业教育为主的残疾人高中阶段教育，加快发展残疾人高等教育，逐步提高非义务教育阶段残疾人接受教育的比例。适龄听力、视力、智力残疾儿童少年接受义务教育比例要达到95%。省委、省政府的高度重视和决策部署，为学校实现建设目标提供了强有力的支持，为学校进一步发展明确了前进方向。

（二）面临挑战

1. 地区差异较大，优质均衡急需改善

首先，地区间在特殊教育普及水平方面存在较大差异。珠三角经济发达地区特殊教育的普及率较高，已经接近普通学校学生的入学率，而粤东、粤西北等经济欠发达地区的特殊学生入学率相对较低。在教育质量方面，珠三角经济发达地区的特殊教育质量有了很大程度的提升，有的已经开始与国际接轨，而粤东、粤西北等经济欠发达地区的特殊教育基础设施还不完善。据统计，粤东、粤西北经济欠发达地区共有62所特殊学校，只有9所学校达标，其中12所培智学校无一所达标，普遍存在不达标的现象。同时，特殊教育内部的教育矫治模式和教育质量都有待提高。学校加快推进自身的改革和发展，全面加强内涵建设，提升服务特殊教育和残疾人事业的能力水平，主动适应国家经济社会发展的需要，服务全面建成小康社会大局，任重而道远。

2. 师资力量较弱，教学质量难以保障

在特殊教育师资培训方面，我省尚未建立起完善的省、市、县三级特殊教育师资培训体系，对特殊学校教师的专业化培训还存在一定的不足，导致了我省特殊教育师资队伍整体业务素养与专业能力偏低。在粤东、粤西北等经济欠发达地区，有的学校的"随班就读"师资配备中严重缺乏专业的康复治疗师和心理教师，生活老师也多由农村妇女担任，学历普遍偏低，存在较为严重的结构性缺编，影响我省特殊教育的优质均衡和可持续发展。

3. 有限的办学条件对加强学校内涵建设提出新考验

当前，学校办学刚刚起步，学校师资队伍建设、人才培养质量、学科专业建设、科学研究等主要指标与优秀的特殊教育学校相比还存在一定差距，学校办学经验不足，缺少学校发展顾问。因此，学校迫切需要改善办学条件，亟待全面加强内涵建设。

（三）发展战略

1. 特色发展

坚持教学生会学习、会生活、会合作、会生存四大基本特色，加强个别化教育，增强教育的针对性和有效性，提高特殊教育教学质量。适应特殊教育义务教育发展的需要，打造特色性特殊教育课程，在特殊儿童培养目标设定、培养模式创新、课程体系建设、科学研究和社会服务等方面形成独特的办学理念、办学目标和办学模式，构建平远特校的办学文化，培养适应社会需求的特殊人才，建立平远特校品牌的美誉度和影响力。

2. 综合发展

我校为一所综合性特殊教育学校，尽管目前招收的学生为智力障碍类型，但在学校发展不久的将来，我校将全面招收本县及外来的适龄特殊儿童，招收类型包括智力障碍残疾、听力障碍残疾、视力障碍残疾、肢体残疾、精神残疾等国家规定的七大残疾类型儿童。学校就招收的学生残疾类型进行融合发展教育，实现综合性特殊教育学校的发展理念，为平远县特殊教育事业的发展开辟新的道路。

3. 开放发展

适应"天下特教一家人"的特殊教育发展趋势，紧密结合我省全面建成小康社会的目标，适应加强社会建设的政策要求，努力拓展与政府、企业和残联的合作，寻求广泛的支持，为社会提供有用的服务。确立合作视野，加强与我县大学和社会组织的合作，充分吸收利用优质的地区教育资源，积极开展学校交流与合作，成为展示平远县特殊教育的重要窗口，提升特殊教育影响力。

三、"2018—2020三学年"指导思想与发展目标

（一）指导思想

全面贯彻党的十八大和十八届三中、四中、五中、六中全会精神，深入贯彻习近平总书记系列重要讲话精神，统筹推进"五位一体"总体布局和协调推进"四个全面"战略布局，贯彻落实广东省"十三五"教育规划部署，遵循义务教育特殊教育发展规律，积极实施特色发展、综合发展、开放发展战略，以加强师资队伍

建设为重点，全面加强内涵建设，做强特殊教育课程创新建设，做优残疾人事业服务培训，做好特殊儿童义务教育，为建成优势突出、特色鲜明、市内一流、有较强影响的特殊教育学校奠定良好的基础。为实现我省"三个定位、两个率先"目标提供坚实的后继工作支撑。

（二）发展目标

确保到2020年学校发展为广东省特殊教育示范单位，力争办学总排名有明显提升。

（1）实现特殊教育服务均等化。学校招生残疾类型达3种以上，平远县义务教育适龄特殊儿童入学率为100%。承担特殊儿童学前教育及特殊儿童教育衔接工作。

（2）办校质量高。至学校第一届毕业生毕业时，毕业生的生活自理能力、适应社会能力强，就业率明显，办学满意度高。

（3）师资力量提高。2020年，本科学历的教师达100%。学校拥有开展特殊教育培训的资格。

（4）课程创新建设。2020年，学校拥有具有本校自身发展特色的培养教学课程，有专项外聘课程建设指导。

（5）省级项目、高水平论文及获奖数量居新建特殊教育学校前列，成为特殊教育的发展新星。

（6）建成满足教学、科研和服务需要的特色校园。

四、"2018—2020三学年"期间的重点任务

围绕"十三五"期间的指导思想、发展目标，学校将着力完成制度建设、培养体系、教师专业发展、教学工作、教育科研工作等重点任务。

（一）完善特殊教育学校制度建设

建立制度化管理体系，保障教师、学生权益，营造用心教育的良好工作氛围。

（1）建立平远县特殊教育学校党支部。

（2）充分发挥党支部的战斗堡垒作用，调动各部门工作积极性，保障学校各项工作顺利开展。

（3）加强干部队伍建设，营造严谨与宽松相融的和谐管理氛围。

（4）加强学校团队文化建设，树立坦诚、信任、尊重、协作的团队精神，提升教师对学校发展的认同感，促进学校内涵发展。

（5）完善家长委员会组织建设，让家长共同参与，促进学生健康发展。

（6）建立学校教工之家，开展教工活动，通过"读书沙龙"等体验活动，增强教工人文底蕴，创建学习型组织。

（二）完善特殊儿童培养体系

初步建立布局合理、学段衔接、普职融通、医教结合的特殊教育体系。

制定适合本校发展的课程计划，加强特色课程建设。根据残障学生的特点，为学生的全面发展设立班级课程、个训课程、生活指导课程。其中，班级课程设置学习了顺德区启智学校，开设社会化课程、图形操作课程、情绪分化训练课程、体能课程、言语课、划画课。个训课程开设体育康复训练、感统训练、家政训练、蒙台梭利课、语言训练。生活指导课程开设用餐课、生活指导训练。建设多元化发展特殊儿童的最近发展区，为特色课程申请专项研究成果，逐步深化特殊教育课程改革。

第一学年班级课程主要以社会化课的互动课、服从课、生理需求表达课为主，逐年新增社会化课的感知、基本防范、自我意识、劳动意识课并按照年级增减社会化课的子课程，逐年增加体能课、图形操作课、情绪分化课、言语课、划画课、古诗律动课等的百分比，根据学生的需要增减个训课。

（三）加强师资队伍建设

根据学校发展需求，至2020年学校教师拥有本科学历者达100%。学校进一步优化教师队伍的职称结构、年龄结构，逐步打造一支优势学科突出、职称和年龄层次合理的师资队伍。加强对青年骨干教师的培育力度，制定实施青年骨干教师进修计划，以及学科带头人、学术带头人、青年学术骨干的遴选与考核等政策措施，营造团结和谐、公平公正的教师成长环境，重点培养一批具有较高教学水平和学术水平的骨干教师，并予以持续支持，使其能潜心教学、钻研，力争成为特殊教育方面的拔尖人才。

（四）完善教学评估体系

综合评价内容、改进评价形式、扩大评价主体，着眼于学生的长远发展需求，建立一套较为完整、较为科学的教学评估体系，给学生一个完整的、全面性的、发展性的评价，让每一位学生都能获得成长、获得自信、获得更强的学习动力。

（五）组建科学研究团队

以学科建设为导向，以学术带头人培养为关键，努力形成一批结构合理、特色鲜明、协调发展的科研队伍，力争拥有1名以上国内特教领域学科带头人。围绕国家中长期教育发展规划中有关特殊教育发展的重点领域，打破学科界限，积极建设交叉性科研创新平台，突出应用性研究，争取建成1～2个市级重点学科建设点、2～3个校级重点实验室。

通过出台科研奖励政策，鼓励教师多出成果，快出成果，出好成果。鼓励全体教师积极申报各级各类科研课题，组建科研团队，整合科研力量，申报国家、省部级课题。到2020年，争取获批国家级课题1～2项、省部级课题5～10项。至少完成2个以上的横向联合项目。争取在公开学术刊物上发表论文20篇以上，其中，在中文核心刊物上发表5篇以上。创办学报并保证学报的办刊质量，争取独立办刊。

（六）增强社会服务能力

就学校目前的办学规模及发展状况，能服务于社会上拥有智力障碍儿童的家庭，以及为社会上的智力康复机构提供资源支持。2020年，实现为普校的随班就读提供资源教师配置。为更多残障类型的特殊儿童家庭提供特殊儿童教育服务。

（七）提升市级影响

学校发展期间，根据发展目标，加强县级特殊教育学校之间的合作与联系，参考外校办学经验，提升本校的办学资格及能力。积极营造认真办学的建校氛围，积极承担县级特殊教育研讨、学术交流会议。把我校在市级的影响力提升到一个新的层次，争拿"特殊教育示范单位"。

五、"2018—2020三学年"期间的保障体系建设

"2018—2020三学年"期间，学校将从3个方面系统构建支撑保障体系，保证规划目标的实现。

（一）推进现代特殊教育学校制度建设

努力建设学校内部治理结构。依法制定《平远县特殊教育学校行政章程》，创建文明合理的工作环境及法律制度保障机制，为教师提供一个有法可依、有章可循的工作环境。加强家长联合会与学校的合作与交流，为学校更好地为特殊儿童及特殊儿童家长服务建立良好的资源平台。

（二）争取社会支持

为满足学校的办学需求，我校将成立家长联合会及社会扶持项目部，在第一届学生毕业后开设校友会。用家长、社会、优秀毕业生给予我校的资源支持，创建更好的办学条件并壮大规模。

（三）加强校园建设

在多方筹措办学资源的基础上，建立资源使用效率的评估机制，健全管理制度，规范工作流程，提高资源的使用效率。教学方面，根据国家颁布的相关文件要求，及时调整教学目标，优化教学管理。使学校文化建设拥有良好的办学基础，为学校以后的发展提供发展依据。

作者简介

丘玉华，平远县特殊教育学校校长，小学数学高级教师，从事教育工作33年，其中特殊教育5年，擅长学校管理、教学研究与管理、生活数学教学，正在研究培智教育。先后被评为梅州市优秀教育工作者、平远县争创"广东省推进教育现代化先进县"工作先进个人、广东省特殊教育优秀教育工作者，广东教育学会特殊教育专业委员会第七届理事会理事，曾获梅州市教育系统教育教学成果奖二等奖、广东省特殊教育学校"优秀个别化教育研究案例"二等奖。

新时代特殊教育学校提质发展的实践探索

陈 杰

特殊教育学校是由政府、企业事业组织、社会团体、其他社会组织及公民个人依法举办的专门对残疾儿童、青少年实施的义务教育机构。我校是 2017 年新成立的九年一贯制义务教育阶段的特殊教育学校,招收适龄的智障儿童少年。目前招收的学生中智力水平轻度、中度、重度智障儿童各占一部分,学生智力水平、生活自理能力参差不齐,如何提高智障儿童的教育质量是我们要直面的问题。在学校办学过程中,我们带着问题在实践中摸索前行,学校发展走上快车道。

一、提升特殊教育学校教育质量的背景

(一)政策支持

《国家中长期教育改革和发展规划纲要(2010—2020 年)》明确指出加快推进特殊教育发展,大力提升特殊教育水平,切实保障残疾人受教育权利。根据《国家中长期教育改革和发展规划纲要(2010—2020 年)》要求,教育部、发改委、民政部联合制定《特殊教育提升计划(2014—2016 年)》,提出全面推进全纳教育,使每一个残疾孩子都能接受合适的教育。初步建立布局合理、学段衔接、普职融通、医教结合的特殊教育体系,办学条件和教育质量进一步提升。接着,在《第二期特殊教育提升计划(2017—2020 年)》中提出,重点任务是提高特殊教育质量。促进医教结合,建立多部门合作机制,加强专业人员的配备与合作,提高残疾学生评估鉴定、入学安置、教育教学、康复训练的有效性。可见,国家已经为特殊教育发展做出了明确的、切合实际且符合人民群众需求的要求。

(二)学校发展内在需求

从国家长远规划和提升计划来看,国家不但要让残疾儿童有书读,还要不断提升特殊教育的教育质量,每个人都可享有公平而有质量的教育。国家颁布的一期、二期的提升计划也为特殊教育学校的提质发展指明了方向。学校的发展决定了我们必须努力提升教育质量,才能实现打造粤北地区精品特校的目标。

(三)家长、学生的期盼

家长们殷切期望通过特殊教育学校的专业培训,让孩子们能得到更好的发展,生活能力、理解能力有所提升。学生正处在生长发育期,这个时期是智障儿童提升能力的最佳时期,通过学校专业的培养,每个孩子都会有进步,错过了这个时期将错过教育最佳期。

二、多方位促进特殊教育学校提质

在这样的背景下,我们不断思考提质的方向。结合我校实际情况,提出办学的思路为"以面向生活为目标,以多元课程为特色,以关爱生命为使命",多方位促进学校提质发展。

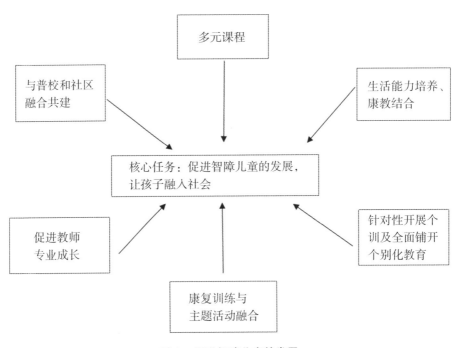

图1 促进智障儿童的发展

我们从六大方面促进智障儿童的发展(如图1所示)。生活能力培养是我们的目标,根据这个目标我们开设了生活语文、生活数学、生活适应、劳技、家政训练等课程。医教结合、个训、康复训练与主题活动融合的实施使我校实现课程多元化。康复训练与主题活动融合是我校探索得出的、适合特校德育的模式。为了让学生更好地融入社会和让社会接纳残疾人,我们开展融合教育,与普校和社区融合。同时,我们积极搭建平台,促进教师专业发展,力求打造一支专业过硬、有爱、有责任感的教师队伍。

三、提升特殊教育质量的实践

学校从开办到现在,在稳步发展的基础上开展了积极的提质探索。

(一)开设多元课程,促进孩子发展

我们的核心任务是促进智障儿童的发展,让孩子融入社会。为此,我们开设了

生活语文、生活数学、生活适应、劳技、美工、唱游与律动等 10 门课程，同时开展康复训练和个训，开展融合教育和康复训练与主题活动融合活动，全面促进智障儿童的发展并提升其生存能力。

（二）积极开展融合教育

我们探索和普校的融合让我们的学生和普校的学生一起学习、游戏，一起体验快乐。让特殊儿童感觉自己是普通人中的一员，并不特别，以便让他们以后更好地融入社会；也让普校的学生体验接纳残疾人，播撒爱的种子。目前，我们和清城区第一幼儿园签订了融合教育协议，并开展了融合教育活动，取得了良好的效果。我们计划发展一所小学和中学继续开展融合共建。

（三）努力促成医教结合

我们和清远市人民医院达成协议，双方开展医教结合实践。医院为我们提供专业康复治疗的技术方法，指导学校教师、家长开展康复治疗；学校利用医院专业资源大力开展康复课程，形成自己行之有效的康复训练体系和训练手册。这个学期我们将稳步推进各项工作。

（四）探索特校德育的途径，开展康复训练和主题活动融合

我校的学生都为智障儿童，德育如何开展是值得我们思考的。结合学生的实际，我们积极探索，目前我们利用主题活动让学生受教育的同时也可进行康复训练。如我们开展了康复训练与运动会结合主题亲子活动，开展了"迎新春，过新年"系列主题活动，开展了"学雷锋，做美德少年——我为校园添点绿"主题活动。这些活动我们都精心设计了康复训练的内容，如结合精细动作、跑、跳、跨、动手能力等让学生既受到教育，又能充分地得到康复发展。德育处每月一次组织主题活动，让孩子们在主题活动中康复成长。

（五）开展生活能力的培养

我们开设生活适应、家政训练、劳技等课让学生生活能力得到专门的训练。学生平时都在学校住宿，在宿舍中我们有生活老师指导学生自理和提高他们的生活自理能力，为以后更好的生存打下基础。同时，我们以科研促提质，申报了区级课题"智障儿童生活能力培养实践研究"，以教研促教师成长和学生发展。

（六）积极搭建教师成长平台，促进教师成长

学校积极搭建教师成长平台，通过教师公开课、青年教师基本功比赛等活动促进青年教师成长；同时，越秀区培智学校与我校签订结对帮扶协议，这标志着我们特校的工作开启了新的篇章，树立了新的里程碑。我们将与越秀培智学校结对开展"教师岗位练兵"；扩大学校示范作用，面向全市特校同行开展开放日；切实抓好教研，结合学校特色建设申报并立项区、市级课题；大力推行每月教研主题研讨会，打造学习型特校，全面提升我校教学的质量和教研水平，促进教师专业成长。

四、一些思考

我们在办学过程中,做了大量的工作和很多尝试。但是,我们在特殊教育这个领域依然明显落后于发达地区,我们必须有紧迫感,努力发展我区的特殊教育。我校是新办学校,起点比较高,虽然开办晚,但只要我们全力以赴,就可打造一所精品培智学校。在办学过程中我们也深切感受到,特殊教育发展确实需要各部门、全社会共同关注,关注我们的孩子和家庭,为他们的成长创设良好的社会环境和氛围,关爱他们,接纳他们。

作者简介

陈杰,中山大学教育硕士,中学数学一级教师,清远市清城区特殊教育学校校长、党支部书记。曾先后获广东省骨干初中数学教师、清城区优秀教师、清城区师德标兵等荣誉称号。取得清远市清城区青年教师基本功比赛一等奖、广东省青年教师优质课比赛三等奖、广东省数学教师核心片段讲授二等奖的成绩。参与省、市级课题多项。在省级刊物发表论文4篇,还有10多篇论文在省、市、区论文评比中获奖。

校长是学校灵魂的工程师

——深圳市福田区竹香学校例谈

黄木生

如果说"教师是人类灵魂的工程师",那么校长可看作教师灵魂的工程师;"父母是孩子的第一任教师",校长也可看作家长的灵魂工程师。校长把教师、家长的灵魂塑造好,教师、家长才可能把学生的灵魂塑造好,才能真正做到"立德树人"。因此,不管校长有多少职业定位,学校灵魂工程师都是校长的首要角色。竹香学校是我区唯一的一所公办特殊教育学校,成立4年来,笔者从政治思想、道德修养、教育理想3个方面引领教师、家长、学生不断成长,着力塑造"守正、砺节、奉公、拥和"的学校灵魂。

一、政治思想引领:塑造先锋

政治思想引领应是党委(支部)书记的职责,校长兼任党委(支部)书记是当下的普遍现象,即使暂时未担任正职,一般也担任副职。"一岗双责"的定位决定校长必须是政治思想的引领者。习近平总书记在十九大报告中明确指出:"党政军民学,东西南北中,党是领导一切的。"笔者作为支部书记兼校长,除了严格按照党中央的要求不断提升自己的政治觉悟外,主要从3个方面来塑造先锋模范。

(一)党徽,"刷"示范感

党组织的战斗堡垒作用直接体现在党员的示范作用上,若党员不能起到模范带头作用,一切"建设"都是虚的。佩戴党徽上班很美丽,不"骨感",既让群众知道党员的身份,也让党员牢记自己的身份,起到监督、激励的作用。党支部严把"入口",高标准,党组织才有吸引力;严要求,党组织才有锻造力。党徽与人品交相辉映,成为学校一道美丽的风景。

(二)合议,"刷"民主风

一个常见的错误是,"民主"挂嘴边,落实到行动却是"一言堂"。2019年6月,党支部大会研究讨论入党积极分子的确定问题,九位党员一一对两位提交申请的同志进行客观、公正的评议。经过评议认为,其中一位同志的综合表现与党员的标准还有较大距离,不宜确定为积极分子。党支部完全支持党员同志的意见,仅将另一位表现优秀的同志确定为积极分子报上级党组织。正因为党支部将民主作风一以贯之,才使每个党员都有独立思考的空间、灵活应变的机会和表达意见的权利,充分发挥他们的聪明才智,党支部的战斗堡垒作用因而得到切实的发挥。

（三）融合，"刷"学习劲

政治学习容易犯"形式主义"的错误，解决"怎么学"的问题是学习型组织建设的重点和关键。竹香学校党支部的政治学习讲四"融合"：一是党群融合——常态化的"支部书记讲党课"和赴外考察学习全员参与；二是家校融合——我们的党支部活动请家长党员参与，既有监督之意，也有统一之能，成为家长党员参与学校管理的一个有效方式；三是人机融合——学校党支部建立微信"学习群"，支部宣传委员将重要的政治论述发到学习群，共同研究，统一思想；四是政教融合——学校面向全体教师、家长的"开学第一课"，家委会全体会议等，虽然是以教育为主题的学习，但每次学习都强调使命感、责任感，同时也是政治强化。四"融合"学习方式激励全体教师在工作中学习，在学习中工作，不断提升学习精神，锤炼工作意志，发挥工作智慧。

二、个人修养引领：塑造君子

笔者从教 30 年，有两点体验最为深刻：只有祛除功利，才能成为名副其实的优秀教师；只有正直无私，校长才能凝聚民心以促进学校整体发展。正所谓"其身正，不令而行；其身不正，虽令不从"。2016 年 9 月，笔者走上负责人岗位，面对新学校、新教师（毕业生），"同甘共苦"是"新校长（副校长主持工作）"的首选，无私奉献是新校长的责任。教师、家长、供应商、朋友，他们固有的处世理念无时无刻不在考验无私底线、具礼奉还、严词婉拒、心迹表白……笔者想了很多办法，只为"向我看齐"的诺言，只为"两袖清风"的崇拜，用"夸父逐日"的决绝追赶"无私"，用"精卫填海"的意志填平"欲壑"——绝没有大言不惭，绝不是道貌岸然，虽有暂时的尴尬，却换来风清气正！领头跑得快，队伍跟不上，结果只能是"一枝独秀不是春"，而作为校长必须做到"百花齐放春满园"。

（一）传承文化，自我教育

个人道德修养的提升非一时一日可速成，需要长期积淀。建立和谐校园，仅仅提升教师的道德修养还只是"单脚走路"，提高家长的道德修养亦为文化校园所必须。

1. 分享经典，修炼君子

儒家思想乃君子之学，若每位教师均能向"君子"看齐，向"君子"靠近，则必成师德修养高尚之人。此为选择儒家经典作为读书分享的理由。具体做法是：建立读书分享微信群，为教师购买中华书局出版的《论语》《大学》《中庸》作为教材，"读原著、悟原理"。教师以班级为单位，逐章分享，逐一点评。分享的内容为"朗读+感悟"，教师在查阅资料、整理文本的同时，也是与先贤对话，与自我交流，不仅能提高文言水平，也能提升文化素养。教师通过分享感悟，理论指导实践，且在日复一日的分享中不断进行自我教育，在"春风化雨"般的情境中外因通过内因起作用，逐步提升教师群体的个人道德修养。

  2. 家校共读，营造和谐

  从课程的范畴构建学校经典诵读体系，学校按照"以生活适应为核心"的课程指导思想编写系列校本教材，一、二年级使用《读弟子规》，重在行为规范训练；三、四年级使用《读三字经》，重在识字写字的巩固；五、六年级使用《读百家姓》，重在姓氏文化的学习；七到九年级使用《读声律启蒙》，重在文言语感的培养；《读唐诗宋词元曲》则作为学生自读教材，不列入常规课程，重在培养学生的诗词兴趣，由家长负责指导。教材虽各有侧重，但都渗透语感培养和文化的熏陶。设置每天一节的晨诵课（15分钟）作为落实教材的载体——教师带领学生读经，家长辅导学生读经，主题展示活动"演"经，教师、学生、家长三者归一，教材、课程、诵读三位一体，构成文化传承的桥梁，用文化经典的正能量促进学生的语言发展，提升家长的道德修养，营造学校和谐氛围。

（二）知行合一，聚"精"会"神"

  王阳明先生"知行合一"思想认为，知而不行，仍为不知，"知"为"行"之始，"行"为"知"之成，二者统一，方可大成。要做到"知行合一"，不仅需要随时的提点，也需要文化的促进，更需要品格的弘扬，才能缩短"知"与"行"的距离，凝练学校精神。

  1. 随时提点：以"行"释"知"

  为何常有"语言上的巨人，行动上的矮子"，因为理论与实际没有建立常态联系，随时提点就是要建立这种联系，用行动来阐释理论。校长每天准时站在校门口迎接师生，是一种无声的"榜样提点"；在办公室"聊天"中，随时纠正不良的群体意识，是"生活提点"；根据个性问题对教师个体进行"谈话提点"，根据共性问题通过会议引发思考以"观过知仁"为"会议提点"。学校新配两名保安承担了教师的值班、送餐等部分工作，廖华主任问办公室教师："大家涨工资了吗？""没有啊？！""两名保安减轻了大家的工作，是不是等同于涨工资？""哦……"这是"生活提点"的生动范例。通过随时的提点，让"知""行"无缝对接，促进"知行合一"的内心统一。

  2. 文化促进：化"知"为"行"

  文化促进知行合一是一个系统工程，这里单说制度文化。以"仁义礼智信"为核心的儒家思想是概念化的纲领性要求，《中小学教师职业道德》也仅仅是职业领域的公私德条目，要指导行动还必须进行细则式的转化，使之更明确、更详细。学校制度文化建设就是对传统道德品质的解析与外化。在内容上，将办学理念和学校文化精神融进制度条文，充分体现民本思想；在程序上，多次征求意见、多次修改，将每一位老师（家长）有利于学校发展的意见和建议都纳入制度体系，充分体现民主精神。因此，每一项制度的表决结果通过率均为100%，彰显制度的导向性和规范性，成为学校文化体系中不可或缺的元素。

3. 品格弘扬：以"行"导"行"

有专家说，校长很难做到"任人唯贤"，但可以做到"让贤者亲，让亲者贤"。其实二者并不矛盾，若校长能做到"让贤者亲，让亲者贤"，其结果就是"任人唯贤"。故校长就必须把握好"任人唯贤"的用人原则，把那些品德高尚且有才能的人选拔到合适的管理岗位或教研岗位，为他们搭建发展平台，提供发展条件，把他们树立为学校道德和能力的典范，以激励后来人。从行政关系上讲，家委会并非校长的"管辖范围"，但是学校一样要通过公平公正的选举，让有德行的家长担任家委职务，为其他家长树立高尚标杆，促进学校和谐发展。

三、教育思想引领：塑造良师

"办学理念"有别于教育思想，但一定是教育思想的集中体现。故校长对学校教育思想的引领须以办学理念为抓手，在逐步构建教育文化中，凸显理念的适合性、可行性和灵动性，让办学理念内化为教育共识，外化为教育行动，着力培养"良师"。

（一）理念适合能入心

笔者认为，"办学理念"不需要"高大上"，但必须符合党的方针政策之要求，符合学校的办学实际。我校"幸福特教"的办学理念虽然不"先进"，但契合习近平总书记提出的"不断提高人民群众的获得感、幸福感、安全感"这一基本要求，契合深圳"社会主义先行示范区"的历史定位；作为智障儿的家长，我深知每一个特殊儿童背后都有一个"不幸"的家庭，学校就是要通过实实在在的理念架构，"将不幸阻断在竹香之前，将幸福铺展在竹香之后"。学校绝大多数教师为2015年后毕业的大学生，年轻教师队伍的稳定，幸福感的提升是重中之重，故"幸福特教"理念契合特殊教育学校师生、家长的普遍需求。

（二）理念可行能外化

口号不是理念，行动才是真实。理念要化为行动，必须有科学的理念架构。依据实际，学校提出"幸福课程""幸福研修"和"幸福讲堂"3个支柱："幸福课程"以个别化教育为主线和框架，学校、教师、家长的所有行为都以"为学生提供合适的教育"为根本宗旨，落实于具体个别化教育中；"幸福研修"以《竹香学校教师队伍建设实施办法》为纲要，搭建教师发展平台，不断提升教师理论水平和实践能力，在教师的成长获得中体现"研修幸福"；"幸福讲堂"以传承发展为要务，讲教育、讲中医、讲国学，传承和发扬民族优秀传统文化、优秀教育文化，不断提升师生、家长的文化素养、教育素养。三大支柱让"幸福特教"落地生根，让"幸福特教"真实外化。

（三）理念灵动可传承

中华传统文化经典之所以能传承数千年，就因为它是一个开放的、灵动的体系，后人可以根据当下社会实际不断挖掘其内涵，不断扩展外延。教育理念是个外延比较宽泛并能反映教育思维一类活动诸概念共性的普遍概念，这也就决定了教育理念是个开放的系统性概念，它的外延可以不断被拓展和丰富，全体教育者通过教育行为不断添砖加瓦，充实其内涵，扩展其外延。4年的实践证明，我校"幸福特教"办学理念及其支柱是开放的、灵动的系统——三大支柱的子系统在不断增加，通过绵延不断的"以老带新工程"和面向学生、教师、家长的"开学第一课"，都让"幸福特教"文化得以有效传承。全体竹香人在践行中体验快乐，在传承中感受幸福。

苏霍姆林斯基说，校长对学校的领导，最为重要的不是行政领导，而是心灵的塑造。校长作为学校的法人代表，就是要通过政治思想的引领来塑造先锋，通过道德修养的引领来塑造君子，通过教育思想的引领来塑造良师。让学校的每一个人都成为君子，成为良师，成为先锋，学校之魂由此而立。如此才能真正承担起培养社会主义建设者和接班人的重大责任，教育才能让人民满意。

参考文献

[1] 习近平. 决胜全面建成小康社会　夺取新时代中国特色社会主义伟大胜利：在中国共产党第十九次全国代表大会上的报告［N］. 人民日报，2017-10-28（1）.

[2] 习近平. 在"不忘初心、牢记使命"主题教育总结大会上的讲话［J］. 求是. 2019（13）.

[3] 陈晓芬，徐儒宗. 论语大学中庸［M］. 北京：中华书局，2015.

[4] 方钢山，郭长青. 思想引领发展，文化提升管理：访肥城市职业教育中心校校长、高级技工学校党委副书记、副校长郭泗东［J］. 现代教育. 2011（10）.

[5] 叶文梓. 论中小学校长的办学理念［J］. 教育研究，2007（4）.

[6] 胡玉婷，唐丽芳. 学校办学理念凝练的问题审视［J］. 教育科学论坛. 2019（11）.

作者简介

黄木生，本科学历，福建省级骨干教师。2003年4月以"绿色通道"人才引进的方式调入深圳市福田区福华小学任教，负责学校诗书教育，主编《诗词天地》校本教材。2012年5月借调深圳市福田区教育局人事科负责岗位聘任，推进深化中小学教师职称制度改革试点工作。2016年5月主持筹建福田区竹香学校，担任副校长主持工作至今。探索因材施教，崇尚民主精神，倡导幸福特教，实施主题教学，誓建和谐校园。

第二部分 成果集锦

从特奥运动到校园文化品牌之探索

聂永平

特殊奥林匹克运动会（Special Olympics）简称"特奥会"，是专门为智能低下和精神障碍的人士举办的国际性运动竞赛活动。通过参加特奥运动，智障青少年可以增强身体机能和动作技能，收获自尊、自信，培养友谊以及得到家庭成员的支持。特奥为智障的运动员提供了展示才能、体验成功的舞台，弘扬着一种勇敢尝试、争取胜利的精神，更营造着一种关爱、支持、同行的氛围。特奥运动虽源于体育比赛，却超出竞技境界，呈现出理念的升华，这种精神、这种氛围，与特殊学校所追随的办学宗旨——一切为了特殊学生的生存和发展，所倡导的个别化教育以及所研究的学生生涯规划均有异曲同工之处。同时，特殊教育学校可以深入开展特奥运动，并使之成为一种校园文化，推进特教品牌的进程。特奥品牌的架构如图1所示。

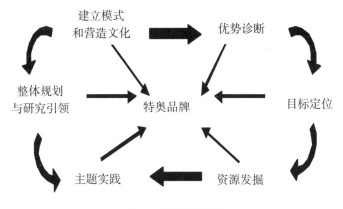

图1 特奥品牌架构

一、优势诊断

（一）目标的一致性是特奥文化打造的基础

特奥运动的目标是使智障人士有机会成为对社会有用、被社会认可和尊重的公民。而特殊学校的培养目标也是让学生回归社会、融入社会，尽自己所能自食其力。特奥运动为智障人士提供了训练和竞赛机会，主要是要激励他们发挥潜能、勇敢表现，并积极与他人分享、交流，这些能力训练、自信心的培养和有助于融入社会的交往训练都与特殊学校教育中为学生设定的个别化教育计划中的主要内容相一致。

特奥运动营造的氛围适用于促进学校的素质教育。特奥运动追求技能的训练、提高，更追求勇气的增强；它追求参与运动、争取胜利，更追求分享与快乐，这与我们不断深化的素质教育是一脉相承的。我们的素质教育就是要使这些残疾儿童自信、自强，也要给这些孩子带来快乐，特奥运动营造的关爱、自强、同行的氛围也是我们素质教育所需要的一种氛围。

（二）社会文明的需求是特奥文化打造的依托

社会的发展提出了对残疾人包容、支持和保障的需求，而融合教育是利用社会资源对学生开展教育，这是一个很重要的活动。我们的学生就读特校并不是最佳的选择，但实际情况是不得不在这样封闭的环境里学习。因此，我们要创造条件让他们多接触社会，这是他们的需求，也是他们的权利，而且这也是社会的需求，社会没有他们不完整，仅把他们围在一起也不是完整的，特奥是融合教育的一种很好的形式和切入点。

（三）对"成功"的理解是特奥文化打造可持续发展的导向

特奥运动推崇的是对个人极限的挑战，它倡导的是勇敢尝试、争取胜利的精神，不太看重比赛结果，着意于参与过程。而我们的发展性学生评价也是着重学生的成长过程，并由重甄别转向重发展，以充分发挥其导向、诊断、激励等教育性功能，我们实施个别化教育正是践行着促进学生的发展。在特奥运动中，运动员参与了、尝试了、尽力了就是一种成功，我们评价学生是其在自己原来的基础上提高了，就是一种进步。可见，两者的理解有着较大的一致性。

（四）特奥运动所需的条件要求宽松、形式灵活、范围广泛

目前，一些学校的硬件条件不尽如人意，这决定了我们较难开展一些条件要求较高的项目。但学校的硬件建设许多时候受多种因素制约，特别是与政府的投入、政府的经济状况有关，我们在努力争取的同时，更需要考虑的是如何搞好自身的软件建设，其中很重要一点是特色的打造。特奥运动条件要求较宽松、参与面较广，条件比较差的学校也可以开展，也能开展得比较好，所以选择开展特奥运动助力学校打造特色不失为一个很好的切入口。

（五）学校自身基础、各级领导的关心、社会各界的支持，将形成打造特奥文化的强力

学校多年来的特奥训练、运动员们取得的辉煌成绩、学校特奥工作的经验积累均是一种基础。在开展特奥运动时，我们还需争取领导、社会各界力量的支持。得到各级领导的关心、慰问，这对我们开展特奥运动是一股强有力的东风，给我们送来温暖、送来动力，还会帮我们解决许多实际的困难，如提供许多机会和一系列条件，拨出专项奖金对运动员进行奖励等。社会上许多热心人士都很关心这些孩子，

会从精神上、物质上、场地上、人力上支持他们参与特奥运动。有了这些力量的支持，将鼓励我们的特殊学生在特奥的路上拼搏、奋进，取得好成绩，将是我们打造特奥文化的强有力的支持力量。

二、打造特奥文化的目标定位

（一）特奥文化打造的误区分析

1. 特奥运动就是体育运动

这是一种较片面的理解，未能涵盖特奥运动的全部内容。特奥运动是以智残人士开展体育运动为载体，但它不是以竞技比赛的结果为终结。无论运动员能力高低、年龄大小，参加特奥运动都可以带来明显的好处：身体方面，可提高协调能力、耐力，改善心血管系统功能；精神方面，参加比赛，可获得成功的体验；对竞赛规则知识的学习及对比赛中技巧战术的研究，培养运动员的自尊、自信和自豪感；社会方面，通过比赛中和正常人、同伴通力合作，相互激励，在不同地方旅行和学习，培养兴趣，增加荣誉感，提高对社会的认识程度，为社会所接受和认可。

2. 特奥运动是高不可攀的

如果简单地把特奥运动与冠军、奖牌相联，就会觉得特奥运动是艰辛的、高不可攀的，特别是要在高层次的比赛中获胜，的确不是每一个孩子都可以做到的。我们要理解，特奥运动的重点不只是比赛与奖牌，更在于尝试与分享，是否成功在于我们评价的尺度。从这个角度看，特奥运动可以送给每一位参与者成功的喜悦，而在特奥中获得喜悦，就不是高不可攀的事情了。

3. 特奥运动是一个阶段性的工作

通常人们都以为特奥运动就只是一个运动会，赛事来了，我们就组织训练、比赛，赛事完了，运动也告一段落。其实不然，我们开展特奥运动应该是持续性的，比赛是其中的一种形式，更广泛的活动在于日常运动锻炼和交流、分享。所以，它应是一个长期性的工作。

（二）打造特奥文化全方位目标定位

（1）对学生，以提高智障学生的综合素质为根本，提供能够促进其发展的教育和支持，特别是促进其适应能力的提高，让他们理解生活，发现生活之美，勇敢面对各种困难。勇敢尝试，争取胜利，为他们融入社会、适应社会生活提供帮助。

（2）对家长，我们能提供尽可能多的支持、服务和帮助。包括孩子的学校教育、孩子的家庭教育，以特奥的理念更新家长育儿的观念——共同参与、分享、与孩子同行，以及在具体的训练技能、技巧方面，提供技术上的指导。

（3）对社会，我们争取各级领导和社会各界的支持，营造社会大教育、大融合的氛围。体现社会的关爱和精神文明，同时通过对智障孩子能力的促进，为社会最大限度地减轻负担。

（4）对学校，我们通过特奥理念下的整体规划，以培养、开发学生人才资料为目的，更新教育观念和人才培养模式，以促进学校师资、办学条件等支持保障体系和建设，构建学校发展的蓝图。

（5）对教师，我们让教师的个人发展前景与学校的发展、学生的成长结合起来，以特奥同行的理念指导，有效挖掘个体的潜能和智慧，建立优质团队的基础，形成相互促进的双赢局面。

三、打造特奥文化资源的发掘

特殊学校要打造特奥文化，就要最大限度地开发和利用各种有利资源。

（一）现有资源的利用

（1）学校有开展特奥活动的氛围。如多年的实践已形成了开展特奥活动的基础，而学校的个别化教学已初具规模，整个流程日趋科学和完善。

（2）学校现有的特奥骨干力量。如有一支久经赛场的特奥特长队，包括篮球、举重、田径等多个项目，有特奥比赛、特奥活动的实践经验，有培养的一批特奥领袖和融合小伙伴，其中不缺成功的骨干。

（3）学校有专业体育教师团队以及外聘专业教练。全体特教老师有专业的知识和技能可对全体智障生进行特奥知识、快乐体育活动等常规性训练工作，并实施个别化教育。

（4）全国和省、市、区残联及教育局领导对我们的特奥活动长期激励、慰问、关怀，并给予较大的支持，为运动员参赛提供机遇，为他们的成功开拓重要的平台。

（5）社区融合教育资源丰富。兄弟学校、许多机构和团队为我们开展特奥融合活动提供一系列的支持，并通过这一渠道向社区进行特奥文化的宣传。

（6）家长的支持与参与。特校家长接受的培训相比一般家长而言，会更多地接触医疗、教育等方面的知识，推进新观念也更容易些。他们与特教老师共同进步，也是推动特奥文化的一大群体力量。

（二）未来资源的发掘

（1）随着社会文明的发展，随着奥运、亚运精神的发扬光大，残疾人事业、特教事业将出现一个新的飞跃。社会的文明、社会的包容和融合将为特殊人群的发展提供更广阔的支持，"关爱""同行"的理念将支持着特奥事业，这是社会的潮流，无疑也是一种未来的资源。

（2）未来特奥对象的发展应向学前幼儿及社区青年残疾人士扩展，对象的扩展将带来理念的进步。引进特奥观念，加大学校与社区的合作关系，推进特奥社区的建立。

（3）横向的沟通可产生资源和重组资源，产生 1+1＞2 的现象。特校及特殊教育培训机构也将视为一种人力资源的补充。各机构间通过人力、场地、经费的资源重组，使特奥文化横向贯穿，个别化教育和支持更为人性化，实现可持续发展。

（三）舆论资源的支持

舆论资源应包括媒体的宣传报道、家长们之间的口碑相传以及被充分利用的现代信息技术渠道，如进入讨论博客，发送电子邮件，使特奥文化的传递更多元化、更快速。

四、打造特奥文化的主题实践

（一）加强特奥理念的宣传

要开展特奥运动，首先要加深对特奥运动的理解。我们可通过多种渠道，开展广泛的宣传，宣传内容包括特奥运动的理念、目的、具体内容、比赛的项目，以及比赛的规程等。我们首先是在教师中加强学习，教师是特奥活动的领军人物。其次是家长，只有家长认识到位了，才能支持、配合我们，同孩子一起参与我们的活动。对学生，我们适宜开展形式多样的教育宣传活动，如"特奥知识知多少"讲座、开设墙报宣传栏、观看特奥运动的宣传片、组织特奥专题活动、特奥运动的誓师大会等。我们指导学生具体、直观、实惠地理解特奥运动，并以此来导向其对理念、理论的理解。此外，我们还要加强对社区、社会方面的宣传。

（二）强化特长队的打造，力争比赛夺取胜利

我们开展的特奥运动是一项普及性的运动，但在群众性普及的基础上产生特长队，组织好特长队创造成绩，以面生点、以点促面也是十分重要的。我们组织特长队的目的很明确，是特长培训，是迎接比赛，我们组织学生参赛是要培养学生的竞争意识和勇敢尝试的精神，让他们也和正常孩子一样有机会经历失败的磨炼，享受胜利的欢乐。对特长队的训练，应有周密的计划，包括基本体能技能、个人技术、团队合作、比赛技能，从强度上可分为平日的常规性训练和赛前的强化训练。赛前的强化训练也是重要的一环，如加强自信心的培养、合作能力的培养、竞技心态的培养、突发事件的处理和心理辅导。

（三）重视普及性的群体特奥运动，并把特奥运动精神渗透到日常教育教学工作中

特奥运动是一种群体普及性运动，开展比赛是一种形式，更广泛的是群众性的参与，这为我们推行普及性提出了要求，也提供了空间。体育活动是快乐的，但也是艰苦的，我们需要通过多种方式和形式去引导、教授和鼓励。体育运动锻炼学生的体魄，更锻炼他们的意志。

学校还组织了多项丰富多彩的特奥运动主题活动，如"特奥伴我行""你行我也行，看我特奥新风采"等，每年都开展体育节、体育花会等活动。少先队把特奥的精神贯彻到少先队的改革工作中，也是一种很好的尝试，如在"达标争章"中的

一系列活动,设立有特色的特奥运动章,还有少先队组织网络的架构,都能体现出关爱、自强、同行的特点。我们还把特奥的精神渗透到日常的教育教学工作、学习中,在各学科教学中,我们鼓励学生无论什么事都去尝试、去努力,不要怕困难,我们的课程整合、课程改革都有这方面的内容。在同学间我们多设平台让他们交往、通力合作、互相激励,并注意培养他们对事物的兴趣,关注身边的人和事。注意引导学生怎样面对顺境和成功,要有感激之心,知道别人对自己的帮助,在成绩面前做到不骄傲;还要引导他们面对挫折和失败,在失败面前要输得起,要有信心再努力。

(四)提供志愿服务,开拓融合活动的新天地

志愿服务队的服务宗旨是奉献、友爱、互助、进步,其重要任务就是帮助智障人士开展特奥活动,活动包括:①周六、周日与智障人士开展体育活动;②对智障人士进行个别辅导,并提供沟通、交往的平台;③对个别智障人士实施送教上门,做一些体能康复;④开展一些特奥花会、游戏等娱乐活动;⑤对智障人士的家长进行特奥知识的培训;⑥对有志于特殊教育志愿服务的伙伴进行特奥知识的培训等。志愿者服务开阔了特奥运动融合活动的空间,扩大了学校的影响,也开拓了一些新的思路,同时教学相长,对志愿者本身的水平也是一大促进。

(五)培养特奥领袖和融合小伙伴,宣传特奥运动,实践特奥运动

在开展特奥运动时,应重视让智障的孩子与正常的学生一起开展活动,融合交流。让特殊孩子与健康学生结成一对一的伙伴,一起参与培训、一起玩游戏、一起比赛、一起到社区做特奥的宣传等,还互通书信、互通信息、互通电话、互赠礼物,还申请了专门的邮箱,开展视频连接对话等。

特奥领袖的培养是开展融合活动、推广特奥运动的重要途径。让运动员小领袖通过培训、参加会议,加深对特奥运动的理解,使我校与普校融合活动、融合教育得到提升。运动员领袖要作为特奥运动员中的佼佼者,在各项特奥活动中充分展示自己的能力和自信,对推广特奥发挥榜样带动作用。在培养过程中要尽量搭建平台让运动员展示、锻炼能力,特别是口头表达能力。

五、研究引领,整体规划

(一)让特奥文化创新,促进教师专业成长

在教师队伍中,我们倡导弘扬特奥精神,努力让教师学会学习、不断创新、自我完善、自我超越,打造学习开拓型的专业师资队伍。要重视让学校的发展与教师个人的前景、个人的发展结合起来,以每个人都可以变得优秀的新成功主义的思想鼓励教师,激发个体内在的进取潜能。要有效地挖掘个体的潜能和智慧,构建学校优质团队可持续发展的基础,形成相互促进的双赢局面,形成共同学习、沟通协作、平等互助的团队文化。

（二）让特奥的打造与学生个别化教育计划的实施结合起来

个别教育计划是以适应儿童差异为前提，以儿童现有水平为基础，以满足儿童个体发展需要为目的，有明确的发展目标和具体学习任务和便于评价监控的特殊儿童教育与训练的书面教育计划（协定）。当我们把个别化教育的思想与特奥的理念相结合，将会产生新一轮的碰撞、新一层次的升华。

一是通过系统的评量，了解、分析学生的情况，关注差异，有针对性地规划一个阶段（学期、学年）的教育目标，促进教育的组织性和效率，有的放矢，这体现着关注和支持。

二是让家长充分参与孩子的教育，全过程成为教学的协助者、支持者和监督者，体现着教育网络的扩展。

三是强调教师的具体责任，使教学目标及效果追踪均有依据，体现着我们的执着和争取胜利的追求。

四是统整各位任教老师、家长及协同人员的期望与建议，既使计划全面，又促进彼此间的合作沟通，这也正是我们追求的大教育、社会的和谐和融合。

（三）让特奥文化的打造成为学校发展的内涵

我们开展特奥运动工作，是要努力打造学校的一种办学特色，但要成为学校的特色，还要有成功的价值观，要培养出人才，还要有影响力。我们打造特色，定位要准确，要结合本校的实际，包括硬件情况、教师的情况、学生的情况。一方面，我们要与学校的培养目标和发展方向相结合，不要"为特色而特色"，而要对学校和学生都形成一种促进。另一方面，教师方面也需要有特色、有特长的人才，因为有好老师才能训练出好学生，才能出成绩。当然，教师人才需要平时加强培养，而不是等到有人才时才去办特色活动。

六、建立模式，营造文化

特奥文化应该理解为一种具有独特性、创新性、科学性和稳定性的文化，有它自身的理念和模式体系。它不是硬件的堆砌，不是简单的追风，不是表面的多才，不是现象的个别，不是具体的形式，也不是被动的模仿。

特奥事业是一项阳光的事业，它的目标是让智障学生享受教育、享受平等、享受快乐。能与智障的学生一起投入到这项事业中，作为教师我们也感到很"阳光"，因为身在其中我们也受益良多。在创建特奥文化的路上，我们跌打滚爬，要付出许多努力，会取得成绩，更会面临许多挑战，但只要我们继续努力，就会创造出很多辉煌，让学生的生活之路更加广阔、更加精彩，让他们的明天更美好。

参考文献

[1] 杨天平，沈雁婷. 中小学校品牌建设的问题与思考［J］. 教育导刊，

2020（3）.

［2］尹效登. 建构品质教育 打造品牌学校［J］. 科学咨询（教育科研），2020（11）.

［3］郑兆云. 中国特奥运动发展研究［J］. 体育文化导刊，2010（4）.

［4］梁铁怀，谢伟. 浅析特奥运动的文化、教育效应［J］. 体育世界（学术版），2015（4）.

基于特殊学校医教结合有效支持策略的思考

聂永平

随着国家《特殊教育提升计划（2014—2016年）》的颁布，全国掀起医教结合探索的热潮。"医教结合"的医学已经不是传统意义上所指的医学康复，它所涵盖的范围已经有所变化，包含的内容大而广，如医疗、心理、教育、社会、职业等多方面的综合康复。将教育与医疗相融合，引入先进的医学知识和康复手段，并融入多种新的相关技术，不但打破了传统的单一封闭式康复教学模式，还多措并举地促进特殊儿童健康全面发展。特殊教育学校的教师经过培训，逐步具备了扎实的康复训练知识和技能，但随着学生多重残疾以及残疾类型的加重，教师在训练中遇到很多难以突破的问题；医院康复科的医生若能从医疗的角度介入残疾儿童的教育评估、治疗训练，不仅能全方位地满足特殊儿童教育与康复的双重需求，使残疾学生康复效果明显提升，也将促进特殊学校及师资专业化的发展。基于此，鉴于国内外对特殊教育中实施医教结合并无一个统一的标准和具体的指引，学校与医疗部门跨领域合作，从特殊教育学校的角度提出医教结合的有效支持策略，特殊学校的未来大有可为。

一、研究背景

美国《残疾个体教育法案》提出，应大力发展基于学校的康复治疗模式，并将之看成是教育过程的一部分。2014年1月，国家多部委颁布的《特殊教育提升计划（2014—2016年）》在深化特殊教育课程教学改革中提到"开展'医教结合'实验，提升残疾学生的康复水平和知识接受能力"。国内医院和特殊学校目前是独立运作，各自既有所长也有所短，如此发展难以真正实施医教结合。据了解，目前国内外还没有真正符合医教结合本质的指引和做法。全国近期广泛掀起了医教结合研究的热潮。

二、研究现状分析

（一）特殊学校的基本情况（以广州市越秀区启智学校为例）

越秀区启智学校作为一所以智障类学生为招收对象的特殊教育学校，近年来随着学生生源的变化，自闭症、脑瘫、多重障碍的学生越来越多，现我校这三类学生占学生总数的75%，且有向重度、多重方向发展的趋势，如何更好地为这些特殊学生开展专业的康复训练尤为重要。因此，学校致力培养和提升学校教师的专业性和康复技能，目前已建构起相对完善的个别康复训练体系，包括言语训练、自闭症训练、物疗训练、按摩康复训练、感统训练、多感官训练、音疗训练等多种训练项目。

几年来，学校的个训康复工作虽得到家长支持和认可，教师的专业技能也有所提高，但学校培养的毕竟是教师，学生问题行为产生的病因等因涉及医学的专业判断，确实难以突破，要求教师既能胜任教育教学又要从事医疗康复干预，似乎有些不切实际。因此在学校发展和康复训练中，教师们基本都遇到过瓶颈，也有很多迷惑。

（二）越秀区儿童医院的优势

广州市越秀区儿童医院是广州市仅有的两家儿童专科医院之一，其中，"中西医结合儿童脑专科"与越秀区残联康复中心、广东省中医院等多家康复治疗机构合作，对各类特殊孩子的评量介入、早期干预、康复治疗等都很有经验，有很好的口碑，我们学校很多学生定期都会到该医院接受康复治疗。而且，越秀区儿童医院离我们学校很近，有利于医教之间的沟通和交流。

三、特校实施医教结合跨领域合作的有效策略

（一）初始阶段：学习交流

一是跟岗学习。学校派出骨干康复教师到区儿童医院康复科开展为期一个季度的跟岗学习，熟悉医疗部门对残疾患者的评估（找出与教育评估的差异之处），学习患者治疗方案的制定及有效治疗手段，最终掌握障碍类型所涉及的相关评估和有效训练策略。

二是在艺术节上举行"越秀区医教结合实践点"揭牌仪式，共同探索医教结合的新模式，启动医教合作项目。

（二）重点研究阶段：个案训练追踪

一是院校建立长期合作机制，越秀区儿童医院在特殊教育学校设立康复治疗师工作室，医生与康复教师分智障、自闭、脑瘫三大障碍类别训练项目组结对拜师。

二是分别开展3个障碍类别（9个重点个案）的研究，教师与医生共同参与评量、制定个别康复计划及训练的开展；医生对学校整体的康复训练工作发挥监督指导作用。

三是为3种常见障碍类别学生系统建档，以便学校或机构为后续训练提供规范指导。

（三）普及阶段：全面介入

一是为义务教育阶段三、六年级学生进行普及性医学评量，便于教师抓准教育训练口，把控学生个别化教育计划的实施以及调整教育训练计划。

二是康复医生定期到校指导家长早训工作，利用晨间30分钟，康复师和教师一起指导家长掌握基本的训练方法，鼓励家长在家多为学生做康复训练，增强训练

的效果。

三是每月一次面向教师、家长开展各类医疗相关的康复技能培训及沙龙活动。

四是对校内有病患需求的学生给予医疗、康复方面的建议。

(四) 总结阶段：综合评鉴

一是个案学生通过康复训练发生的变化如图 1 所示。通过对个案做好为期 12 个月的训练记录，包括基线期（训练前）、介入期（康复训练）、追踪期（训练后）的评估。结果表明，实施医教结合康复介入后个案学生的训练效果得到显著提升。

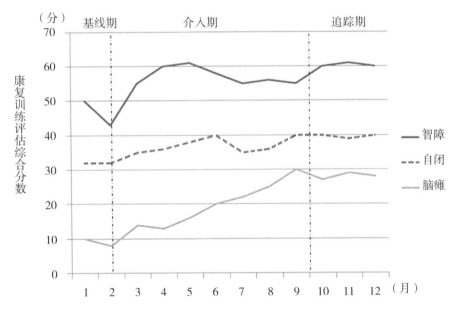

图 1　个案康复训练前、训练期间和训练后的综合评估分数变化

注：康复训练评估结果综合分数取该类障碍学生的平均数值。

二是评鉴领导小组参与学校优秀 IEP（康复部分）评选，推选优秀个别化计划参加比赛，促进教师专业化技能的提升。

三是个训主力岗教师做个案分享成果汇报，学校评鉴领导小组全面对康复教师的业绩进行考评，颁发下一期医教项目聘书。

(五) 特校实施医教结合跨领域合作带来的成效

一是医教结合跨领域合作有利于特殊教育学校建立常见障碍类别学生的康复训练档案（含评估及训练指南），使专项康复工作更趋于科学规范。残疾学生的缺陷得以有效康复，有利于其能力提高。

二是医教结合跨领域合作能有效提升特校教师的专业化水平，培训梯队打造双师型人才，增强特校教师自我价值的认可度和成就感。

三是医教结合跨领域合作，突破特校缺乏专业康复教师的人力缺口，教育、医疗优势互补，对特校的康复工作，乃至整体学校工作均起到长期、有效的指导作用，也有利于学校声望的建立。

四是专业医疗部门与特殊教育学校对接，使学前幼儿阶段患儿的医疗评估和医疗方案可顺利在推开医教结合的特殊教育学校衔接，确保特殊学校的生源接收渠道有一定的延续性。

五是医教结合跨领域合作可有效探索适合特殊学校发展的新模式，且形成有效的运行、保障、监督机制，适合向其他特校或机构推广，使更多的残疾学生及家庭受惠。

六是利用医教结合跨领域合作能有效促进学生家长改变固有旧观念，家校合作，使教育康复更趋于同步。

参考文献

[1] 张伟锋. 医教结合：特殊教育改革的可行途径：理论依据、相关概念的探析 [J]. 中国特殊教育，2014（9）.

[2] 教育部. 特殊教育提升计划（2014—2016 年）[EB/OL]. [2014-02-13] http://www.scio.gov.cn/xwfbh/xwbfbh/wqfbh/2014/20140213/xgzc30389/Document/1362835/1362835.htm.

[3] 顾定倩，刘颖. 对实施"医教结合"实验的若干思考 [J]. 中国特殊教育，2014（5）.

[4] 尹后庆. 推进医教结合，提高特殊教育水平 [J]. 上海教育科研，2014（8）.

教康结合理念下的学前融合教育课程构建与实施

梁佩忠

近年来，义务教育阶段的融合教育发展迅速，学前融合教育也开始被重视，尤其是一线城市幼儿园接收到越来越多的特殊幼儿，学前融合教育在政府及教育局的倡导和支持下逐渐开展起来。由于教师们普遍缺乏特殊教育的背景，即使幼儿园已拥有资源教室的硬件，但在课程构建与实施方面仍存在较大困难。

一、融合教育在普通幼儿园的优势

很多人以为融合教育就是针对特殊儿童而设，事实上，融合教育是为普通及特殊儿童而设，同时增进普通及特殊儿童的学习从而达到双赢，其成效包括对普通及特殊儿童的教育成效，以及对老师教学品质的影响。融合教育是一种生活态度，是融合经验对普通及特殊儿童与其家庭产生的预期成果。

对幼儿园而言，融合教育能增进幼儿园的经验及技巧，有助于幼儿园的成长。融合幼儿园可以看到所有幼儿一起学习及成长，帮助特殊幼儿创造一个环境，以便有更多的社会互动。

对普通幼儿而言，在学前融合的班级里，普通幼儿会注意到特殊幼儿的需要而去帮忙，因此感觉到被需要，看到自己的强项及能力，产生关怀他人之心，更有包容心、自信、助人为乐、理解并接受个体之间的不同。此外，普通幼儿可以成为特殊幼儿的榜样，帮助他们学习社交技能，如如何玩玩具、与人互动等，从而往正向方面发展。普通幼儿在与特殊幼儿相处的过程中，能学到在教室学不到的东西，如同理心、设身处地为别人着想。这些特质都会让普通幼儿终身受益，当他们看到自己的付出正在正向地、真实地影响着另一个幼儿时，会从心底感到满足与快乐。

对特殊幼儿而言，在开放的环境中接触到普通幼儿，会出现很多自然的学习机会，例如，增进和普通幼儿游戏的机会，学习及模仿普通幼儿的行为，当普通幼儿向特殊幼儿伸出友谊的手，也会增进特殊幼儿的学习动力、快乐及自信，这是在个别治疗课、特教班或家里不太可能获得的。

二、教康结合理念下学前融合教育的课程构建

早期干预是特殊学前教育的重要手段。在教康结合的理念下，早期干预从医疗、教育、社会福利等多层面进行专业介入，提供符合特殊幼儿及其家庭需要的支持服务。这些服务能促进其发展、减轻其生理障碍带来的痛苦，使特殊幼儿和同龄普通幼儿一样正常生活。因此，基于教康结合理念，学前融合教育的课程设计有如

下思考。

（一）五大领域课程与康复课程相结合

《指南》中对于五大领域课程的开展有明确指引，幼儿身心发展具有非常明显的规律性，而且具有无限的潜能。当特殊幼儿进入普通班级时，教师们容易放大他们的缺陷，忽略其全面发展的需要。因此，五大领域课程与康复课程应成为特殊幼儿的两大课程支柱，相互结合，既可实现缺陷补偿，也能达到全面发展。康复课程视具体融合班的个体需要进行选择。而两大课程分别占多少比重，对于不同个体而言是不一样的。例如，对于一个重度脑瘫幼儿来说，他对动作康复课的需求或许是每天1小时的课时量；对于一个语言发展迟缓的智障幼儿来说，他对语言训练课的需求或许只是一周2～3节个训的课时量；对于一个动作发展迟缓的唐氏综合征幼儿，他的康复需求只需要在每天的体育锻炼课程中有个别化活动设计及相应教学支持策略，无须特别安排小组课或个训课进行特别训练。因此，我们在设计融合班级课程时，既要有对所有幼儿的整体考虑，同时对于特殊幼儿也要有整体规划。

（二）以IEP为指引，落实特殊幼儿的教学目标

上述提到特殊幼儿需要有评估及综合研判，并形成IEP（Individualized Education Program）。IEP是特殊幼儿一学年的教育目标，但并非教学计划。教师需要把IEP的每个教育目标根据每个教学主题的目标与内容，细化成每个特殊幼儿的教学目标，落实到日常教学的每个环节当中。例如，自闭症幼儿的IEP目标当中一定会有"增加与人互动"的目标，那么他的教学目标有可能是"能在与人打招呼中有适当回应"或"能在集体游戏中接受同伴的邀请"等。这些都是非常具体的、可观察、可操作、可评量的教学目标。而这些目标不止在课堂中，也贯穿在幼儿的一日活动安排中，由教师有计划、有目的地实施教学。

（三）医教结合介入重度个案

特殊幼儿大多因产前、产中或产后的原因导致不同程度的残障。随着医学不断发展，产前筛查为优生优育提供了很大保障，但仍有部分未被突破的领域存在诊断困难。当一名特殊幼儿入读幼儿园时，有的家长会主动向老师报备孩子的身体情况、医疗过程，有的家长会企图隐瞒事实，有的家长甚至未能发现孩子的特殊性。学校作为教育的主体，首先要有敏感性，在面对一些重度个案或多重残疾个案的时候，能与医院合作并精准评估，对孩子的发展方向精准定位。例如，一名痉挛型＋徐动型的脑瘫幼儿，头颈控制的能力还没发展，没有语言能力，只会微笑及发出"嗯嗯啊啊"的声音。对于一个重度多重障碍的孩子，他的康复重点是什么？我们的课堂可以怎么设计来为他达成什么目标？他可以怎么与其他幼儿互动？通过与医院的共同研讨，参考医院的建议，在康复方面制定科学、合理的康复计划，既能在一定程度上提升专业教师的康复技能，也能把握特殊幼儿的黄金康复期，用最短的时间达到最佳康复效果。

三、学前融合教育的课程实施

（一）环境安排考虑特殊幼儿学习需求

环境反映出教育理念，当幼儿园强调开放式教育理念时，教室环境会营造出开放、宽敞的明亮空间；当教育理念鼓励社会互动与个人活动时，会有足够的空间进行个别及团体活动，这样才能引发幼儿之间的互动与合作。学前融合班中有普通幼儿，也有特殊幼儿；特殊幼儿可能是发展迟缓、肢体障碍、自闭症等类别，因而在安排环境及空间设计时，除了为幼儿提供一个多元学习的环境，考量某些特殊幼儿对环境的特别需求就显得特别重要。在大环境方面需要有无障碍设施，在教学空间方面也应有所设计。例如，一个情绪不稳定的自闭症幼儿，由于行为刻板，在环境的转换或集体课期间容易情绪失控，影响了其他幼儿的正常学习，那么课室里就需要有一个情绪处理区，这个区域会与主体教学区有一定距离，同时配备具有安抚情绪的物件，如毛毯、娃娃（视个体需要而设）等。由于特殊幼儿会有个训课的需求，因此在空间分配上需要有一定考量，例如，可利用教具柜或书架等分隔出一对一的教学空间，避免与集体教学互相干扰。

（二）一日活动安排中体现教康结合理念

关于幼儿一日活动安排，广东省有明确的文件指引，其中包括每天不少于2小时的户外活动、不少于1小时的体育活动、不少于1小时的自主活动。这个指引，对于有康复需求的学前融合班无疑是考验智慧的。教师需要在有限的一天活动里让五大领域课程与康复课程有机结合。尤其在小班阶段，特殊幼儿的康复量课时比重最大，但班级师资配比暂时还没有明确的政策支持。要实现教康结合的理念，在一日活动安排上可设计成集体康复课与个训课相结合。例如，大部分幼儿发音不清晰，虽然并非障碍引致，但也有语言发展方面的需求，因此，设计每天15分钟的口腔操既能满足有语言障碍的特殊幼儿，也能满足广大普通幼儿的发展需要。在体育活动中，融入感统训练的目标与活动，既可促进普通幼儿的感知觉发展，又能实现特殊幼儿的康复目标，一举两得。除了集体康复课，应适当提供个训课。例如，还没能适应集体学习课的自闭症孩子，他的注意力、行为适应能力需要通过个训课得到提升。个训课可以安排在他还没能适应的主题学习课，进行抽离式学习，也可以在早操的时间段安排个训。个训的课时量视个体需要而定。师资背景也决定是否有安排康复课的条件。

（三）康复目标自然融入主题教学中

主题教学是大部分幼儿园的教学方式，涵盖了五大领域的主题活动和目标。例如，每一主题都会包含语言理解和语言表达的目标。这些目标既是学前阶段幼儿最需要学习的目标，也可以是特殊幼儿的目标，特殊幼儿的 IEP 中也可以包含主题学习目标，因此可把特殊幼儿的康复目标自然地融入各种教学形态中执行，与主题结合。下面以"我爱吃水果"主题活动为例,说明如何将康复目标融入主题教学中。

［活动一］活动名称：认识水果

活动安排：通过看一看、摸一摸、闻一闻、尝一尝,分辨苹果等几种常见水果。

普通幼儿：说出水果的名字。

特殊幼儿：用手语比出水果名字,做图片—实物配对;通过语言训练,练习水果名称的发音。

［活动二］活动名称：摘水果

活动安排：通过设攀爬、跨越、走平衡木等大肌肉运动摘得水果,满载而归。

普通幼儿：在明白老师的安排后能完成学习任务。

特殊幼儿：跨越障碍物,实现视动统整的康复目标。

以上例子较好体现了康复目标能自然融入主题教学中,并非日复一日单调刻板的重复。

四、学前融合教育的思考与建议

（1）加速幼儿教师在特殊教育教学方面的培训。

（2）让资源教室发挥应有作用。

（3）发挥早期干预作用。

参考文献

［1］詹世英. 建构资源教室课程,为特殊教育需要学生提供适合教育：以四川大学附属实验小学江安河分校为例［J］. 现代特殊教育,2019（17）.

［2］幸福新童年编写组. 3—6岁儿童学习与发展指南解读［M］. 北京：旅游教育出版社,2017.

［3］吴淑美. 学前融合教育理论与实践［M］. 北京：华夏出版社,2018.

作者简介

梁佩忠,广州市越秀区启智学校科培处副主任,特殊教育高级教师,从事特殊教育26年,擅长班级教学与管理、绘本教学、表演戏剧。研究方向为学前特殊教育。

运用低比例区别强化改善智障儿童不注意行为的实验研究[*]

周锦萍

智障儿童在课堂上经常走神，做出敲桌子、说话、大笑、突然离开课室等不良行为，严重影响课堂教学的顺利开展，故我们希望能通过该实验研究，降低研究对象在语文课堂上的不注意行为的发生率，从中探讨出一套运用低比例区别强化改善智障儿童课堂上不注意行为的方案，促进课堂教学的顺利开展。

一、研究设计

根据教育的最优化理论，我们选取了可塑性较大、课堂上不注意行为情况又较严重的培智学校二年级的全体智障儿童作为研究对象，进行为期60天的实验研究。研究对象大致的年龄在9岁到10岁，包括3名男生和3名女生，均为中、重度弱智儿童，其中1名是患唐氏综合征的弱智儿童，1名是患严重自闭症的弱智儿童。基于研究的可行性和可操作性，本次研究暂选定智障儿童在语文课堂上的不注意行为作为研究范围。

二、方法与程序

（一）方法

1. 代币制

本实验研究选取的代币是红花形状的印章（下文简称"红花"）。每个学生的代币累积到一定的数目，就可以按要求交换相应的强化物。

2. I-DRL 程序

I-DRL 程序是低比例区别强化程序的一种，就是把整段时间分为几个时间间隔，在每一个时间间隔内，如果行为或反应没有超过规定的数目，就给予强化。

本实验研究把每节课的35分钟平均分为7个时间间隔，每个时间间隔为5分钟，在每一个时间间隔内，如果被试学生没有表现不注意行为，就给予红花强化。

---

[*] 本文曾荣获全国第七届现代特殊教育论文评选一等奖。

3. 倒返实验设计的 A-B-A-B 模式

（1）基线期。显示目标行为未经实验处理时的真相，可用 A1 来表示。

（2）处理期。加上实验处理，引起目标行为的改变，可用 B1 来表示。

（3）还原期。撤回实验处理，使被试恢复到原来基线期的环境，观察目标行为有何变化，实际上是处于基线期 A2 的状态。

（4）再处理期。再度使用实验处理措施来控制实验环境，使被试重新投入实验处理阶段，观察其目标行为的改变，实际可用 B2 来表示。

（二）程序

1. 确定目标行为

将被试在每天一节的语文课上表现出的下列行为，作为目标行为——不注意行为。

（1）走动。未经教师允许而站起来或到处走动。

（2）小动作。如玩弄物品、敲桌子、乱涂乱画等。

（3）妨碍他人学习的动作。如大笑、说话、未经允许拿别人的物品。

2. 建立基线阶段（A1）

（1）观察记录。这一阶段为期 10 天，使用下述表格（见表 1），只记录被试上语文课时出现不注意行为的次数，不对行为做处理。表中每个格以 5 分钟为单位，在每 5 分钟内随机观察被试的行为 1 次，若发现有不注意行为发生，就在记录表的格内打×，若行为良好则打○，每节课一共记录 7 次。

表1　不注意行为记录

记录日期：

被试	1	2	3	4	5	6	7
A某							
B某							
C某							
D某							
E某							
F某							

（2）计算统计。根据以下公式，计算得出基线阶段里，被试上语文课时全班不注意行为平均发生率为 69.52%。

全班不注意行为发生率＝全班不注意行为的次数÷全班行为发生的总次数×100%

3. 确定终点行为

通过实验，被试上语文课时全班不注意行为平均发生率从 69.52% 降低到 35% 左右。

4. 处理阶段（B1）

这一阶段为期 30 天，平均分为 3 个小阶段，运用代币制，结合特殊教育理论，对被试进行处理。

（1）处理阶段 B1－1。①代币的获得：每节语文课时教师沿用表 1，在每 5 分钟内随机观察被试的行为 1 次，若有不注意行为发生，就在记录表的格内打×，若行为良好则盖红花形状的印章，即发放代币，每节课一共记录 7 次。②代币的使用（强化物为Ⅰ——牛奶糖）：每节课后，学生可以用上课时获得的红花换取牛奶糖。2 朵红花可以换取 1 粒牛奶糖，3～4 朵红花可以换取 2 粒牛奶糖，5～7 朵可以换取 3 粒牛奶糖。

（2）处理阶段 B1－2。①代币的获得：沿用处理阶段 B1－1 的方法。②代币的使用（强化物为Ⅰ——牛奶糖；Ⅱ——做自己喜欢的事 10 分钟。如玩玩具、扫地、打篮球、玩滑梯）：每节课后，学生可以用上课时获得的红花换取牛奶糖。3～4 朵红花可以换取 1 粒牛奶糖，5～7 朵红花可以换取 2 粒牛奶糖。每 2 天统计一次每名学生获得红花的总数，累计获得 6～8 朵红花的可以做自己喜欢的事 10 分钟，累计获得 9～11 朵红花的可以做自己喜欢的事 20 分钟，累计获得 12～14 朵红花的可以做自己喜欢的事 30 分钟。

（3）处理阶段 B1－3。①代币的获得：沿用处理阶段 B1－1 的方法。②代币的使用（强化物为Ⅰ——牛奶糖；Ⅱ——做自己喜欢的事 10 分钟；Ⅲ——公开表扬，当护旗手）：每节课后，学生可以用上课时获得的红花换取牛奶糖。5～7 朵红花可以换取 1 粒牛奶糖。每 2 天统计一次每名学生获得红花的总数，累计获得 8～10 朵红花的可以做自己喜欢的事 10 分钟，累计获得 11～14 朵红花的可以做自己喜欢的事 20 分钟。每 5 天统计一次每名学生获得红花的总数，累计获得红花最多的学生可以获得强化物Ⅲ——公开表扬，当护旗手。

5. 还原阶段（A2）

这一阶段为期 10 天，只记录被试上语文课时出现不注意行为的次数，并计算全班不注意行为平均发生率，而不对其行为进行处理。

6. 再处理阶段（B2）

这一阶段为期 10 天，沿用处理阶段 B1－3 的代币获得和使用方法，即恢复处理阶段 B1－3。

三、研究结果及分析

实验结果如图 1 所示。

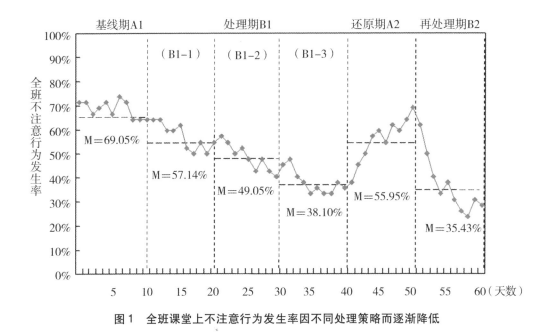

图1 全班课堂上不注意行为发生率因不同处理策略而逐渐降低

(一) 基线阶段 (A1)

统计表明,全班不注意行为的平均发生率为69.52%,被试在课堂上的不注意行为严重。

(二) 处理阶段 (B1)

1. 处理阶段 B1-1

这一阶段的强化物为普遍智障学生爱吃的牛奶糖,而且每节课只要获得2朵红花就能得到1粒牛奶糖,全班不注意行为的发生率明显下降,平均为57.14%,特别是学生随便走动等不注意行为减少了很多。

2. 处理阶段 B1-2

这一阶段的强化物除了强化物Ⅰ外,还增加了强化物Ⅱ——让学生做自己喜欢的事。刚开始的时候,由于学生换取1粒牛奶糖的难度增大了,而对强化物Ⅱ的换取还不了解,全班不注意行为的发生率有所回升。但随着教师的不断引导和学生对强化物Ⅱ的体验,全班不注意行为的发生率逐渐下降,平均为49.05%,在课堂做无聊动作等不注意行为也得到改善。

3. 处理阶段 B1-3

这一阶段的强化物除了强化物Ⅰ和强化物Ⅱ外,增加了强化物Ⅲ——公开表扬,当护旗手。同样,由于学生获得强化物Ⅰ和强化物Ⅱ的难度增大了,而对强化物Ⅲ还不了解,全班不注意行为的发生率有所回升。但随着教师的引导和学生对强化物Ⅲ的体验,全班学生已基本形成"争当护旗手"的风气。因此,全班不注意行为的发生率逐渐下降，平均为 38.10%，课堂上学生妨碍他人学习等不注意行为也得到控制。

（三）还原阶段（A2）

这一阶段由于撤回了对不注意行为的处理，被试全班不注意行为的发生率渐渐提高，平均达到 55.95%，虽低于基线阶段 A1 的 69.52%，但高于处理阶段的 48.09%，与前一处理阶段 B1-3 的 38.10% 相比回升了近一半。由此可见，前阶段的处理措施是有效的。

（四）再处理阶段（B2）

这一阶段重新对不注意行为进行处理，恢复到处理阶段 B1-3。由于有前处理阶段的基础，被试全班不注意行为的发生率很快就明显下降，平均为 35.43%，基本达到终点行为制定的 35%。

四、讨论

（一）关于实验研究的设计构思

1. 低比例区别强化的 I-DRL 程序的运用

本实验根据智障儿童注意的稳定性差的特点，结合低比例区别强化的 I-DRL 程序，把一节课的 35 分钟平均分为 7 个时间间隔，每隔 5 分钟就发放一次代币，符合他们注意发展的特点，有利于改善不注意行为。实践证明，这种方法使智障儿童较容易得到肯定，产生成就感，促进了实验研究的开展。

2. 倒返实验设计的 A-B-A-B 模式的运用

本实验根据对智障儿童不良行为的矫正要循序渐进，按照分多个阶段进行的原则选用了 A-B-A-B 模式。该实验科学地体现了采用不同措施得出不同效果的事实，有利于实验数据的取得和统计分析。

（二）关于实验研究后的影响

1. 现实方面的影响

（1）学生的能力得到提高。一方面，学生的不注意行为不但在语文课上大大减少，由人均 4.8 次下降为 2.6 次，在其他课上也有了较明显的改善。另一方面，通过代币的使用，增加了学生进行简单加减运算的机会，学生的计算能力也得到一定的提高。此外，实验后我们还惊喜地发现，不少学生的生活自理能力也增强了。例如，下课后，学生基本都会自觉地上厕所，以免课堂上因生理需要突然离开课室而不能获得代币，影响自己对强化物的换取。

（2）有利于教师对班级的管理。通过强化物的运用，引导了学生对榜样刺激的需求，已基本形成"人人争当护旗手"的班风，有利于教师对班级的管理。试验后，该班曾连续 10 周获得学校的流动红旗。

（3）有利于课堂教学的顺利开展。由于实验方案督促了学生不良行为的矫正，实际上改善了班级的课堂纪律，使教学得以顺利地开展，有利于学生更好地学习，提高教学质量。因此，在实验后的几次语文素养评估中发现，全班学生在自身的基础上都有一些进步，获得 A 的人数上升了近 40%。

2. 理论方面的影响

我们摸索出一套经过实践检验、较可行的运用代币制改善智障儿童课堂上不注意行为的方案，并就此进行了一些研究讨论，为以后的相关研究提供了一定的参考资料。

本实验研究综合运用了代币制、低比例区别强化的 I-DRL 程序和倒返实验设计的 A-B-A-B 模式，使智障儿童在语文课堂上的不注意行为得到改善。从实验得出的结果看出，实验基本达到终点行为的要求，实验基本成功。可是，本次实验研究的范围仅在语文课上，还未在各科全面铺开，这也是今后努力的方向。

参考文献

[1] 朴永馨. 特殊教育词典 [M]. 北京：华夏出版社，2006.

[2] 教育部师范教育司组. 智障儿童教育学 [M]. 北京：人民教育出版社，2000.

[3] 教育部师范教育司组. 行为矫正基础 [M]. 北京：人民教育出版社，2000.

[4] 银春铭. 弱智儿童的心理与教育 [M]. 北京：华夏出版社，2001.

作者简介

周锦萍，广州市越秀区启智学校教导主任，广州市中小学市级骨干教师，曾获广州市教学成果二等奖、越秀区人民政府三等功。

个别化教育理念下特殊教育
学校班级经营的视觉策略

曹丽敏

20世纪末,随着对特殊教育的研究越来越深入,专家学者在理论和实践层面进行了很多尝试和建构。其中,"一个非常重要的主题是如何在特殊教育学校实施个别化教育""而个别化教育的实施必须借助个别化教育计划(IEP)才能进行"。虽然个别化教育计划(Individualized Education Program,简称"IEP")在我国推行已经过去几十年,但在日常教学的贯彻和实施中遇到了很多问题。同时,安全、有序地运作一个由差异很大的十几个学生组成的班级,也极具挑战性。将其经营成为能实现十几份IEP、有序运作的班级,更是难上加难。

对于特殊学校而言,如何提升学生的学习能力,将班级经营成为有效实现IEP的阵地,是一个很重要的课题。布罗菲(J. Brophy)等人归纳了影响儿童学习的28个要素,认为最重要的是"班级经营""教师是否出色地经营班级,决定了儿童能够进行良好学习的程度"。

班级经营,是教师或者师生遵循一定的准则,适当而有效地处理班级中的人、事、物等各项业务,以发挥教学效果、达成教育目标的历程。而特殊教育的班级经营相对普校而言,所采用的手段更加多样和细致,应用较多的方法是视觉策略。

一、定义界定

(一)个别化教育

个别化教育是一种以适应并发展学生的差异性和个别性为主旨的教学策略与设计。具体地讲,是指在教学过程中,教师根据学生的能力、需要、兴趣、身体状况等设计不同的教学计划和方案,采用不同的教学资源、教学方法、教育评价手段进行教学,从而使班级中的每一个学生都能得到合适的教育,并取得最大限度的进步。

(二)个别化教育计划

IEP指的是以适应儿童个体差异为前提,以儿童现有水平为基础,以满足儿童个体发展需要为目的,根据其身心特点和教育需要制定的最为适合且有助于其最大限度发展的教育方案。

（三）班级经营

班级经营，指有效处理班级中所发生的事情，以达成教学目标。方炳林认为，班级经营是教师或者教师和学生共同合作处理教室中人、事、物等因素，使教室成为最适合学习的环境，以易于达成教学目标的活动。

（四）视觉策略

视觉策略是一种采用视觉信息，如文字、图像、照片等来促进儿童的理解、沟通及自我管理能力的教学方法。

（五）结构化

美国的史考布勒（Eric Schopler）等人，以儿童的生活自理为目标，综合了诊断、评量、早期教育、学校教育、家庭教育、教师家长的研修，以及职业教育等，发展出一套"孤独症及有相关沟通障碍儿童的治疗与教育计划"（Treatment and Education for Autistic and Communication Handicapped Children，简称TEACHC），主要的教学原则是物理环境结构化、作息时间结构化、工作程序结构化、视觉结构化、个人工作系统结构化。

二、设计思路

（一）个别化教育计划目标配备和统整

在个别化教育理念下的班级经营，首先要了解学生的基本需求、特征以及个别化教育计划目标。

1. 目标配备

将每个学生的个别化教育计划依据主题教学（有具体教学规划的教学活动）和例行性活动（常态的、结构性很强的、变化不大的日常活动，如晨间点名、课间休息、午点、午餐、放学等）进行教学配备。将可以在例行性活动中实现的目标（生活自理、表达基本需求），如"表达基本的生理需求如喝水、上厕所""认识自己的名字照片"等分离出来；将剩余的目标放入主题教学活动中进行规划，如"认识常见的水果至少10种""能够点数1～5，并报总数"等。

2. 目标统整

将学生同一类型的相近目标进行合并和整理，例如，A生目标是"能书写至少10个汉字"，B生目标是"能够书写20个汉字"，可以合并为"能够书写汉字"并在A生、B生处注明详情。

（二）编写表格

依据前期的目标配备和统整，编写表1"班级学生IEP目标汇总"、表2"例行性活动教学策略一览"，全面地掌握班级所有学生的教学目标和教学情景。

表 1　班级学生 IEP 目标汇总

领域	长期目标	短期目标	执行时间	执行情景	A 生	B 生	C 生	D 生	E 生
生活适应									
生活语文									
畅游与律动									
……									

表 2　例行性活动教学策略一览

课程与作息活动		A 生		B 生		C 生	
		短期目标	教学策略	短期目标	教学策略	短期目标	教学策略
8:00—8:30	上学晨间活动						
8:30—9:00	晨间点名						
9:00—9:50	大课间						
11:20—12:00	午餐						
12:00—14:00	午休						
14:00—14:30	午点						
15:55	放学						
	课间						

三、设计原则和具体内容

在表 1、表 2 的基础上，进行相应的视觉策略设计，要遵循以下两个原则。

（一）确定学生的视觉策略形式

视觉策略的形式，从具体到抽象依次为实物、物体模型、照片、彩色图画、黑白线条画、字词、词组或句子等。

依据学生能力不同，选用适合其能力的形式。

（二）设计视觉策略

依据学生目标和活动进行环境结构化，即分区，包括教学区、点心区、饮水区、选择区、情绪表达区等，并设计其中的视觉策略图示，包括分区标识、所进行的活动标识、学生个人标识等。

在进行分区之后，依据本区域内的活动需求，设计本区域的视觉策略标识，如活动程序图标识、规则标识等。

依据要达成目标所需要的活动，设计教室内其余活动的视觉策略标识，如需求表达的视觉图示，相关活动如喝水、换鞋子、洗手等程序标识，特殊活动如涂色、写字、煮鸡蛋等程序标识，并整理形成《视觉策略实施方案》。

四、具体应用及注意事项

（一）教室环境结构化的实施和注意事项

首先，教师根据《视觉策略实施方案》，用柜子、桌子、屏风等物品，将教室进行分区。在此过程中需要注意：分区不宜太多，区域间界限要分明，每个区域之间的行动路线要合理。

其次，制作和张贴环境标识。在此过程中需要注意：标识要体现该区域的功能和可以进行的活动；充分考虑学生的视野及动作能力；对于喜欢玩卡片的学生，张贴形式和位置需避免这种学生的行为；标识是动态的，要依据学生能力的变化以及教学进程不同的侧重点而进行及时调整。

（二）教室内活动视觉标识的实施和注意事项

教师依据教室内活动，以及教学进程安排，制作完成视觉策略标识。在此过程中需要注意：图片尽量简单、直接，让学生容易理解；活动程序图步骤不宜太多，要依学生的侧重点进行详略安排；依学生能力变化和教学重点变化而调整程序图。

（三）班级经营中运用视觉策略的注意事项

布置好环境和教室内的视觉策略后，开始在日常的班级经营中使用这部分视觉策略标识。在此过程中需要注意：在活动中坚持用；放慢活动进行的速度，有侧重地引导学生看、仿照做。

（四）定期调整视觉策略

对于视觉策略的调整，分为两部分：以两个月为期限，对视觉策略进行中期总结和调整；在每个学年末，依据新的 IEP 及学生实际情况对其进行总结并制定下一学年的《视觉策略计划实施方案》。

五、效果和反思

（一）效果

1. 对学生而言

通过视觉策略进行环境结构化，为学生提供清晰的视觉提示，把信息及资料明确地呈现，增强他们对环境和活动的理解。在班级经营中实施视觉策略后，学生发生的主要变化如下。

（1）学生对环境和活动的理解能力得到了提高，掌握了活动与空间环境的关系，同时能更专心地完成活动，或做出恰当的行为。同时对活动步骤也有了一定的理解和记忆，学习新活动的速度变快。

（2）学生的责任感、自我管理能力、休闲娱乐能力、主动沟通能力等都有提升，如收拾个人物品或用完物品的行为增多，自己玩玩具的次数也增多。

（3）部分 IEP 目标达成的速度变快，较多相关能力可在环境中表现出来。

2. 对教师而言

对教师而言，班级经营中实施视觉策略后，主要效果体现在学生经过一段时间后，能自动自觉使用环境中的空间和物品，减少了教师管理学生所花费的精力，使班级经营更加顺畅。同时，学生能够表达自己的基本生理需求，如喝水、上厕所、要吃东西等，减少了教师管理的压力。由于 IEP 目标融合在日常的活动中，在不知不觉中就完成了部分目标，提升了个别化教育计划目标的达成度。

（二）反思

1. 存在的问题

经过 12 年的教学实践，教师和学生都获得了很大益处。同时也存在很多问题，总结如下。

（1）对于学生学习特质和能力把握不足，采用的视觉策略形式不一定适合，在使用中发现引导学生看、用比较困难，导致教师坚持度不够、使用效果不明显。

（2）在使用视觉策略过程中，不能不引导，同时也不适宜过于复杂地解说、多次示范，导致教师无所适从，也从一方面影响了教师的坚持度。

2. 获得的经验

视觉策略的设计、制作和实施，是一个有系统的、庞大的工程，我们在不断解决问题、调整策略的过程中，获得的经验有：只要开始做，无论成不成系统，都会为学生提供容易理解的环境，学生通过观察、做、调整来自主完成各种活动，学习和自我管理能力都会有所提升。同时，教师要放慢速度，依据学生能力调整视觉策略的形式，坚持使用，就一定能让班级经营变得更为顺畅。

参考文献

［1］肖非. 关于个别化教育计划几个问题的思考［J］. 中国特殊教育，2005（2）.

［2］HARLY K W, ROSEMARY T W. 世界顶级的班级经营［M］. 稻垣办匕，译. 东京：东洋馆出版社，2017.

［3］吴清山. 班级经营［M］. 台北：心理出版社，2002.

［4］倪娴. 浅谈培智教学中实施个别化教育［J］. 考试与评价，2019（1）.

［5］李瑞江，马丽霞. "三三三五"个别化教育计划的建构与实施［J］. 现代特殊教育，2015，7（8）.

［6］香港耀能协会. 视觉教具训练指南［M］. 香港：香港耀能协会，2005.

［7］黄金源. 自闭症儿童的治疗与教育［M］. 台北：心理出版社，2009.

［8］HODGDON L A. 自闭症行为问题的解决方案：促进沟通的视觉策略

[M]. 陈质采,龚万菁,译. 台北:心理出版社,2007.

作者简介

曹丽敏,特殊教育一级教师。现任广州市越秀区启智学校教导主任、随班就读指导中心副主任,先后获广州市越秀区教育系统三等功、优秀教师等荣誉称号。参与《在以人为本指导下的培智学校改革探索》等6部图书的编写,并参加《国家培智学校义务教育课程》中的"康复课程"课程标准的编写工作。擅长自闭症谱系障碍学生、智障学生以及情绪行为障碍学生的训练、指导以及资源教室的建立与运作等。在特殊教育领域具有较强的实践能力和理论基础。

试论培智学校美术教学中渗透德育

王 睿

德育是我国中小学全面素质教育的重要组成部分,在全面素质教育中起着定位、导向作用,而特殊教育作为我国教育事业的一个重要组成部分,培智学校学生的德育同样十分重要。但是,由于培智学校学生高级情感体验的缺乏与适应性行为的缺陷,身心的障碍限制了他们认识活动和个性的发展,使他们缺少自我控制的能力,很难形成正确的是非标准、道德观念及良好的道德情感行为。因此,培智学校的德育工作也是艰巨而复杂的,寻找适合培智学校学生的德育实施途径与方法是落实培智学校德育的关键。《小学德育纲要》中指出,"各学科教学对培养学生良好的思想品德素质具有重要的作用""应自觉地、有机地在课堂教学中渗透思想品德教育",由此可见,各学科教学是培养学生良好的思想品德素质的基本途径和重要途径。其中,美术学科作为培智学校一门重要的基础学科,它的学科特性决定了它对培智学校德育的可行性与重要性。

一、培智学校美术教学中渗透德育的重要性

蔡元培先生(1983)说过,"纯粹之美育,所以陶养吾人之感情,使有高尚纯洁之习惯,而使人我之见、利己损人之思念,以渐消沮者也。盖以美为普遍性,决无人我差别之见能参入其中。美育者,应用美学之理论于教育,以陶养感情为目的者也。……美育者,与智育相辅而行,以图德育之完成者也"。学校中的美术教学,是对学生进行美育、促进智力发展和进行思想品德教育的重要手段。

根据智力障碍儿童思想品德等方面的现状及新形势下社会发展要求,培智学校德育目标定位于打好思想、品德、行为习惯、心理素质基础。其中应强调自信、自强及社会适应性素质的培养,例如,健康的心境、积极的情绪、良好的耐挫的能力等。首先,美术教育的主要任务不仅仅是传授美术知识,也不仅仅是美术技能的训练,还要培养学生健康的审美情趣,爱国主义情感和良好的品德、意志,所以,美术教学的目标中就拥有思想教育的内涵。它与德育目标是相通的。其次,美术教学向学生展示中华民族的优秀艺术传统,在潜移默化中很好地培养了学生的爱国意识和民族自豪感,最重要的是通过艺术的疗愈作用可使学生内心达到审美愉悦状态,良好心理得到培养和发展,不良心理受到疗治和矫正,使各种心理功能趋于和谐,各种潜能协调发展,养成健康的心境和积极的情绪。最后,行为习惯的形成非一朝一夕之间。在美术教学中对卫生习惯、作画的行为表现等从点滴抓起,反复训练习得,于细微处见精神,可以培养学生良好的行为风范。由上可见,在培智学校美术

教学中渗透德育是可行的，美术教学也是培智学校德育实现的重要途径。

二、培智学校美术教学中渗透德育的方法

在教学过程中，笔者认识到，美育和德育是相互融合的，两者是不可分割的。在德育中，美育有着很明显的特点和优势。美术课是学生普遍喜欢的一门素质课程，在上课的过程中可以很自然地通过一定形式进行德育渗透，这样不会使学生有任何的反感和厌恶情绪，它所产生的效果是深远的，这种潜移默化的作用是不容忽视的。根据培智学校学生的特点，遵循培智学校学生德育个别性、补偿性、反复性等原则，从以下几方面说说培智学校美术教学中渗透德育的方法。

（一）利用美术作品渗透德育

欣赏是美术教学中德育渗透的重要途径，学生通过直观的欣赏来感知世界的美与善，学生通过欣赏美术作品来建立正确的审美标准和健康的价值取向。许多美术作品体现了民族文化精神，表现了中华民族文化的审美理想，对于认知相对好的轻度智力障碍的学生而言，可以从传统的民族民间艺术作品中了解祖国悠久的、丰富的历史文化遗产，美好的艺术传统和我国劳动人民的聪明才智，对学生起到了潜移默化的爱国主义教育作用。例如，潜能开发的陶艺课上学习人物制作时欣赏了《兵马俑群》，学生看到庞大的雕塑群感叹说"好厉害""好威武"，笔者适时地向他们介绍当时的制作背景和制作过程，学生充满了自豪感，就在这节课上有个学生制作了现代版"兵佣"（如图1所示）。在课上欣赏像这样具有民族

图1　美术作品一

精神的作品对学生树立民族自豪感有着重要意义。而大部分的学生也可以从同龄学生的美术作品中感受健康的、积极的生活乐趣，陶冶美好情操。这些作品尽管无法和美术家们的作品的表现技巧和思想深度相比较，但更接近学生自己的生活，容易被学生接受。再如，我校学生韦一哲的《节庆》（如图2所示）描绘了节庆日子里广州老街热闹的场景，表现了自己对生活的感受，传达着积极向上的心态与适应社会生活的正向引导。

一件好的美术作品艺术性越高，其思想内容和感染力也就越强。对于培智学校学生而言，让直观形象的美术作品"说话"比空洞的说教更有用，在教学中把握住作品的思想内容、抓住作品的艺术特征、结合学生的接受能力和需求进行欣赏教学，可提高学生的审美能力和审美情感，使其在思想品德上与作品产生共鸣。

（二）利用美术创作过程渗透德育

美术创作的过程有利于促进培智学校学生人格的发展，这里说的美术创作主要指的是绘画创作与手工制作等。在绘画创作中，可以通过不同的绘画形式、教学手段来陶冶学生的心灵，培养学生良好的品质。如通过线描画，利用粗细、疏密的不同曲线表现画面，投入创作的过程要求学生平心静气、一丝不苟，培养了学生细致、耐心、认真的品质。通过装饰画的创作，明快的色彩和均匀的色块能使学生产生愉悦、积极的心境。在低年段可设计一些美术造型游戏，不需要强制设定主体或形象，任学生凭感觉、想法来创作，在认知较好的学生中可利用命题的绘画创作，使学生从创作中获得快乐，表达想法和感受，创造出丰富多彩的作品，满足学生的表达需求，培养学生表达自我的习惯。当给学生一个《我最喜欢的……》题目时，学生创作出了《我最喜欢的乐高》（如图 3 所示），场景、布局都是学生一蹴而就，教师做的只是提供了乐高积木的图片以及在画面后期完成度上给予意见。

图 2　美术作品二

学生在手工制作过程中，会接触到各种工具材料，在实际动手过程中，会丰富其对实际生活的体验，通过对这些材料的了解与掌握，感受劳动创造的愉悦，以培养学生珍惜劳动成果、艺术作品的良好品德。在上《我的小屋》一课时，让学生用各种材料模拟制作自己的房间或是家里房间的场景，利用学生熟悉的家庭

图 3　美术作品三

环境，在实际操作和创作过程中提高动手能力，在良好的情感氛围中潜移默化地形成良好品德。同时，学生在使用较多的制作工具时也需要较强的计划性，在此过程中可利用示范、视觉提示、提醒等支持手段，培养学生有序的工作习惯和讲卫生、爱整洁、维护公共利益的行为习惯，逐步培养学生耐心细致、勇于克服困难和忍耐坚持的心理素质。这些品质也会受到老师的影响，这要求美术教师在教学中以身作则，重视教学示范过程。

（三）配合教学主题渗透德育

基于教育生态观的培智学校的教学要以人为本，为满足有不同需求的学生、促进每个生命个体的发展，我校以主题教学为切入点，组织重大传统节日（春节、清明节、中秋节、端午节等）晚会、艺术节、运动会等活动。美术教学寓教育于主题活动中，通过感受中华民族节日特色，欣赏和创作美术作品；通过为节日活动、艺术节、运动会等制作宣传海报和环境布置的装饰物，推进学生爱生活、爱祖国的情感教育。如中秋节时，美术课上学生会制作灯笼或者制作与中秋有关的装饰物，在中秋统整活动——中秋晚会上，学生制作的灯笼用来挂灯谜，其他装饰物用来装扮会场。节日的气氛是欢乐的，学生的身心全程参与到主题之中，在自然而愉快的氛围中了解了中国传统节日——中秋，度过自己主导的节日，德育也在渗透其中。

（四）注重环境渗透德育

"近朱者赤，近墨者黑"，说明环境对人的身心发展有着重要的影响。周围环境不时地影响着学生的学习态度和心境，适当营造美的环境，丰富视觉领域里的精神生活，可以使学生保持乐观情绪，促进身心健康。美术教师都应该重视利用环境的布置潜移默化地使学生接受美的教育，进行德育渗透。

一方面，优化美术课堂，美术教室的布置应宽敞明亮，教室空间适宜，设备摆放合理美观，根据教室的实际情况，开辟画廊展示学生作品，增强美术创作氛围。让学生在活动中感受到美的环境，给他们带来视觉的愉悦和美的熏陶。课堂教学应利用适合教学内容的环境布置激发学生情感的代入。例如，笔者在上《小蓝和小黄》一课时，利用绘本故事将小蓝和小黄设计成两个小孩，在教室布置了很多蓝色和黄色，设计了寻找蓝色和黄色的教学环节，学生在欢快的气氛中寻找教室中的颜色，以积极的心态完成学习。另一方面，优化校园环境，营造培智学校学生喜闻乐见、生动活泼、优美的校园环境。如悬挂学生美术作品的橱窗、摆放学生照片的宣传栏、太阳花宝宝的形象等，让每一棵花草、每一堵墙壁都成为育人的工具，让德育融化在好的环境中，校园成为孩子们美丽的家园、乐园、学园。我们的孩子爱干净、爱劳动了、爱学习了、爱生活了，唤醒他们的情感，从而使他们获得真切的体验。让学生置身于优化的生活校园环境中，让学生能在一个和谐美丽、文化气息浓郁的环境中懂得真、善、美。

总之，我们可不能小看了一幅平面绘画创作、一件陶艺作品、一件纸质作品给予学生积极参与、勇于探索的道德品质的影响。苏霍姆林斯基说："美是一种心灵的体操，它使我们精神正直、良心纯洁、情感和信念端正。"让我们为孩子们创设一个真、善、美的情感空间，使他们在美术学习的同时接受德育教育。

参考文献

[1] 蔡元培. 蔡元培美学文选［M］. 北京：北京大学出版社，1983.

［2］上海市教育委员会德育处. 特殊儿童思想品德教育研究［M］. 上海：上海教育出版社，1999.

［3］陶琳瑾. 儿童艺术治疗［M］. 南京：江苏教育出版社，2010.

［4］尹少淳. 美术及其教育［M］. 长沙：湖南美术出版社，1995.

作者简介

王睿，特殊教育一级教师。现任广州市越秀区启智学校德育副主任，先后获越秀区教育系统三等功、优秀教师以及区骨干教师等荣誉称号。参与《国家培智学校义务教育课程》中"康复课程"课程标准的编写。致力于学校德育建设、校园环境建设、信息化等工作，擅长发展培智类学生潜能开发以及美术教育教学，具有较强的实践能力和理论基础。

运用多媒体课件提高智障儿童数数能力的个案研究

余志梅　张　洋

根据世界精神科分类手册第四册（DSM-IV）智障儿童学习特质的研究，智障儿童感官缺失导致他们的思维独立性和逻辑抽象能力差，他们认识事物和理解知识的能力较差。有研究者认为，智障儿童的基本数学能力（如识别阿拉伯数字、比较数值）常表现延迟，可是传统的改善其数学能力的方法手段比较单一，效果不明显。研究表明，文、图、声、像这些多媒体在现代教育技术系统下能很好地协调、刺激特殊儿童的多个感官，帮助智障儿童学习效率得到较大提高。因此，教师在教学中可以恰当地运用多媒体课件，以其特有的直观性、形象性和交互性促进教学形式多样化，把单一的技能训练向多元性整合方向发展，从而提高智障儿童的数数能力。

一、个案介绍

（一）基本情况

威威，男，9岁，就读于××特殊学校三年级。"××医院的韦氏儿童智力量表"（WISC-R）显示该儿童的语言智商分数为55，操作智商分数为73，总体智商分数为63，智力缺陷。从测验结果来看，该儿童的感官知觉、生活自理能力和操作技能较好，数的概念和空间概念较弱。

（二）数数学习的困难与表现

结合教学中的"双溪儿童学习态度观察评量表"评估表明，威威数数的概念理解差，不理解大多数内在的数数规律，不会顺着数数，不能一一对应，不知道基数，也不会计算。

从威威日常学习数数的表现来看，他更频繁的是采用不成熟的数数的方法，依赖手指数数。随着学习内容的增加，威威数数的错误频率显著增加，反映了他在学习过程中更频繁地、更长时间地运用不成熟的数数方法，导致他数学技能的发展滞后，说明不成熟的数数方法是他学习数学的核心缺陷。

二、制定策略

（一）教学目标

1. 长期目标

能数 10 以内的数，看到数字后接着往下数，掌握 10 以内封闭式数数的方法，理解 10 以内的数的实际意义，培养威威的抽象概括能力。

2. 短期目标

（1）手口一致地数出 10 以内的数。

（2）看 10 以内的数字，接着往下数。

（3）掌握 10 以内封闭式数数的方法。

（4）10 以内的数量对应。

（二）基本思路

以上述《双溪儿童学习态度观察评量表》评估和学习表现为基础来制定，为威威的需要选择内容，运用多媒体课件来实施，从而提高他的数数能力。

（三）技术手段

在实施教学时，根据多媒体课件的特征和功能进行恰当选择，对其进行优化组合，为教学提供丰富的学习材料。值得注意的是威威的注意范围狭窄，多媒体课件的设计要注意发挥威威手、眼、耳、口各个器官及大脑的作用，用最简单的方式达到人机互动，在单位时间内，尽可能呈现多个刺激从而提高他数数的能力。

三、实施方案

（一）前期评估的内容及要求

为反思运用多媒体课件是否提高了威威的数数能力，故在运用多媒体课件前做数数的评估，以便在运用多媒体课件后进行数数对照。评估内容包括：

（1）手口一致地点数出 10 以内的数。

（2）看 10 以内的数字，接着往下数。

（3）掌握 10 以内封闭式数数的方法。

（4）10 以内的数量对应。

在不用任何多媒体课件帮助的情况下进行这些评估，每个项目做 4 次，各进行 3 次评估，以此来体现威威的真实水平。评估的结果如图 1 所示。

图 1 是未运用多媒体课件时数数的 3 次评估结果，可以看出威威已经掌握了点数 10 以内的数的技能，基本掌握 10 以内数字接着数，这表明他可以机械性地数数。但威威数数的速度很慢，这是由于他容易受外界干扰，注意力受到了影响，需要教师经常提醒才能完成操作。10 以内封闭式数数和 10 以内数量对应不能全部完成，说明威威不具备这两项知识技能。

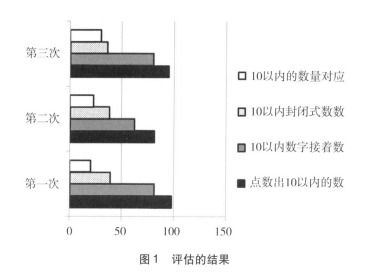

图1 评估的结果

（二）方案的实施

1. 通过多媒体课件的人机互动，提高对数的理解

智障儿童数数时，往往每次都从"1"数起。威威是认识"3"这个数字的，可是他不知道"3"可以表示3个其他的物品，例如，三个圆点是表示3这个数。他不能真正理解数的含义。根据这个情况，教师制作了一系列数数的教学课件，课件的内容如图2所示。

课件：寄信

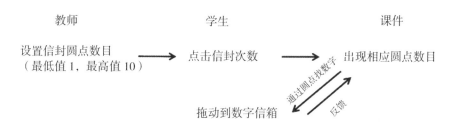

图2 课件的内容

图2这样有针对性地运用多媒体课件加以视觉提示、反馈（人机互动）来帮助启发儿童自我矫正，从"对着数字找出相对应圆点的数量""数出圆点的数量找到相对应的数字"开始，进一步提高到"能用实物圆点对应数字"，进而理解"数"所代表的含义。通过多媒体课件中提供的游戏，加强智障儿童对数的理解，促进其

正确地获取知识，取得学习的成功。

2. 通过多媒体课件的阶段性、层次性与连续性，提高数数能力

在教学中，根据智障儿童的发展规律提供适合威威的多媒体课件，把课件的阶段性、层次性与连续性的特点结合起来，循序渐进地实施数数活动以达到教学目的，提高儿童数数的能力。此外，多媒体课件为智障儿童提供不同的封闭状排列的物品图案（如图3所示）。从不同于其他物品的图案数起，利用多媒体课件的交互性、视觉跟踪，使学生懂得数出首尾相接呈环形排列的东西的数量，树立"起点"到"终点"的意识，从而能由确定的起点开始沿着排列的东西一直数到终点。

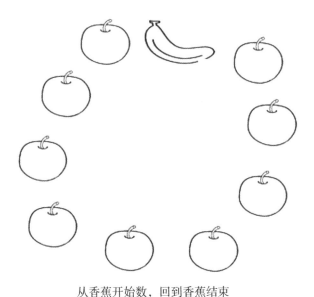

从香蕉开始数，回到香蕉结束

图3　多媒体课件

3. 通过多媒体课件的整合，发展智障儿童的非智力因素，促进其他能力的提高

运用多媒体课件作为辅助教学手段，既要让学生从多媒体课件的使用中获得相应的数学知识和技能，又要提高学生学习的积极性，激发学生的学习兴趣，使学生的多种能力在学习中得到提高。

因此，在教学活动中，更需要注重对课程与多媒体课件的整合。在应用课件《打电话》的教学中，智障儿童用课件中的按键数字会显示对应数量的圆点的手机，按老师的提示数字来玩打电话的游戏。操作熟练后，让学生给爸爸妈妈和同伴打电话，这样既可以提高儿童对10以内数字的理解，同时促进了智障学生与家人和朋友之间的沟通，并在生活中体验数数的作用。

(三) 效果分析

1. 增加了智障儿童对数数的兴趣

多媒体课件更注重游戏化，强调儿童在愉快、自由的课件游戏中学习。在"学中玩"提高智障儿童对学习的兴趣；在"玩中学"让智障儿童相对轻松地完成学习，减轻数数学习的负面情绪。经过这一阶段的学习，威威在日常生活中遇到数数有关的活动，都会不自觉地加以关注。如经常点算自己喜欢的物品数量，逐步将数数能力转变为对应的生活能力。

2. 提高了智障儿童的数数能力

从图4可以看出，运用多媒体课件辅助威威的数数学习后，他基本上能正确地进行10以内封闭式数数，完成了数物对应的操作，理解数与量的对应关系，尽管有时也会有差错，但与之前相比较，其数数能力有了较大的进步。

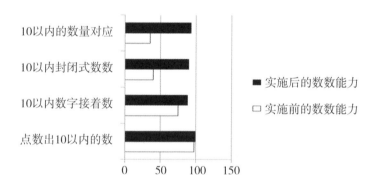

图4 方案实施前后威威数数能力的结果比较

3. 发展了智障儿童的其他能力

该个案提高了智障儿童数数的能力，既矫正了智障学生错误的数数习惯，让智障学生数数能力有所改善，同时也锻炼了他们的动手能力、视觉跟踪、观察力、注意力和思维能力等诸方面的能力，真正提升智障儿童的综合能力。

四、结论与反思

（一）结论

实践证明，在教学中，威威可以使用多媒体课件辅助学习，在动手、动脑的过程中能有效地获得数学知识，减少了学习障碍，提高了他的感知、思维和认识社会的能力。多媒体辅助教学的手段，激发了威威的内在潜力，增强了他的学习主动性和积极性。

只有充分地了解了智障儿童的认知特点，明确了目标，使用合适的方法，协调好多媒体课件辅助教学整合性和层次性的关系，才能推动智障儿童的数数能力的发展。

（二）反思

在本个案中，多媒体课件的手段还比较单一，大部分的素材都是图形，缺少音频、视频等素材的应用。为了让学生能从更丰富的多媒体效果中提高数学知识的接受能力，应运用网络资源和相关平台，建立与智障儿童家庭的联系，实现远程交互，校外教育得以实施，使教学实施更加完善。此外，还须进一步加强个别化指导。

参考文献

［1］王文坚. 多媒体课件在特殊教育学校课堂教学应用中的反思［J］. 试题与研究（教学论坛），2018（12）.

［2］张福娟，江琴娣. 特殊儿童个案研究［M］. 上海：上海教育出版社，2005.

［3］陈云英. 智力落后儿童教育的研究［M］. 北京：华夏出版社，1999.

作者简介

余志梅，特殊教育高级教师，从事特殊教育20余年，在信息技术与课程整合方面有一定的实践经验，主持和参与多项省、市课题，多篇论文、课件等获全国、省、市奖项。

张洋，毕业于重庆师范大学特殊教育系，广州市越秀区启智学校教师、班主任。曾主持和参与多项省、市级小课题研究，主教的课例多次获国家、省级奖项，被评为市级优课，多篇教育论文获省、市奖项。

艺术治疗应用于脑瘫学生康复训练的个案研究

余娟瑜　黄华权

艺术治疗当前常应用于特殊儿童的心理干预，但较少用于特殊儿童的教学或康复训练。本研究以脑瘫学生为研究个案，将艺术治疗尝试应用于康复训练。研究发现，艺术治疗能促进个案达成"感知觉训练"及"沟通与交往训练"领域的教学目标，让个案以稳定的情绪主动参与活动。本研究也讨论了艺术治疗在执行康复训练的可行性及有效性，以期丰富艺术治疗的相关研究，扩展特殊学校康复训练的内涵。

一、研究背景

特殊学校随着招生对象的多样性及障碍程度的日趋严重性，各专业之间的研讨、合作成为发展的必然趋势。学校多年来不断优化、调整课程实施模式，也就衍生出跨专业整合的探索之路。我校以低年部为试点，开展个别化教育理念下培智学校跨专业整合模式探索。跨专业整合模式依据国家《培智学校义务教育课程标准（2016年版）》中的《康复训练课程标准》目标体系，进行整理和解构、重构，形成启智学校康复训练目标体系。基于启智学校跨专业整合康复训练目标体系，依据儿童的发展规律、英国教育部2017年修订《特殊需要学生P Scales学业表现目标》、凯伯的学习发展阶段与"动作－知觉发展理论"、《培智学校义务教育课程标准（2016年版）》中的"绘画与手工、唱游与律动、运动与保健"课程标准，整理出6个阶段总目标以及训练重点。

艺术治疗是一种表现性艺术与心理治疗两大领域相互结合的治疗模式。它可以帮助培智类学生形成健全人格，实现认知、社会适应、心理健康等多方面的发展，常应用于特殊儿童的心理干预，但较少用作特殊儿童的日常教学或康复训练。本研究尝试把艺术治疗应用于一名9岁脑瘫学生的康复训练，以了解艺术治疗的康复训练成效和对个案参与活动以及情绪表达情况的影响。

二、艺术治疗在脑瘫个案中的应用

（一）研究对象

1. 基本信息

洋洋（化名），9岁，现就读于特殊学校二年级。2岁半时被诊断为脑瘫。参与集体教学时未能关注活动中的人、物品及事件，对环境中大部分刺激无明显反应，需要教师持续的辅助。我们希望以艺术治疗为手段，借助感官类媒材及音乐，为学生提供媒材探索、多感官刺激的机会，提升学生对各种刺激的反应及参与活动的主动性，为其参与日常的学习建立基本的前备技能。

2. 康复训练目标的拟定

通过《培智学校义务教育康复训练课程标准（2016年版）》对洋洋进行评估，选定"感知觉训练"与"沟通与交往训练"领域中未通过的项目拟定以下的教学目标：

（1）能对各种视觉刺激有反应。
（2）能对各种触觉刺激有反应。
（3）能对各种味觉刺激有反应。
（4）能对各种嗅觉刺激有反应。
（5）能追视眼前移动的人或物品。
（6）能发现身边出现的人、物品及事件。
（7）能与他人有意识地保持目光接触。

3. 媒材选定及课堂结构

洋洋在粗大动作、精细动作及姿势转换上都存有困难，为缓解以上能力限制带来的参与活动的阻碍，艺术治疗选用弱抗阻性及常见的媒材，以减少学生与媒材互动间的阻力及增加生活经验。课堂选用低复杂度、低结构性的形式进行组织，以减少互动过程中的指示及学生对指令回应的压力，让学生能与媒材自主互动。

（二）艺术治疗的课堂活动设计

我们以"媒材探索"为艺术治疗主题，为学生提供12个媒材组织探索活动，包括声光玩具、泡泡液、餐巾纸、报纸、杂志、常见蔬菜、常见水果、树叶、纱巾、织布、气球及面粉团。为建立艺术治疗团体活动规范，增设"问好"及"放松"两个固定活动，作为团体活动开始及结束的标志。

学生每周进行4次单一媒材的探索活动，每次治疗活动持续30分钟，分别为"问好""媒材探索""放松"3个环节，共持续12周时间。其中，"媒材探索"即提供媒材给学生进行自由探索、在教师的协助下进行探索及利用媒材与同学或教师进行互动或作品创作，以其中一种媒材（面粉团）为例（见表1）。

表1 活动设计

活动环节	活动目标	活动设计
问好	1. 能发现身边出现的人物、摇铃或摇铃的响声 2. 能与教师有意识地保持目光接触 3. 能追视眼前移动的人或物品	1. 主教摇动铃铛，引起学生注意（助教协助学生围坐在一起） 2. 教师在学生面前晃动摇铃，待学生关注教师后，则介绍自己说："×老师来了。"集体问好："×老师，下午好。" 3. 教师再次在学生面前晃动摇铃，待学生关注教师后，把摇铃传给学生 4. 学生在辅助下摇晃铃铛进行问好。所有参与者问好后，进入下一环节
媒材探索（面粉团）	1. 能对各种不同颜色、黏稠度、温度的面团有反应 2. 能对咸面团有反应 3. 能对粗盐面团有反应 4. 能追视眼前移动的人或物品	1. 自由探索。主教逐一给学生呈现不同温度、黏稠度或质感的面粉团，让学生触碰、按压或玩耍面团 2. 协同探索。主教示范拉扯面团、搓面团成条状/球形或拍打面团等探索方式，助教辅助学生用以上形式探索 3. 团体互动。学生围坐在一起，主教利用食用色素对面团进行染色，让学生选择面团。学生可自由玩耍面团，也可与同学或教师交换面团进行互动 4. 作品展示。主教让学生把面团放在餐盘上，逐一展示面团，作为作品展示 5. 清洁整理。学生进行场地收拾整理及个人身体清洁
放松活动	1. 能追视眼前移动的人 2. 能与身旁的教师有意识地保持目光接触 3. 能对大龙球的按压有反应	1. 教师辅助学生躺在地垫上，用大龙球按摩学生的身体。若学生能主动关注教师，教师则会变换按摩频率或力度，以强化学生的关注行为 2. 按摩5~10分钟后，助教辅助学生坐在垫子上，面向主教。主教摇晃铃铛，引起学生注意、关注教师后，说"下课"

（三）艺术治疗活动的实施策略

1. 协同教学

本次艺术治疗采用一人教学、助教协助的方式进行。当主教教师进行媒材展示时，助教对学生进行辅助或观察学生的行为表现。使用协同教学能让学生更好地关注教师的展示或示范，在辅助下立即进行练习；协同教师的观察能即时记录学生的反应，以了解教学成效。

2．随机教学

在日常生活中，当儿童表现出对某物或某活动有兴趣时，教师可以借由此情境来增加儿童的技能。艺术治疗可创造学习机会，并运用自然增强的方式提升学生活动参与度。例如，教师把媒材拿在身边，借由媒材吸引学生关注，然后利用媒材让学生转移到对教师的关注。

3．增强策略

借由增强物的安排，强化学生主动参与活动或与他人互动的行为。例如，学生能伸手获取想要的物件，教师则立刻提供该物件，并给予口头称赞，以强化学生主动的探索行为。

4．示范策略

示范策略的重点在于学生观察老师或同学后，直接学习某行为，而不是从自身的行为和伴随而来的后果中学习。示范对观察者具有教导、辅助、引发动机、降低焦虑和抑制负向行为的作用。在艺术治疗中，教师会对媒材的应用方式等进行示范，教导学生感受媒材的方式，也可诱发个性化的媒材互动方式，获得不同的感官体验。学生可对老师或同学进行观察或模仿，改善学生关注或模仿他人的能力。

5．提示策略

提示是一种协助方式，由教师引导学生表现某项技能，常用提示有口语提示、动作提示、身体提示、示范提示及图片提示。如在问好环节中，教师常使用身体及动作提示，协助学生进行轮流问好；在媒材体验中，教师常使用示范提示，协助学生学习功能性的媒材互动方式。

三、艺术治疗的训练成效

（一）目标达成情况

在为期12周的艺术治疗结束后，结果显示，艺术治疗对洋洋的"沟通与交往训练"目标达成率为85%，"感知觉训练"领域的目标达成率为95%。可见，媒材探索类的艺术治疗能提供大量感知觉体验，有利于发展学生对各类刺激的反应。

（二）学生活动参与情况

为了解艺术治疗中研究对象的活动参与度，每周课程结束后，教师会对洋洋的活动参与度进行评价。评价标准分为以下4个向度：

（1）被动参与：动作或肢体辅助下进行活动（1分）。

（2）无功能性接触媒材，如把媒材放入嘴巴（2分）。

（3）诱导下参与：在强化物或媒材诱导下参与活动（3分）。

（4）主动参与：主动接触媒材，能模仿他人或自主探索媒材（4分）。

在12个媒材探索活动中，洋洋能主动参与80%；洋洋会主动接触媒材、能在老师的辅助下玩耍媒材；能独立与媒材进行互动，在视觉为主的媒材探索活动中，如声光玩具、泡泡液、气球等，能主动触碰玩具或泡泡，并跟随光线或泡泡转移视线，有时会出现寻找声光玩具的开关的行为。可见，艺术治疗为学生提供丰富的媒材，并给予学生自由玩耍的时间，能提高学生探索环境的主动性。

（三）学生活动时所表现的情绪状况

为了解艺术治疗对研究对象情绪状况的影响，每周课程结束后，教师会对学生的情绪状况进行评价，评价分为以下3个向度：

（1）负向情绪：在活动参与过程中，表现惊恐、伤心等负向情绪（1分）。
（2）情绪稳定：在活动参与过程中，无显著情绪表达或情绪波动（2分）。
（3）正向情绪：在活动参与过程中，表现微笑、高兴等正向情绪（3分）。

个案在70%的活动时间中，能正向参与活动，仅对某些触觉媒材（如纱巾、织布）表现出害怕的情绪，对于引爆气球的声响会产生负向情绪。

四、反思

（一）艺术治疗活动能协助康复训练的开展及目标达成

用媒材探索的艺术治疗活动，在开展脑瘫学生的康复训练时，可满足学生在"感知觉训练"和"沟通与交往训练"的教育需求，促进学生的进步。通过事前准备的媒材，制造多元的听觉、视觉及触觉等环境，让学生可以在安全、放松的环境中进行探索。同时，团体的多人参与可以提升学生之间或师生之间的互动，增强学生对他人关注及与他人沟通的能力。

（二）艺术治疗活动能让学生在稳定情绪中主动参与学习

当前，学校康复训练的方式主要为个别或小组辅导，大多采用重复训练的形式开展。重复及单一的训练活动容易导致学生出现习得性无助或无动机参与活动的情况。艺术治疗非语言及自由的特质，能在一定程度上促进学生自主参与训练活动，提升参与动机，让学生在创作中自由表达、缓和情绪。教师语言指令较少，主张协助学生进行探索，能让其保持较高的自主性来参与活动。团体易于营造一个包容、自由的氛围，让学生在不同的支持下积累经验，促进其参与活动，得以进步。

综上研究所得，艺术治疗能促进个案达成"感知觉训练"及"沟通与交往训练"领域的教学目标，对个案稳定情绪及主动参与活动均有显著的效果。特殊学校可利用专业团队开展艺术治疗，发挥艺术治疗的有效性，丰富康复训练的实践探索，进而满足特殊学生的个别化教育需求。

参考文献

[1] 倪婷，胡冰霜. 近十年艺术治疗在中国的应用情况及发展趋势 [J]. 西南交通大学学报（社会科学版），2012（3）.

[2] MALCHIODI C A. 艺术治疗心理专业者实务手册［M］. 陆雅青，周怡君，林纯如，等，译. 台北：学富文化出版社，2008.

[3] MARIAN L. 艺术治疗团与团体工作实例与活动［M］. 赖念华，译. 台北：张老师文化出版社，2013.

[4] 陈韦良. 艺术治疗活动融入个别化教育计划之实施成效研究：以国小特教班认知障碍学生情绪与行为辅导为例［D］. 台北：国立台中教育大学，2011.

作者简介

余娟瑜，广州市越秀区启智学校办公室副主任，一级教师，从事特殊教育20年，擅长班级经营、班级教学与艺术治疗，正研究脑瘫康复训练。

黄华权，广州市越秀区启智学校康复组教师，特殊教育二级教师，从事特殊教育4年，擅长自闭症康复训练、性教育、艺术治疗，正研究自闭症循证实践干预。

特殊幼儿入学适应的个案研究

陈 霞

融合教育中，特殊学生入学后能适应班集体是融合教育的开始。本案例中的菲菲是一个缺少常规训练、不良习惯诸多、较难适应班集体的特殊孩子。为此，教师们从建立关系、合理利用同伴资源、提升自身能力、使用代币制塑造行为以及家园合作等方面入手，使菲菲能尽快适应班集体生活，为今后的有效融合做准备。

一、学生背景

菲菲，女，5岁，发育迟缓。出生于广州，爸爸来自韶关农村，目前在广州工作。妈妈是广州人，但也是发育迟缓的特殊人士。菲菲自幼与妈妈、外公、外婆一起生活，主要由外公、外婆抚养。外公、外婆经营一家店铺，平时较忙，常常轮流在家看护菲菲和她妈妈。爸爸由于工作原因，较少回家，偶尔休息的时候会陪伴菲菲。

二、问题概述

菲菲5岁进入融合幼儿园。入学后，菲菲基本不听老师的指令，与同伴互动时少用语言多用肢体动作表达。看到自己喜欢的东西直接拿走或是抢走。如果教师、同伴制止她的行为，告诉她要排队玩、轮流玩等，她就会哭闹。每天她与同伴的冲突不断，老师也忙于处理这些争端。

三、成因分析

（一）障碍带来的影响

菲菲是发育迟缓的小孩，入学前仅进行过几个月的语言方面的康复训练。故其认知能力非常有限，仅限于认识常见物品，理解常见物品的功能，等等，以及能听懂日常沟通的简单句子。对于规则的理解，以及周围环境的解读的能力较差。

语言表达方面，沟通主动性较好，由于理解的内容非常有限，所以表达内容的丰富度不够。在日常生活中常用声音（"嗯——"）、手势动作（指某物/人，摊开双手表示没有）及少量词汇表达（"哇""不要""泡泡"等）。会仿说他人语汇，但构音不清晰，只有常接触的人才能理解。这也在一定程度上影响了她与同伴沟通的效度。

（二）家庭教养的影响

菲菲的妈妈是特殊人士，能力比菲菲还弱，两人经常会抢东西吃、抢玩具玩。

菲菲长期与妈妈生活在一起，外公、外婆由于年纪大，且忙于生计，对他们的照顾仅限于温饱和安全。有时菲菲想要什么就会哭闹，外公、外婆为了避免她哭闹就会满足她的要求，无形中负强化了她的行为，养成了菲菲通过哭闹去表达自我需求的不良行为。

由于平时基本处于圈养状态，缺少与同伴互动的经验，所以菲菲在与同伴互动时会不自觉地采用与妈妈互动的方式。她看到喜欢的东西就会去抢，排队的时候会插队，等等。基于这种情况，外公、外婆就不敢带她去外面玩，如此形成恶性循环，这样更加缺少同伴互动经验，无法习得人际交往的技巧，导致的后果就是每天在学校冲突不断，菲菲不停地被投诉。

（三）冲突成为负强化

菲菲虽然是个特殊孩子，但也有与普通孩子一样爱玩的天性，喜欢与同伴待在一起玩。但由于社交技巧的缺乏，每次她主动与人互动的效果都不佳，所以很多时候同伴见她走过来都会赶走她或是避开她。但是她发现，只要每次别人玩的时候她去搞破坏或是抢走玩具，就会有人追着她跑，就像玩游戏一样，老师也会过来找她聊天。无形中，同伴之间的冲突变成了她获得同伴、老师关注的手段，即冲突成了她人际互动的负强化。

四、辅导策略

（一）建立关系，学会听从指令

为了让菲菲更快地适应集体生活，遵守班级简单的常规，配合老师，听从指令。如听到上课铃声能坐回自己的位置，老师说安静能马上安静下来，等等。首先，老师要与她建立良好的关系，让她喜欢老师。为此，我们先选了一名老师，每天主动与她玩"蚂蚁上树""拔萝卜"等肢体互动类的游戏。通过两个星期的互动，菲菲与该老师建立了良好的关系，每次见到这个老师都会主动跑过去，并表示要玩游戏。基于此，我们开始了下一阶段的计划——提出要求，发指令。因此，老师便在游戏中穿插了一些简单的指令，比如，听到铃鼓声坐回位置，看到保持安静的手势要安静下来，等等。同时，将这些指令泛化到集体活动中，当菲菲能做到时老师便大力表扬她。最后，我们在班级老师中进行泛化，即从一个老师开始，泛化到全班老师，每个老师都跟她建立亲密关系，让她喜欢班级的所有老师，愿意听从班级所有老师的指令。

（二）培养同伴，学习互动技巧

研究表明，融合教育中同伴资源的合理利用能极大地提升融合的效果。因此，我们挑选合适的同伴，让他们学习与特殊孩子互动的方法、辅助特殊孩子的技巧等。例如，当菲菲准备抢玩具时，我们可以怎么办？当菲菲插队时，我们可以怎么办？同时也会在小组课上让菲菲学习轮流、等待等互动技巧。通过双管齐下的方式，让菲菲逐步获得了有效的同伴互动经验，也积累了一些社交技巧，同时也明白了不需要通过搞破坏的方式来与同伴玩耍。

（三）提升表达能力

在菲菲能适应团体生活、听从老师的指令后，为了提升她与同伴的沟通效度，表达能力的提高是我们接下来工作的重点。经过语训老师的专业评估，我们知道菲菲的语言理解能力处于语汇阶段，语言表达也处于语汇阶段。为此，语训老师建议我们从以下几方面着手。

（1）提升理解能力。对于菲菲不理解的词，可用实物、图片或身体动作帮助其理解。

（2）发挥仿说的优势。建议在与其说话时，能用词汇或短语说出重点词，同时降低语速，让菲菲有较多仿说及学习的机会。

（3）创设丰富的情景，增加表达机会。如吃饭的时候忘记发勺子给她，进行区角活动时把她的进区卡藏起来，等等，诱发她主动表达。

（四）利用代币制，塑造正向行为

菲菲理解代币的作用，知道代币可以换取自己想要的东西，比如玩具、零食、活动等。为此，我们使用了代币制，帮助菲菲学习轮流、排队等行为。每当她在玩游戏或活动时遵守轮流、排队的规则，就马上奖励她一朵太阳花（代币），集满3朵太阳花就可以换取一份礼物。

（五）家园合作

为了巩固菲菲在幼儿园养成的好习惯，家园合作是重中之重。为此，我们在开学一个月之后的家长会上与菲菲的主要照顾者汇报了这一个月来菲菲的进步、我们采取的策略以及对家长的建议。比如利用菲菲喜欢与小朋友玩的动机，可以发出一些简单的指令，如放好书包、鞋子等。如果能做好这些事情，就可以带她出去玩，通过这种契约的形式逐步养成菲菲听家长指令的习惯。

五、实施效果

经过一个学期的努力，菲菲已经基本适应班集体的生活了。

菲菲听指令的能力有了明显的提高，不仅能配合老师，甚至对于熟悉的同伴发出的指令也能遵从。比如上课的时候同伴提醒她安静、坐好等，她都能遵从。

菲菲的语言能力有了显著进步。她能理解一些含形容词、比较级的复杂句，主动表达的词汇量也增加了不少，有时能用简单句表达，如"我要玩""我要勺子"等。

菲菲与同伴互动时直接使用动作、肢体的频率明显降低，与同伴的冲突明显减少。有时看到同伴在玩玩具不会直接抢，会说"我要玩"。同伴看到菲菲过来时，也会提醒她"先坐在旁边看"。

集体活动时，菲菲在提醒下能遵守轮流、排队的规则。

六、反思

对于菲菲而言，因为自身的障碍和教养的缺失，其认知能力、语言表达能力以及社交技巧与同龄人比有较大的差距，故刚入园时适应集体生活会存在诸多问题。经过学校一个学期的干预，她各方面的能力都有了显著的提高，基本能适应班集体生活。这一方面说明学龄前是特殊幼儿康复的黄金期，早期干预应该更加重视；另一方面，此次的干预只是解了燃眉之急，让其尽快适应班集体生活。但是好的融合教育，特殊孩子的有效融合是关键。本次研究同时干预的问题较多，前期可能干预效果较明显，但当个案基本适应班集体之后，要做到有效、深度的融合，还需要逐项提升个案的能力，比如，认知能力、语言理解、语言表达、人际沟通等各方面的能力。

作者简介

陈霞，硕士研究生，特殊教育一级教师，聂永平名校长工作室助手。先后参加了多个市级、区级课题，在核心期刊《教育导刊》《现代特殊教育》《当代学前教育》发表多篇论文，在学前融合教育模式、融合支持体系的建立方面较有自己的看法。

听觉统合训练干预自闭症学生情绪和行为问题的研究

陈小雕

听觉统合训练通过矫正听觉系统对声音处理失调的现象，刺激脑部活动，以达到改善交往障碍、情绪失调和行为紊乱的目的。研究选取9例自闭症学生进行训练，比较学生训练前后的改变，发现学生的问题行为和情绪有改善，训练对自闭症学生康复有一定的效果。

一、研究背景

自闭症是一种严重的广泛性发育障碍，患儿每年都呈递增的趋势。自闭症孩子在情绪、行为模式等各方面表现异常，严重影响了其日常生活技能学习和教育训练。听觉统合训练通过让接受训练者聆听经过调制过滤的特殊音乐来矫正听觉系统对声音处理失调的现象，刺激脑部活动，达到改善交往障碍、情绪失调和行为紊乱的目的。资料显示，听觉统合训练在国外已经研究多年，对自闭症患儿的语言、行为、情绪等治疗有一定效果。

此次实验选择若干单一被试。接受训练前，家长配合进行了纯音听力检测及评估，家校配合共同完成训练。通过对学生训练前后的情绪、行为问题进行观察和对比，总结学生情绪、行为问题的改进策略，在家校合作过程中共同进步。

二、研究对象和方法

（一）研究对象

研究选择了9名自闭症学生进行听觉统合训练，年龄在7至9岁，共6男3女，都符合自闭症诊断标准，情绪和行为问题比较严重。个案语言能力较差，刻板动作较多，对特定声音敏感，专注力差且易冲动，不善于人际沟通。

根据家长入学时提交的体检证明，排除了脑发育障碍和听力异常的情况。纯音听力和多频稳态检测分析显示，听力阈限正常，排除了中耳炎、耳聋、癫痫等不适合进行听觉统合训练的症状。

（二）研究方法

1. 观察法

观察记录个案在训练前、训练中、训练后的表现情况，利于评估个案训练效果，整理和总结经验。

2 访谈法

访谈个案的任课教师和家长，了解个案情绪、行为的特点和训练的进展情况。

3. 文献资料法

查阅相关文献资料，了解听觉统合训练的原理和方法，为研究找到更合理的理论支持。

（三）诊断评估

查阅入学诊断评估报告，个案行为评估量表显示他们的行为问题严重，社会适应较困难，伴有中、轻度智力障碍。通过记录听觉统合训练，全面反映训练前的表现和训练后的改变情况。其中，6例障碍程度较重，无语言，另外3名障碍程度相对较轻，偶尔会有自发性语言。

三、研究过程

（一）做好家长沟通工作

在进行听统训练计划前，先取得家长的理解和配合，带孩子到医院进行诊断、评估，排除有不适合进行听统训练症状的情况，上交训练的家长同意书。不仅老师认真做好观察记载，家长也时刻观察学生情绪、行为的变化，记录这些变化的时间、地点、持续时间等。

（二）观察记录

学生情绪、行为等观察记录分为治疗前、治疗中和治疗后。治疗前的观察记录需要从训练开始前半个月就开始，记录他们情绪行为方面问题发生的时间、地点、频率等，以及详细描述出每种问题的具体表现情况。治疗过程中所出现的变化情况都需如实记录，以便进行分析对比。训练后沟通家长进行观察，把治疗后所表现出的进步翔实记录下来。

（三）听觉统合训练实践

有文献资料显示，听力统合能力失调多是自闭症孩子的情绪、行为问题的原因，进行听力感觉统合训练是一个不错的选项。目前，听力统合训练技术在发达国家自闭症康复训练中有较广泛的研究和应用。

我校采用的仪器是"天朗之星数码听觉统合训练仪"，该仪器属于TL-2008PRO型第3.5代数码仪。该套设备包括主机1台、多碟播放机1台、红外线无线耳机2套、训练光碟20张。

每次训练的时间为30分钟，20次为1个周期。建议每天训练2次，连续10天，或每天训练1次，连续20天完成1个训练周期。如果每天训练2次，2次的间隔时间需达到3个小时以上，第一个周期与第二个周期需相隔半年以上。

常规情况下，仪器的声频调到4档，以后每次操作都不变。第一次至第十五次，把2000HZ的按钮调到-5保持不变，第十六到第二十次每次提升一个档位。其他频率的按钮都统一第一次为-3，第二次为-1，第三至第十次为0，第十一至第二十次每次提升1，到+5之后保持不变。个案在佩戴耳机的时候要注意左、右声道，分清楚每次所播放碟片的放置位置不一样。

在训练过程中，训练教师需要将个案每次训练时的表现情况记录下来，以便于及时对比个案的变化。同时，家长要注意在训练期间避免个案听刺激性较强的声音和做较激烈的运动。个案可能会出现烦躁不安等情况，这属于听统训练的正常反应。听觉统合训练产生效果的时间不确定，可能出现在训练过程中，也可能是在训练后数周或数月。

在训练期间，和家长做好沟通，完善好训练附表的记录工作，3个月后带回学校进行进一步的评估和咨询，确定下次进行听统训练的时间。

四、研究结果

（一）个案的行为问题有所改善

通过对记录的整理发现，在听统训练过程中，刻板动作、自伤等问题行为的发生频率相比训练前没有明显的改善。在训练后期，还会出现易怒、冲动等情绪，问题行为的发生频率也会有所提高。但是在训练结束几周之后，会发现问题行为的发生频率逐渐降低，情况比治疗前有了好转（见表1）。

表1 训练前后学生在校部分行为问题平均频率比较

时间	自伤行为	不服从行为	攻击行为	刻板动作
训练前	3.7	2.1	1.6	4.2
训练后	3.4	1.9	1.2	4.1

接受训练前，个案的问题行为时常贯穿整个课堂，甚至有时候连续几节课不分科目、场合等，不服从老师的管教。经过听统训练之后，问题行为发生的间隔时间逐渐缩短，对自己的情绪、行为能够有所控制。

（二）对改善个案生情绪有积极作用

在听统训练后期，学生的情绪会较多出现起伏、烦躁不安、冲动易怒等情况。训练结束几周后，个案发脾气的次数有所减少，比训练前变得安静一些。而且比较冲动的情绪容易得到安抚，课堂教学的环境变得轻松（见表2）。

表2 个案在校部分行为平均发生次数训练前后对比

时间	大声尖叫	过度兴奋	突然哭泣	无缘由紧张
训练前	1.2	1.6	0.9	1.3
训练后	1.1	1.3	0.9	0.8

（三）对个案的言语发展有积极影响

在言语方面，学生的口语、应用能力都有所进步。学生在训练中和训练后，会不知不觉地跟随音乐哼唱，课后经常自我哼唱训练中听到的旋律。有时候特别兴奋，还会说出"我喜欢"等语句，和着旋律添加自编歌词。

通过观察，那些原来没有语言能力的个案会发出"嘀嘀""额"等音调。训练前原本有语言能力的个案，训练后他们的语言长度增加，语言清晰度有所改善。

（四）个案在沟通交往方面有进步

自闭症学生缺乏同他人交流的能力，也缺少同他人进行交流的意愿。经过训练中的观察，部分孩子会通过口语或肢体语言表达自己的需求，不像以前那样强行索取他们想要的物品。有时候，他们还会出现同其他学生交流的迹象，但因为缺少交流的技能，往往没有成功。

（五）家长对听觉统合训练给予正面评价

家长和孩子一起相处的时间最长，最容易观察到个案情绪、行为所发生的变化。经过家长在训练前后的观察和评价，大都认为训练有一定效果，学生问题行为发生的频率有所降低。

五、研究思考

（一）听觉统合训练对听觉统合失调现象有一定改善

自闭症大多存在听觉失调现象，很多频率的声音对于他们属于"噪声"，影响他们的情绪、行为表现。通过听觉统合训练，可以一定程度上促进个案情绪、行为的改善，烦躁、冲动等情绪问题变少，利于他们的沟通交往能力的提高和正常生活的发展。

（二）听统训练可以作为自闭症康复训练的一种方法

自闭症的语言康复训练一直在寻找更有效的方法，可以尝试听觉统合训练同其他康复训练手段配合使用，促进自闭症患儿的言语康复训练。

通过两个疗程的训练，部分个案的问题行为有一定的改善。作为一种相对较新的自闭症康复训练手段，对自闭症康复有较理想的效果。和家长沟通后，在保留其他训练的同时，可以选择为孩子做一些听觉统合训练。

(三) 听觉统合训练的具体效果有待验证

自闭症是一种发育障碍疾病，一直没有找到具体的发病原因，也没有一种真正可靠的治疗手段出现。听觉统合训练只是作为治疗自闭症的一种尝试，通过聆听一组经过特殊调制处理的音乐来刺激患者的脑部活动，达到改善语言障碍、情绪行为失控的目的，对治疗儿童自闭症有一定疗效。但听觉统合训练对于自闭症康复的具体效果有待进一步在教育康复实践中验证，也需要更多医学研究提供理论支持。

参考文献

[1] 刘淑华, 郭海燕, 张绍燕, 等. 孤独症儿童听觉统合治疗的近期疗效研究[J]. 中国儿童保健杂志, 2005 (5).

[2] 林平光, 邓向红, 阎丽. 雨中起舞: 听觉感知统合训练[J]. 临床医学工程, 2006 (2).

[3] 罗丽如. 数码听觉统合训练治疗儿童行为问题的探讨[J]. 实用医学杂志, 2004 (2).

[4] 张朝, 方俊明. 听觉统合训练治疗自闭症儿童的单一被试研究[J]. 中国妇幼保健, 2012 (2).

[5] 姚梅玲, 赵悦淑, 祝秀梅, 等. 数码听觉统合训练治疗儿童心理行为问题效果分析[J]. 中国妇幼保健, 2006 (21).

[6] 邓永新, 郭俊峰, 徐小亲. 听觉统合治疗与孤独症儿童问题行为个案研究[J]. 中国民康医学, 2010 (23).

[7] 韦斌垣, 梁巧琦. 孤独症儿童听觉统合训练的疗效[J]. 中国实用医药, 2012 (4).

作者简介

陈小雕, 珠海市特殊教育学校教师, 曾获珠海市特殊教育班主任专业能力大赛一等奖、广东省特殊教育学校个别化教育研究优秀成果征集二等奖、珠海市特殊教育教师优秀教学设计比赛一等奖。本文曾获"全国特殊教育国家课程校本化岳麓高峰论坛"征文比赛一等奖。

游泳康复训练对脑瘫儿童心肺功能的影响*

樊永辉

脑性瘫痪简称"脑瘫",是自母体受孕开始至婴儿期,由非进行性脑损伤和发育缺陷导致的综合征,主要表现为运动障碍、姿势异常,常伴有认知、交流、感知等障碍。游泳康复训练作为水中运动康复的一种方法和手段被广泛应用于脑瘫儿童的康复治疗。研究显示,游泳训练对脑瘫学生的粗大运动功能和平衡能力的改善有较大的影响。侯晓晖等学者的研究发现,游泳训练可以改善脑瘫学生的步态(侯晓晖等,2010)。

一、研究对象与方法

(一)研究对象

某特殊学校在读的24名脑瘫学生,诊断和分类分型符合诊断标准。24名学生随机分为对照组和实验组,每组各12人。两组学生的具体情况如表1和表2所示。

表1 两组学生的基本资料

组别	例数	性别		年龄	智力分值	社会适应能力分值
		男	女			
对照组	12	8	4	10.23±1.86	53.92±16.02	70.00±13.83
游泳组	12	6	6	9.92±1.97	54.8±13.17	71.05±13.13

表2 两组学生的运动能力

组别	例数	GFMCS分级				GMFM-88	Breg评分
		I	II	III	IV		
对照组	12	2	6	4	0	218.75±27.21	40.67±7.85
游泳组	12	2	7	3	0	219.92±31.36	40.00±8.47

(二)研究方法

---

* 本文曾荣获珠海市2018年度教育教学优秀论文评选一等奖。

1. 实验法

对照组采用常规的康复训练方法,实验组在常规康复的基础上再进行游泳康复训练。

2. 常规康复训练

每日或隔日一次,训练项目为肌肉和关节的牵拉、体位转移训练、动作训练、器械训练。

3. 游泳康复训练

每周3~5次的游泳训练,为期4个月。在游泳前,志愿者一对一地指导脑瘫学生做一些肌肉的拉伸、关节的旋转等活动达到热身作用。游泳训练时,不同学生采用不同的、适合自己的游泳康复方法。

4. 评定方法

游泳康复训练前后,分别使用仪器对实验组和对照组的肺活量和安静心率进行测量,比较游泳康复训练前后两者的变化。

5. 文献资料法

查阅相关文献资料,为论文撰写做好充分准备。

6. 数理统计法

采用SPSS数据处理软件对数据进行分析和处理,各组数据采用$X \pm SD$表示,用T检验进行统计分析。

二、研究结果

(一)游泳康复训练前后肺活量变化

经过4个月的游泳康复训练,测量发现:在训练后,实验组的肺活量显著增加,与训练前相比,具有显著性差异($p<0.01$);对照组的肺活量变化不大,与训练前相比,不具有显著性差异($p>0.05$);对照组和实验组相比,具有非常显著性差异($p<0.01$)。具体数据见表3。

表3 游泳康复训练前后肺活量变化

组别	实验前	实验后	t	p
对照组	959.25±380.83	953.25±319.16	0.223	0.828
实验组	1061.75±389.43	1454.00±446.67	7.489	0.00
t	0.652	3.160	—	—
p	0.521	0.005	—	—

注:肺活量的测量单位为毫升。

(二) 游泳康复训练前后安静心率变化

经过 4 个月的游泳康复训练，测量发现：在训练后，实验组的安静心率呈现下降趋势，但与训练前相比，不具有显著性差异（$p > 0.05$）；对照组的安静心率则变化不大，与训练前相比，不具有显著性差异（$p > 0.05$）；实验组和对照组相比，不具有显著性差异（$p > 0.05$）。具体数据见表 4。

表 4　游泳康复训练前后安静心率变化

组别	实验前	实验后	t	p
对照组	88.25 ± 3.67	87.58 ± 3.51	1.232	0.244
实验组	87.16 ± 3.07	82.66 ± 2.46	2.574	0.196
t	0.784	2.406	—	—
p	0.441	0.206	—	—

注：心率的测量单位为次/分钟。

三、讨论与分析

水中运动康复主要是利用水的压力、阻力、温度等特性，通过作用于机体，达到缓解疲劳、降低肌肉张力、增加关节活动度，增强肌力，改善协调性，提高平衡能力等康复的目的。

(一) 游泳康复训练对肺活量的影响

肺活量是指机体进行一次尽力吸气后，再尽力进行呼气所能呼出的气体的总量，是评价一个人的心肺功能的重要指标。肺活量越大，机体的供氧能力就越强，反之则越小。肺活量的大小与机体的性别、年龄的大小、胸廓的大小、呼吸肌的强弱以及肺和胸廓的弹性有关。呼吸肌的力量越强，肺和胸廓的弹性越大，肺活量越大，反之则越小。人们在游泳时，机体对氧气的需求量增加，而游泳需严格控制呼吸的节奏，这就使游泳者不能采用增加呼吸次数来提高肺通气量的方法来获取大量氧气，只能依靠提高呼吸肌的力量与速度来获取更多的氧气来满足机体代谢氧需求，从而使呼吸肌的功能得到锻炼。同时，由于在水中水的压力使肺部在呼吸膨胀时遇到阻力，这样也使肺和胸廓的弹性得到锻炼。研究显示，游泳时人的胸部要承受 12～15 千克的压力，加上水温的刺激，机体的肌肉会发生紧缩，呼吸感到困难，这就迫使机体加大呼吸深度，进而锻炼呼吸肌的功能。此外，有研究显示，对肢体的传入神经进行适当的刺激，可以增加呼吸频率与深度，经长时间的训练后，受试者的肺活量会有相应的改变。游泳训练时，水的温度和压力也可以对训练者的皮肤感觉神经产生一定的刺激，致使皮肤产生的感觉神经冲动增多，使肺活量发生一定的改变。

本研究结果显示，在进行了4个月的游泳训练后，实验组的肺活量有了明显的增加，从训练前的 1061.75±389.43 毫升增加到训练后的 1454.00±446.67 毫升（$p<0.01$）；同时，实验组的肺活量（1454.00±446.67 毫升）明显高于对照组（953.25±319.16 毫升）（$p<0.01$）。在近4个月的游泳康复训练中，由于水的阻力、压力等因素的作用，脑瘫学生的肺活量得到了明显的提高。同时，在游泳康复训练中，水的压力和水温对脑瘫学生皮肤的感觉神经产生刺激，增加了学生的感觉神经冲动，致使脑瘫学生的肺活量发生一定程度的变化。

（二）游泳康复训练对安静心率的影响

安静心率是指机体在空腹不运动状态下的心率。安静心率可以反映机体机能状态和心脏功能。正常人的安静心率在 60～100 次/分钟。安静心率与个人的体质、年龄及性别有关。研究显示，在经过长期的运动锻炼后，机体的安静心率会下降。不同的训练项目对运动员的安静心率的影响也不同。耐力项目运动员的安静心率低于其他项目。游泳训练时，机体的耗能增加，机体的血液循环随之加快，供给机体的营养物质也随之增加。由于机体的血液循环速度加快，致使心脏的搏动加快，心脏射血量增加，心肌力量进一步增强。经过长时间的训练以后，由于心肌收缩力增强，心脏的每搏输出量增加，机体在安静时的心率也会降低。同时，在游泳时，由于体位以及水的压力的原因，血液易于回流到心脏，回心血量增加，造成心肌收缩的力量增强，每搏输出量增加，安静心率降低。研究显示，长期的游泳训练使心腔扩大，心肌收缩力增强，心输出量和心脏的贮备功能加强，导致在安静时的心率降低，心脏功能增加。同时，心脏功能发生良好的变化也可能与锻炼后迷走神经功能的改变有关。长时间的游泳训练使迷走神经的功能增强，导致机体的安静心率下降。

此次研究结果显示：在游泳康复训练前后，实验组的安静心率呈现下降的趋势，但是不具有显著差异（$p>0.05$）；对照组的安静心率没有显著性差异（$p>0.05$）；实验组的安静心率明显低于对照组，呈现下降趋势，但是不具有显著性差异（$p>0.05$）。由于脑瘫学生存在肢体运动障碍，他们在游泳训练时，肢体活动范围有限，运动强度有限，运动量较小，对心脏的刺激有限，导致安静心率虽出现下降，但不具有显著性差异。

四、结论与建议

（一）结论

游泳康复训练可以改善脑瘫学生的心肺功能，对提高肺活量和降低安静心率有一定作用，是改善脑瘫学生体质健康的一种有效的方法和手段。

（二）建议

在游泳康复训练时，我们发现游泳训练的项目较为单一，学生训练的热情不高，运动量较小。因此，在游泳康复训练中，可以增加游泳康复训练的内容和组织形式，提高学生的训练热情，并提高训练效果，达到快乐康复的目的。

参考文献

[1] 陈秀洁. 小儿脑性瘫痪的定义、分型和诊断条件［J］. 中华物理医学与康复杂志，2007，29（5）.

[2] 李初阳，侯晓辉，等. 游泳对学龄期脑瘫儿童的康复作用［J］. 中国康复理论与实践，2010，169（7）.

[3] 侯晓晖，等. Halliwick 技术对学龄期痉挛型脑瘫儿童步态的影响［J］. 中国康复医学杂志，2010，25（9）.

[4] 胡莹媛. 脑瘫儿综合康复：水疗的临床体会［J］. 实用儿科临床杂志，1993，8（5）.

[5] 宋美菊，刘静，孟晓慧. 水疗对痉挛型脑瘫患儿的疗效观察［J］. 中国实用神经疾病杂志，2006，9（5）.

[6] 董穗全. 实用运动生理学［M］. 北京：北京体育大学出版社，1997.

[7] 赵平，董敏辉，丁华. 游泳运动对中老年人肺通气功能的影响［J］. 沈阳体育学院学报，2008，27（2）.

[8] 简坤林，孙学川. 水中运动生理学［J］. 现代康复杂志，2001，5（1）.

[9] 左迎丽. 浅谈游泳的好处及教学中常见问题答疑和建议［J］. 中国对外贸易·英文版，2010（14）.

[10] 王瑞元. 运动生理学［M］. 北京：人民教育出版社，2002.

[11] 杜雷. 游泳锻炼10个月后青少年体质的变化［J］. 体育科技文献通报，2007，15（4）.

作者简介

樊永辉，珠海市特殊教育学校教师，曾获市精品课程二等奖、广东省康复论文大赛一等奖、个别化教育成果省三等奖，多次获珠海市教育教学论文评比一等奖、二等奖，并主持、参与多个省、市级课题。

珠海市随班就读特殊儿童全纳教育现状的调查研究[*]

杨 磊

特殊学生随班就读是实施全纳教育的主要途径，特殊儿童参与学校学习生活的现状直接反映了全纳教育开展的有效与否。本研究旨在挖掘特殊学生在普通学校融合出现的问题，提出政策建议，为特殊学生更好融合提供支持。

一、问题的提出

全纳教育是通过增加学习、文化与社区参与，减少教育系统内外的排斥，关注并满足所有学习者多样化需求的过程。普通学校是全纳教育工作开展的核心，也是实施全纳教育的主要途径。

本次研究以珠海市中小学随班就读的特殊儿童和特殊学校曾有随班就读经历的学生为研究对象。通过访谈特殊学生本人，探究特殊学生全纳教育的现状，提供改善全纳教育的政策建议。

二、研究对象和研究方法

在珠海市特殊教育学校选取5名特殊学生，包括2名轻度智障学生、2名视障学生（1名低视力学生）、1名听障学生。还选取了全市19名随班就读的学生。其中，9人有残疾证，持残疾证者被认定为智力残疾的有6人、精神残疾的有3人。

研究采取访谈法，访谈特殊学生本人（智障、自闭症学生需要家长协助访谈）均为无记名形式，以保证信息尽量完整、准确。

三、全纳教育中随班就读特殊儿童对教师的看法

（一）教师的关爱帮扶

通过调查发现，教师在教学中会根据特殊学生现状，适当降低对特殊学生的要求。教师对他们的评价较正向。如果特殊学生有了进步，也会及时评价。

相比高年级学生，低年级学生在学业上更容易跟上教学进度，他们的学习成就感相对较强。而小学高年级阶段，因为跟不上班级的教学进度，或者勉强跟得上教

---

[*] 本文曾荣获珠海市2018年度教育教学优秀论文一等奖。

学进度，部分特殊学生出现了厌学、弃学的心态。教师因为难以调节班上两种不同教学进度，在学业上对他们的关注和帮助会较低年级减少，转而将帮扶工作的重点放在个别辅导和学校生活的适应上。

（二）教师的教学设计能力

访谈结果显示，在集体教学中，教师教学设计针对性不足，较少根据特殊学生的能力确定教学目标，针对身心障碍特点照顾得比较少。部分特殊学生对课堂知识掌握得较差，较难理解教师的授课内容。例如，有的学生很难掌握10以内的加法，但是身处班级的普通学生却在学习乘除法等内容。

特殊学生如果在语文、数学、英语等文化课上跟不上所在班的教学内容，就很容易每天在课上无所事事，感觉很无聊。有的特殊学生说："我也很想学，老师也有教我，但是无论怎样都没法和同学一样。"在音、体、美、劳技等艺体技能课上，特殊学生反映参与度相比文化课好，也更能够从中体会到学习的乐趣。

（三）教师的教学执教能力

课堂上，教师对特殊学生缺乏特殊指导，与对待普通学生无异。有的特殊学生反映说，老师有关注他们。在集体授课中，由于特殊学生和普通学生学习进度差距显著，老师会给特殊学生一些简单的问题回答或者完成一些简单的任务。多数时间，教师都分身乏术，很难在完成班级教学任务的同时兼顾特殊学生的个性化需求。

教师给特殊学生布置的作业未体现差异性，与普通学生一样。访谈中，多数特殊学生表示可以完成作业，但是作业较难，需要家长的辅导；部分表示无法完成老师布置的作业。随班就读特殊学生反映说，老师有时也会安排家长在家辅导学习之前没跟上、落下进度的课程。他们感觉和普通学生差距越来越大，看到同学的作业如同在看"天书"。有的特殊学生访谈说，同班同学看到特殊学生在练习之前没学会的内容，有时会嘲笑他。所以，他平时的作业很少让同学看到，不想和别人比较。

（四）教师的教学评价能力

多数特殊学生反映他们都不参与排名。在分组学习时，自己所在的组往往会比别的组多一个人。自己在小组比赛中参与活动，但往往不影响小组的最后得分。对那些能跟得上学习进度的特殊学生，不参与排名让他们感觉不公平，感到被人另眼相看。对那些跟不上进度的学生，心理上比较坦然，也庆幸自己不参与排名，免除了倒数的尴尬。

特殊学生对学习有一定的抵触情绪，不爱学习。因为无法从学习中得到乐趣，特殊学生的厌学、弃学、逃学心态比较普遍。有的学生虽然学不会，但是还是十分认真努力，但由于经常受到挫败，在心理上存在一定的自卑、抑郁、强迫症状。

四、全纳教育中随班就读特殊儿童对同学的看法

(一) 优点

特殊儿童认为,大部分普通学生可以接纳、包容和帮助自己。他们能感受到和普通学生学习和生活的快乐。他们平时在家会很无聊,没有人一起玩,只能看电视、玩手机;来到学校,有同学和老师一起学习、一起玩,觉得充实。丰富多彩的学校生活,能接触到更多的人和事情,他们的心情会比在家舒畅,看到别人都上学,他们也会很想上学。

反馈表明,普通学生给特殊学生提供生活上的帮助,主要是提醒、暗示、指引、辅助,对于方法策略、心理调适等专业内容,就比较难提供帮助。普通学生帮助特殊学生都是在普通学生学有余力或者牺牲个人课余休息玩耍时间进行的。如果遇到普通学生在期末紧张复习或者状况不佳时,就心有余而力不足。

(二) 不足

特殊学生有时候会给普通学生带来学习和生活上的困扰。听障学生带来的困扰相对较少,自闭症和多动症学生带来的困扰相对比较多。例如,有的自闭症学生常表现为个性倔强、行为刻板,常常长时间专注于某种或几种活动,不肯改变其原来的习惯和行为方式。如果发生变动则会大哭大闹,比较难以适应新的环境。

也有特殊学生反映,有个别普通学生会奚落他们,指使利用特殊学生干坏事。例如,有的普通学生会教唆特殊学生破坏公物或者攻击其他同学,拿特殊学生受到老师的批评或者和其他学生冲突争执取乐。

五、对实施全纳教育的政策建议

(一) 教育行政方面的政策建议

教育行政部门要做好幼小、小中等不同阶段的转衔工作,保障有序过渡。目前,珠海市急需建立特殊儿童学校转衔档案,并由专门部门管理、联络协调特殊学生转衔工作,保障特殊儿童有序适应新学习环境。

加大特殊教育扶持力度,进一步投资建设一批资源教室,做到每校至少有一个资源教室。特殊学生较多的学校可以附设特教班,特殊学生较多的区域可以建设区域性特殊教育资源中心,做好多样化的安置和支持。将资源教室的运作监督权、选择权、参与权交给家长和特殊教育指导中心,做到物尽其用,真正发挥示范、引领、支持的作用。

(二) 学校管理方面的政策建议

学校要顺应时代发展的潮流,将特殊学生的全纳教育纳入教育任务体系中,配合上级开展全纳教育。在开展工作中,要注重立德树人、提升特殊教育教师的师德水平,加强教师对特殊教育专业知识的学习。在工作上注意提供资源支持,注意为

资源教师和班主任减压，适当减轻工作量、缩减班额，尽量为有特殊学生的班级提供一些合理的便利。

学校要负责选派合适的助学小伙伴，可以在理念、方法、手段等方面进行培训，为他们制定恰当可行、可操作的助学任务。学校需要注意在全校宣扬人道主义情怀，关心、关爱特殊学生，形成人人帮助特殊学生的良好校园风气。

（三）教师教学实施方面的政策建议

教师的教学要坚持个别化教育原则，为学生制定个性化的课程、教学、作业、课堂提问等。在教学上，教师需要对课程进行一系列的教材调整，使之符合学生现有水平。特别是语文、数学等文化课，更要特别注意补救教学。音、体、美等技能课，也是融合的重要场所，不能随意占用，更不能取消。

班主任要做好特殊教育宣导工作，教师要配合做好普通学生的引导。可以结合主题班会、生命教育课程、思想品德课程，引导普通学生关心帮助特殊学生，懂得感恩、关爱、友善，以带动班级学生的德育教育工作，提升随班就读特殊学生的学校适应水平。

参考文献

［1］陈莲俊，卢天庆. 在校大学生对残疾学生接受高等融合教育的态度调查［J］. 中国特殊教育，2006（12）.

［2］李江. 融合教育的实践与反思：基于一名轻度智障学生的个案分析. ［J］. 绥化学院学报，2016（7）.

［3］刘红云，董兴芳. 智障随班就读学生小升初转衔教育存在问题与解决策略［J］. 现代特殊教育，2014（5）.

［4］牛爽爽，邓猛. 融合教育背景下的残疾学生社会支持系统探析［J］. 中国特殊教育，2015，(9).

［5］谢骏. 随班就读学生心理问题解析［J］. 现代特殊教育，2015，(11).

［6］杨茹，邓猛. 融合教育背景下西方残疾学生家校合作的模式及启示［J］. 现代特殊教育，2016，(12).

［7］杨希洁. 随班就读学校残疾学生发展状况研究［J］. 中国特殊教育，2010(7).

作者简介

杨磊，珠海市特殊教育学校教师。曾任广东省教育学会生命教育委员会理事，先后被评为学校先进教师、先进班主任、优秀班主任、优秀指导老师，2013—2015年连续三年考核等次为"优秀"，曾获第二十二届全国教师教育教学信息化交流活动一等奖，全国第七届现代特殊教育论文评选二等奖，广东省中小学幼儿园首届"立德树人成功育人案例和论文"成果一等奖，2018年广东省中小学信息技术优秀教学论文、教学设计活动二等奖。

新课标背景下培智教师教学目标调整策略探析*

孙 强

2016年教育部颁布《培智学校义务教育课程标准》，2017年陆续出版统一的培智教材。在推广适应阶段，一线培智教师一方面喜于有了统一的课程标准与教材，另一方面却日渐困于统一课程标准与教材下出现的新难题。本文梳理总结了一线培智教师教学新难题，结合《特殊教育教师专业标准（试行）》第46点要求，分析新课标背景下培智教师教学目标调整的现实意义，探索有效的教学目标调整策略。

一、现状与问题

为支持本文研究，对粤东、粤西及珠三角共6所特殊教育学校从事培智教育的教师进行了调研。调研内容主要包含新课标与新教材的了解及使用情况、新课标对教育教学的指导意义及效果、新教材的使用情况及效果、教学目标思考4个方面。参与调研的培智教师涉及不同的学段，使用不同的教材，阐述了自身教育教学感悟。经过梳理与分析，总结出部分一线培智教师在统一课标与教材下教育教学的现状与问题。

（一）现状

特殊教育教师对新课标的颁布是十分期待的，它能为一线教师提供纲领性指引。受访对象均通过网络下载了全部的课程标准并做了阅读，但阅读程度不一，集中表现为：仅阅读自己任教学科的内容，阅读整体课标者偏少；阅读多为大致了解，原计划在实际教学中再进行详细解读，但实际因多种原因又没有做到详解。在教学目标方面，教师大多根据选定的教材直接进行目标制定，不会每一节课都参照课标进行设计。

教材方面，在日常教育教学过程中，学校教育教学多以集体课为主，个训课为辅。教材选择多样化，有国家统一的培智类教材，有不同地域出版的辅读类教材，有校本教材，有普校教材，有教师自编的教学内容。受访教师表示学校在配备国家统一新教材的情况下，都会选用新教材进行授课。对于新教材没有配备或配备不齐的科目，教师仍会根据学情自主选择教材，并根据教材的内容设计制定教学目标。

（二）问题

在新课标与新教材的推广适应阶段，一线的培智教师一方面喜于有了统一性的

---

* 本文获2020年第二届粤港澳融合教育论文征文三等奖。

标准与教材,另一方面却面临日渐出现的新难题。通过对调研对象的回答进行梳理,大致可以概括为以下 3 点问题。

1. 统一的课程标准难以满足培智班级学生的差异需求

新课程标准配备新的教材,较以往有很大的改变,整体性有了很大的突破。如三门生活类学科教材贯穿使用同样的人物角色,且人物角色更贴近学生真实色彩。在教育教学过程中,教材的可操作性变得更强。但反观现实,目前培智班级学生的学习能力层次差异是普遍存在的,对不同障碍程度学生进行差异培养目标的需求也越来越明显,在同一课程标准与教材指引下,教师设定的教学目标往往难以兼顾班级学生整体的差异需求。

2. 未出版统一教材的学科不能有效融合新课标与新教材

此问题主要集中在两个方面。一方面,一至三年级培智班级除生活语文、生活数学、生活适应 3 个科目外,其他科目仍没有统一教材。这导致了其他科目的教学难以与三大生活科目有效融合。虽然新课标对一至三年级的其他课程也进行了学习领域、领域目标的设定,但培智教师在课程标准与自选教材两者的比较中,更倾向于按自选教材进行教学目标设定。另一方面,一至三年级外的其他培智班级在开设的课程中仍面临无统一教材使用的情况,教师虽然有新课标做指引,但多样化的选教材现象仍然存在,依旧造成了不同年级课程与同年级不同课程间的衔接与融合问题,教师围绕新课标进行的教学目标活动变得难以丰富。

3. 培智教师调整教学目标缺少有效策略

作为特殊教育培智教师,对教学目标进行调整是业界都认可且认为有必要的。针对调整,一线培智教师也集中出现了两方面的问题。一方面,教师认可且认为有必要进行教学目标调整,但很少有教师会在结合新课标与新教材方面尝试调整策略;另一方面,教师在拟定教学目标策略时多以自身理论结构为准,缺少统一有效的策略指导。

二、需求与意义

要有效解决上述问题,一方面有赖于教育政策、课程标准、学科教材的进一步优化与覆盖,另一方面更需要一线教师开展"自救",以课堂为主阵地,实现自我调整来满足新课标与新教材的使用需求。

(一)需求

以一堂课的实施过程为框架,教师依托课程标准,结合教学进度,选取教学目标与内容,运用恰当的教学方法组织实际教学,最后实现学习评价。在此框架中,教学目标起承上启下的作用。它能承接课程标准的要求,同时对启用的教材内容、教学方法、教学过程、教学评价形成目标性指引。因此,要实现一线教师的"困难自救",从教学目标调整入手,成为最实际、最有效的方法。

(二)意义

培智教师开展教学目标调整对解决本文提出的问题具有引领与现实意义。

1. 以学生个别化教育目标为导向，满足集体课堂学生的差异需求

开展教学目标调整能使统一的课标与教材实现课堂教学多样化。目前，特殊教育主流采取小班额集体化教学，虽然班额小，但班内程度差异大，教师调整教学目标以学生的个别化教育目标为导向，做到贯彻执行国家统一的教育政策，同时，将课程标准与学生的个别化教育目标进行融合。

2. 以教材为指引，促进不同学科教学内容的有效整合

培智新课标实现了培智教育九大科目的统一标准，但配套只推出了一至三年级的生活语文、生活数学、生活适应三大生活科教材。就一至三年级而论，培智教师开展教学目标调整，可以有效促进无教材科目与有教材科目在教学上的融合。例如，在其他科目使用相同的主人公创设情境，以三大生活科教学内容为背景开发教学内容，开展相同教材因素下的学习评价等。就四至九年级而论，在教育部尚未颁发统一教材的情况下，可以通过教学目标的调整，实现年级之间教学内容的连贯性，同时，对课程标准的解析与实践更具科学性，可以更加有效避免无教材科目培智教师"各自执教"的情况，避免学生学习缺少系统性。

3. 以成果为强化，增强培智教师职业成就感

在缺少升学成绩、"得意门生"的特殊教育领域，教师的职业成就感较普校教师更难寻找，培智教师的职业倦怠也往往来得更加容易。通过调整教学目标，教师一方面能够开展更加有效的教学，得到直接的课堂反馈，同时可以在教学过程中通过学生成长、经验积累、总结成果等多种方式，不断提升自身职业成就感，实现从事特殊教育的职业幸福感。

三、因素与模式

开展教学目标调整是教师适应新课标要求、追求有效教学的需求，而在学校教育教学管理中，它又非硬性要求，这使调整工作成了教师的自发动作，缺少行之有效的策略方法。本文认为，有效开展教学目标调整有如下几点关键因素及策略。

（一）策略因素

1. 个别化教育目标

为了有效满足学生差异化学习需求，个别化教育成为特殊教育的一种"灵魂"式思路。个别化教育计划对学生进行了全面的评估，制定合适的长短期教育目标。现欲以集体教学的方式实现个别化教育的目的，要进行教学目标调整，以学生个别化教育目标为出发点，确定现阶段要实现的学生长短期教育目标，做到以目标定义课标。

2. 学科课程标准

《培智学校义务教育课程标准》中每个学科以学习领域、学段、目标内容为层级，照顾到了课程标准的学科特性、学段特性、内容特性。课程标准在目标内容上进行了广义描述，给教师进行目标选择留有了余地。教师开展教学目标调整时，以学生的个别化教育目标为出发点，可根据自身所教学科，在学科课程标准框架内将目标内容进行有效整合，做到选择学生所需的、教学可实现的目标内容。对于相同的目标内容，难度大的对其简化，不符合现阶段个别化教育目标的对其删减。

3. 生活情境

教育来源于生活，且服务于生活。培智教育更注重教育服务生活的功能开发，真实有效的生活情境是培智教育是否成功的保障。所有的教学目标均需转化到智力障碍学生的真实生活情境中加以试炼，以真实生活情境进行表述。

4. 教学内容

新教材的内容组织形式实现了高度统一，为实现教学目标提供了适合培智学生学习特点的内容安排，如图与词语的配对学习、形式多样的练习形式、不同时段的内容联系等。在设计教学目标时，一方面需考虑对新教材教学内容进行整合，对不同教学内容提出不同的目标要求，另一方面要考虑学科间的目标一致性，以已出版教材的学科作为目标制定的引领。

5. 三维教学目标

教学目标一般按"知识与技能目标""过程与方法目标""情感态度价值观目标"3个维度表述。将教学目标按上述3个维度进行专业表述是调整教学目标的最后一步，也是对教师考验较大的一步。按自身教学行政管理经验来看，教师对"过程与方法目标""情感态度价值观目标"的表述更容易出现偏差。这集中表现为：过程与方法往往侧重教师教的过程与方法，忽视学生的"基本学习方式和生活方式"；情感态度价值观往往侧重广义的生活需求，忽视培智学生的"人生态度、个人价值与社会价值的统一"。

（二）策略模式

综上所述，可总结出一套教师开展教学目标调整的策略模式，如图1所示。

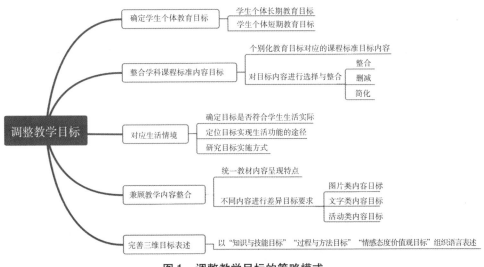

图1　调整教学目标的策略模式

此策略模式主要针对培智教师集体课堂中唯教材而教（忽略学生个体差异）和无教材而教（忽视学生教育需求）的两大问题。综合多方面因素，将个别化教育与集体课堂教学进行了有效融合，在新课标与新教材的背景下，实现集体课堂学生差异化教育需求，能为教师提供一种可以快速开展教学目标调整的策略思路，从而保障培智教育教学整体有效。

在实施中，教师一方面可以不断掌握策略模式，形成适合自己的教学思路；另一方面，可以就策略模式所需的专业知识不断进行自我提升。例如，学生长短期目标制定的方法与策略，整合课程标准的基础与能力，以学生视角开展生活实践的过程与方法，不同类型教学内容的特点与对策，教学目标表述的专业知识，等等。通过长期的实践与查补，最终实现特殊教育有效教学的目标。

参考文献

[1] 中华人民共和国教育部. 培智学校义务教育课程标准 [M]. 北京：人民教育出版社，2016.

[2] 张灿永. 科学教学中三维目标的制定与表述："为学生更有价值学习"而教 [J]. 课程教学研究，2020（3）.

[3] 陈奇娟. 从特殊教育需求评估到个别化教育计划：英国全纳教育的两大核心主题 [J]. 外国教育研究，2014（4）.

作者简介

孙强，珠海市特殊教育学校副校长，广东省特殊教育专业委员会委员，南粤优秀教师，珠海市名班主任。

特殊学校选修课实施的个案研究[*]

——以手工穿珠为例

邓乾辉　刘至彦

手工穿珠作为中国传统手艺之一,不仅是特殊学校教学的重要组成部分,也是学校选修课的重要内容,近年来受到越来越多特殊学校的重视。本研究采用个案、访谈、观察等研究方法,以手工穿珠为例来研究Y特殊学校选修课开设的现状,分析选修课的实施对特殊儿童发展的影响与作用,以及开设选修课的影响因素,最后提出特殊学校实施选修课要取得成效需要注意以下几点:一是重视学生在选修课过程中的主体性和创造性;二是加强家校沟通,适当提高学生家长参与选修课的积极性;三是提高对选修课的目的和作用的全面认识;四是增强选修课评价标准和尺度的系统性和可操作性等。

一、问题的提出

选修课是在各科教学大纲范围之外,丰富学生校园生活的一种教学选择,对学生进行的多种多样的教育活动。它是班级常规教学的必要补充和完善,是学校教育教学活动的重要组成部分。在高等院校或者普通学校选修课的实施早已得到广泛的关注,并日益完善,而针对特殊学校的选修课研究却很少。特殊学校注重培养弱智儿童以后的生活自理能力和独立性,并且通过适合身心发展特点的教育和训练,使弱智儿童在德、智、体方面获得全面发展。选修课的实施可以促进这些目标的实现,在选修课的实施过程中,特殊学生具有一定的自主选择权,处于主体地位,有利于培养他们的主体意识并发展他们的主观能动性。选修课不仅具有教育教学的作用,而且能提高学生的选择意识。选修课走班制的形式,是推动特殊学生全面发展的重要形式,同时选修课的实施也是提高学生职业技能意识、促进智力发展、增强学生适应社会生活能力的重要举措。

通过查阅文献发现,普通学校对选修课的研究比较多,而针对特殊学校实施选修课的研究较为匮乏。普通学校选修课研究主要围绕以下主题进行:选修课的构成要素(目标、场所、时间、内容),实施选修课的影响因素(人的因素、物的因素)。其中,人的因素包括实施选修课过程中的教师因素(教师能否胜任、教师参与的主动性、教师数量等)、学生因素(兴趣、动机、态度等);物的因素包括教室场所、设备、材料经费等。

---

[*] 本文曾获全国特殊教育国家课程校本化岳麓高峰论坛论文评选一等奖。

本文试图以手工穿珠为例，研究 Y 特殊学校实施选修课的状况，通过调查来分析开设手工穿珠课程的目的、作用、影响因素以及开设效果，分析实施过程中存在的问题，据此得出对特殊学校实施选修课的思考，以完善特殊学校选修课的开展，为今后特殊学校的课程教学提供更多选择。

二、研究对象与方法

（一）研究对象

本课题研究对象是 Y 特殊学校启智班的选修课程——手工穿珠。Y 特殊学校创建于 1989 年，是一所为珠海市智障、听障、视障和自闭症、脑瘫、多重残疾学生等残障儿童少年提供 12 年义务教育的综合性、寄宿型学校，隶属市教育局管理；现有 33 个教学班，学生 374 余人，教职工约 150 人；学校现有小学、初中和职业高中。学校自几年前开始选定几个程度好一些的中、高年级班级作为试点，进行选修课走班教学，选修课的时间为每周三、周四的下午，开设的选修课包括绘画手工、篮球、面点、手工穿珠、电脑、形体、健美操等，每一个课程包括上、下两个学期。其中，手工穿珠是目前实施时间比较长并取得明显效果的一个课程，学生的一些作品受到全校师生的一致好评。因此，我们选取手工穿珠这门选修课来分析特殊学校选修课开展的现状。

本课题的主要参与者包括手工穿珠班的胡老师、李老师（见表1）和手工穿珠班学生中的 5 名学生（见表2）。

表 1　珠海市 Y 特殊学校手工穿珠班老师简况

姓名	性别	教龄	专业特长	任教科目	其他
胡老师	女	18	手工、家政	手工、家政	学校档案室管理员，教学经验丰富
李老师	女	21	特殊教育	语文	语文学科组长，有较丰富的个训经验

表 2　珠海市 Y 特殊学校手工穿珠班学生简况

姓名	性别	年龄	症状	行为表现
黄某某	女	15	轻度智力障碍	能按老师的指令进行操作，模仿能力较好，手、眼、脑的协调配合能力较好
蓝某某	女	13	中度智力障碍	能按老师的指令进行操作，模仿能力一般，手、眼、脑的协调能力一般
郑某某	男	17	自闭症谱系障碍	能按指令进行操作，模仿能力一般，手、眼、脑的协调能力一般，需要适当的辅助
李某某	男	16	重度智力障碍	不能按指令进行操作，模仿能力一般，手、眼、脑的协调能力一般，凭兴趣穿珠
梁某某	男	17	脑瘫	不能按指令进行操作，模仿能力弱，手、眼、脑的协调能力差，只能直线穿珠

（二）研究方法

本课题研究主要采取质的研究方法，以个案研究的方式进行。以 Y 特殊学校的手工穿珠班为研究对象，就特殊学校选修课开展的情况，采取访谈法、观察法等方式进行深入调查。

1．访谈法

对 Y 特殊学校选修课手工穿珠班的老师进行一对一访谈。访谈的主要内容围绕开设手工穿珠的目的、影响因素及实施效果。先是对手工穿珠班的胡老师进行面对面访谈，然后再对另一位手工穿珠班的李老师进行访谈，最后再对访谈内容进行整理归纳。

2．观察法

对 Y 特殊学校手工穿珠选修课进行为期一个学期的观察，并做了详细的记录，重点选取其中的 5 名学生进行观察。观察采取参与观察和非参与观察相结合的方式，观察主要围绕手工穿珠教学中教师的引导方式、学生的具体表现以及手工穿珠过程中教师与学生、学生与学生之间的互动和交流的方式。

三、研究结果

（一）开设手工穿珠的目的和作用

开设选修课主要是为了满足不同程度的智障学生的不同需要，对必修课的内容有所补充、延伸、拓展或者提高。在访谈中，胡老师（从事特殊学校工作已有 15 年以上，是学校手工穿珠课程的主要负责人，曾经指导的学生作品《花瓶穿珠》获"同在蓝天下，有爱无碍"全国特殊儿童才艺大赛一等奖）认为，"手工穿珠的开设是受到学校的一个关于动手操作能力的研究课题影响"。在谈到开设手工穿珠课程的目的和作用时，胡老师认为"智障学生可以动手操作的活动课程本来就不多，通过开展手工穿珠，给他们提供一个可以玩、可以操作的项目也挺好"。

开设选修课可以丰富智障学生的快乐学习及团队意识。"通过手工穿珠可以培养智障学生的动手操作能力，让他们在相互学习、相互激励的环境下共同成长，让他们在成长中感受穿珠的快乐。"李老师则认为，"智障学生的专注力是不稳定的，通过手工穿珠的练习，可以让他们的专注力得到不同程度的改善"。李老师还认为，"让智障学生在一个手工穿珠的环境下学习，也有利于学生团队意识的培养，甚至为智障学生的职业发展创造可能性，但是也不能保证他们今后就有能力从事这项工作"。

总体而言，对于开设手工穿珠课程的目的和作用，从事手工穿珠教学的胡老师和李老师的认识都是根据自身的教学经验总结的，它可以提高智障学生的动手操作能力，对于他们专注力和团队意识的提高是有帮助的，甚至可以为智障学生的职业发展创造条件。

（二）手工穿珠开设的影响因素

1. 开设手工穿珠的场地

胡老师提出，"手工穿珠的场地也是影响学生手工穿珠水平的重要因素之一，以前手工穿珠在教室进行，需要搬穿珠的材料，比较麻烦，现在手工穿珠移到功能室来进行，整个手工穿珠的氛围就好了很多，对学生穿珠也有很好的促进作用"。

2. 从事手工穿珠教学的师资

手工穿珠教师的教学方法、穿珠的步骤及其对穿珠的审美方式都会对智障学生的作品产生一定的影响。胡老师认为，"作为穿珠的老师，自己一定要多去尝试动手穿珠，通过自己的实践为学生树立榜样，同时也是对穿珠方法的试验"。

3. 学校领导的态度

学校领导的态度也是开设手工穿珠课程的关键因素，正如李老师所说，"没有领导的支持，就很难把手工穿珠继续开展下去，因为穿珠材料的购买等费用，正是有了学校领导的支持，才能让我们的手工穿珠课程持续地开展下去"。

4. 智障学生的适应水平

智障学生的认知发展及其适应水平也是手工穿珠需要考虑的因素。胡老师认为，"不是所有的智障学生都可以把手工穿珠做好，有些学生由于身体条件及适应能力的限制，参加手工穿珠就显得比较困难"。

5. 家长的支持程度

家长的支持非常有利于智障学生手工穿珠的进步，李老师认为，"手工穿珠可以说是一项系统工程，如果学生的家长能够配合老师支持学生参与手工穿珠，并为其提供相应的指导，那就有利于学生手工穿珠水平的提高"。

6. 手工穿珠材料的选择

手工穿珠需要各种不同的穿珠材料，比如透明鱼线、绿色花秆和珠子颜色的选择等，这些都是老师需要考虑的事项。胡老师认为，"透明鱼线的精细及珠子颜色的选择，对于穿珠作品都有非常大的影响"。由此可以看出，影响手工穿珠的因素既有物的因素（如手工穿珠的场地、手工穿珠材料等），又有人的因素（领导、教师、家长和学生）。

（三）手工穿珠开设的效果

经过手工穿珠课程训练，手工穿珠选修课中的 5 名学生的具体变化情况如表 3 所示。他们参与手工穿珠均超过一个学期。从表 3 可以看出，在上手工穿珠课前除了黄某某有手工穿珠经验外，其他 4 位学生以前都没有接触过手工穿珠。经过一个多学期的针对性穿珠学习，他们的手工穿珠水平都有所进步，但是每个学生却表现出比较大的差异，其中有 3 名学生进步得很快，并且制作的手工穿珠比较好；另外两名学生目前只能穿直线珠子，仍不能穿出简单的穿珠作品。

表3　珠海市Y特殊学校选修课5名学生手工穿珠前后比较

分类	黄某某	蓝某某	郑某某	李某某	梁某某
手工穿珠前	有点经验	不会	不会	不会	不会
手工穿珠后	穿珠比较快，穿线流畅，会简单的穿珠作品	穿珠比较快，会简单的穿珠作品	穿珠比较快，有简单的穿珠作品，需要辅助	穿珠比较慢，只能穿简单的直线珠子	穿珠比较慢，只能穿简单的直线珠子
有利因素	语言表达能力强，模仿能力较好，手、眼、脑的协调配合好	模仿能力较好，手、眼、脑的协调配合好，善于学习	模仿能力较好，手、眼、脑的协调配合能力好	兴趣广泛，胆子大，勇于尝试	兴趣广泛，不怕失败，勇于尝试
限制因素	穿珠一板一眼，创造性的穿珠及想法不足	胆小，不善于勇敢表达自己的想法	模仿意识强，偶尔会穿错步骤	语言表达不清楚，穿珠动作比较缓慢	语言表达能力差，穿珠时手指发抖，稳定性差

　　黄某某是在手工穿珠过程中进步最快的，一方面由于她以前接触过穿珠，有一定基础，另一方面由于语言表达能力强，模仿能力较好，手、眼、脑的协调配合好，在手工穿珠方面学习得也比较快。正如胡老师所言，"黄某某在穿珠课上，穿珠时非常认真，而且还有较好的语言表达能力，不懂就问，学习穿珠的过程也是比较快的，她完成穿珠作品时，一般比其他同学要快一些"。黄某某的进步更多的是出于自身的内部原因（兴趣和好学）。

　　手工穿珠的过程中变化比较大的是蓝某某和郑某某。胡老师告诉笔者，"蓝某某是从普通学校转学到特殊学校的，胆子小，但是模仿能力较好，手、眼、脑的协调配合好，善于学习"。据笔者在手工穿珠课上的观察，蓝某某在课堂上表现得很安静，很少向老师提问题，更多时候是看老师的语言提示及穿珠示范，蓝某某的进步更多的是出于自身的内部原因（兴趣和善于学习）。李老师说："郑某某，穿珠比较快，模仿能力较好，偶尔会穿错步骤，但是在辅助下会简单的穿珠作品，比起她来的时候进步是非常大的。"

　　关于李某某和梁某某这两位同学，胡老师有如下的评价："李某某和梁某某两位同学的语言表达能力都比较弱，穿珠的稳定性比较差，在穿珠的过程中，经常会把珠子掉到地上，他们都需要较多的辅助才能把珠子穿好。""李某某本身兴趣广泛，胆子大，勇于尝试，但是穿珠速度缓慢。""梁某某也是一个喜欢尝试的学生，穿珠很积极，但是穿珠时手指发抖，精细动作发展比较缓慢，稳定性差，需要老师的指导和监督。"他们的变化更多的是出于外部原因（老师的指导和监督）。

四、结论与启示

（一）关于特殊学校开设选修课目的和作用的思考

开设手工穿珠课可以提高智障学生的动手操作能力，对于他们专注力和团队意识的提高是有帮助的，甚至可以为智障学生的职业发展创造条件。除此之外，它还可以开发智障学生的智力与潜能，增强智障学生学习和生活的情趣，同时还是一项具有新型环保和低碳生活理念的一种技能。

特殊学校的特定任务是通过教育、教学和训练，矫正和补偿智障学生的身心与缺陷，发展他们的智力和能力。而作为学校教育教学重要组成部分的选修课，如何通过每周的选修课时间的教学，在实现对智障学生穿珠技能提高的同时，让他们在专注力和团队意识、手工穿珠的职业发展前景以及新型环保理念的灌输方面有所进步，这都是今后需要考虑的因素。在特殊教育发展大环境下如何通过选修课活动使特殊学生更好地成长，是一个值得进一步思考的问题。

在开设手工穿珠选修课过程中，突出的问题是手工穿珠教学的系统性不够强，每个星期学生学习穿珠的时间不足，对手工穿珠作用的考虑只局限于一门教学课程，忽视了手工穿珠对智障学生身心成长以及职业发展的作用。由此，笔者认为，特殊学校在设定选修课的目的和作用时，需要加强对短期目标与长期计划的统筹，同时，适当调整选修课的时间分配，充分挖掘每个选修课的作用，使选修课课程向高质量、优品质发展。

（二）关于特殊学校开设选修课的影响因素的思考

在手工穿珠开展过程中容易忽视智障学生的主体性，存在着角色地位的不平等。即以教师的意志占主导，学生只是作为执行者，手工穿珠开展的过程中忽视学生的主体地位。智障学生的穿珠水平在一定程度上决定了他们在手工穿珠上的自主性和创造性。据笔者的观察，现阶段这些学生的手工穿珠技能较差，想要很好地发挥学生的主体地位，还有比较长的路要走。因此，在手工穿珠的教学中，教师如何去激发和培养学生手工穿珠的主体性和创造性，都是需要进一步探究和解决的问题。

智障学生家长的参与度不够。在手工穿珠教学中家长不应该是消极的配合者，而应该是积极的支持者和合作者。尤其是在学生手工穿珠时间并不充分的情况下，可以适当地带动学生家长的参与来提高手工穿珠选修课的效果。1994年6月通过的《萨拉曼卡宣言》指出：家长和教师应共同分担有特殊教育需要的儿童的教育。学校选修课作为特殊儿童教育的重要部分，自然不能忽略家长因素。学校在开设选修课的过程中，可以与选修课的学生沟通好，让学生在学校和家里共同进行学习。通过家校共同努力提高选修课的效果和质量，让家长能够扮演好积极的支持者和合作者的角色，这也是很值得尝试的举措。

（三）关于特殊学校开设选修课效果的思考

手工穿珠的效果评价存在的问题是评价维度单一，即手工穿珠的效果评价只集中于学生是否会穿珠，对于学生穿珠的快慢、穿珠作品的美观和艺术性并没有一个系统的评价标准。这只停留在手工穿珠这门课程的表面，仅仅把手工穿珠当成是一门选修课程而已，没有具体的评价体系，更没有针对手工穿珠的目的和作用进行深入评价。之所以存在这样的问题，笔者认为，一方面主要是由于针对手工穿珠的目的和作用进行评价难度比较大，也没有可供参照的评价标准和尺度；另一方面，Y特殊学校对于全校的选修课也没有一个可以参考的评价标准，既没有过程评价，也没有结果评价，更多的只是把它当成是一门选修课，只要学生能去上课学习就行了。

因此，特殊学校在开设选修课时，需要有一套与选修课目的和作用相配套的评价标准和尺度，或者相关的检核表，让评价更加具体可操作，使选修课的评价有章可循，这样才能更好、更全面、更客观地评价选修课的效果，让今后的选修课的开展能更科学、更合理、更有利于特殊学生的成长。

参考文献

［1］朴永馨. 中度智力残疾教育的几个问题. 培智学校教学文萃［M］. 北京：人民教育出版社，1997.

［2］鲍洪霞. 穿珠的制作［J］. 职业教育（下旬刊），2016（7）.

［3］方德溥. 特点突出的弱智学校教学大纲：对全日制弱智学校（班）七科教学大纲的认识. 培智学校教学文萃［M］. 北京：人民教育出版社，1997.

［4］韩梅. 特殊教育学校家长参与情况的研究［J］. 中国特殊教育，2005（9）.

［5］黎龙辉. 英国家长参与特殊儿童教育的评介［J］. 中国特殊教育，1999（1）.

作者简介

邓乾辉，硕士研究生，珠海市特殊教育学校特殊教育高级教师，参与多个省级、市级课题，参编《特殊儿童心理学》《国外特殊教育学基本文献讲读》等著作，曾获中国教育学会优秀论文二等奖，广东省计算机软件评审课件制作一、三等奖，被评为珠海市直教育系统优秀党务工作者。

刘至彦，华中师范大学特殊教育专业毕业，现任学校教务处副主任。参与多个省级、市级课题。曾获广东省计算机软件评审课件制作一等奖。撰写论文多次获省、市论文评比一等奖。

培智学校校本课程建设的支持体系研究[*]

晏荣祥

随着课程改革理念在特殊教育领域的不断深入,各地特校都在不断探索适合本特校发展的方法、策略。校本课程的开发是当前特校发展的一条前景可观的路。本文从课程支持的角度出发,从众多文献资料中了解培智学校校本课程建设的支持体系,探讨培智学校校本建设的现状及存在的问题,为建设培智学校校本课程的支持体系提供具体可行的方法。

一、研究的背景及意义

(一)研究背景

2014年,教育部等七部委发布了《特殊教育提升计划(2014—2016年)》,将"研制并颁布盲、聋和培智三类特殊教育学校课程标准"作为重要任务,并于2016年年底发布了培智学校的新课标。新课标为培智学校的教学内容提供了清晰明确的方向,但具体到各地区、各学校的实施时,会有所区别。教学应"以学生为主体",特殊学校的学生具体情况都是不同的,实施的情况也是不同的,因此,各特校开发校本课程时,在不脱离新课标的情况下,开发符合自己特校发展、适合本校学生的校本课程,显得尤为重要。

(二)研究意义

校本课程开发的前期评估、开发过程中可能会产生一些问题,以及后续的实施,都需要专业的人员及资源支持,因此,培智学校的校本课程开发需要有一套完备的支持体系。本课题的研究了解了现有的课程支持体系,分析现状,针对现存在的问题建构符合现阶段培智学校校本课程开发的支持体系,对培智学校的校本课程开发有现实的指导意义。

二、校本课程建设的支持体系的主要内容

(一)学校的支持

首先,学校的行政部门应对有关校本课程开发的一系列问题进行商议与决策。在校本课程开发前,学校应进行考察、研究,确定开发什么样的校本课程,该如何开发这样的校本课程,这两个问题的提出,为该校校本课程的开发提供了大体的方

---

[*] 本文荣获2019年清远市清城区优秀教育教学论文二等奖。

向。其次，在一系列先决条件的关键问题达成一致后，再对进行校本课程开发的人员进行确定，为照顾到特殊儿童不同方面的障碍、缺陷以及发展需要，校本课程涉及的方面众多，因此，学校应安排、协调好进行校本课程开发的人员。最后，学校还应提前做好应对紧急情况的预案。

校本课程开发主体是教师，学校应对进行校本课程开发的教师进行支持。为开发校本课程的教师解决后续保障问题，使其能全身心地投入到校本课程的开发中。

（二）政策的支持

1999年，《中共中央国务院关于深化教育改革全面推进素质教育的决定》开始推行"三级课程"，"三级课程"即由国家、地方、学校组成的三级管理课程。自此，国家将课程开发的权利下放到了地方及学校，这给了校本课程的开发极其肥沃的土壤。因此，政策的支持对校本课程的开发的影响是不可忽视的。除了国家的政策支持，地方政府也应积极为当地校本课程开发工作制定相关规定，为校本课程的开发提供政策上的支持，保证校本课程的顺利开发。

（三）家长的支持

开发校本课程最终是要让学生受益的，家长在校本课程开发的过程中应理解学校及教师的工作，积极配合校本课程的开发。家长在校本课程的建设中起到了桥梁的作用，代表家庭与学校进行良好的沟通，在编写校本教材时，也应充分考虑到家庭的诉求。

三、当前培智学校校本课程支持体系建构的现状

（一）教师难以胜任开发工作

教师是建设校本课程的主体，然而目前许多培智学校都在起步、探索的阶段，教师的任务较普通学校的教师更繁重，除了基本的授课任务外，还要时刻关注学生的状态。还有较多培智学校的特殊教育的专业教师是缺乏的，而有编制的岗位更是少之又少，因此，落在特教教师身上的任务就更重了，常有一位教师身兼数职的情况存在。在这样的情形下，教师在工作期间参与校本课程开发的时间是极为有限的，只能利用业余时间来进行校本课程的开发，而这并不利于教师的教学与校本课程的开发。

（二）国家与地区的支持相对薄弱

国内目前关于特殊教育、关于培智学校方面的相关政策、法规并不完善，无法为培智学校校本课程的开发提供法律支持与保障。教育部门没有为培智学校的校本课程开发提供课程论证、课程目标和课程大纲，使培智学校的校本课程开发没有明确的方向。

国家提出了"国家课程校本化"的方针，但并没有建立完整的支持政策，没有为国家课程的校本化做出相应的支持，使部分资源、实力等相对较差的培智学校难

以维系本校校本课程的开发工作。

（三）特校间缺乏联系，各自为战

相对于校本课程发展得较好的广东省东部地区而言，在国家《特殊教育提升计划（2014—2016年)》的引导下，人口达到条件的地区新建了许多特殊学校，但由于学校的起步晚，经验相对缺乏，还处于探索自身发展的时期，因此，学校间交流、合作较少，造成了本校的校本课程缺乏特色，开发的校本课程与其他学校的重复度高，增加了本校的人力、物力、财力的支出。

四、培智学校校本课程支持体系的建构

（一）提高开发条件，解决教师的后顾之忧

学校应为参与校本课程建设的教师提供良好的开发条件及环境，使教师能全身心地进行校本课程的开发工作。学校为优秀的、专业的、有能力进行校本课程开发的教师提供编制岗位，建立人才吸纳制度，吸引外地优秀特教教师参与本校的校本课程开发，提供薪资补贴，校内修建的教师住房方便了外地教师，有利于外地教师的常驻，也能减少本地优秀教师的外流。

为进行校本课程开发的教师，留出足够多的时间进行校本课程开发，对于有班主任任务的教师，配备助理班主任，减轻教师带班的压力。在课程教学任务的安排上，应进行选择，让参与校本开发的教师有机会接触不同类型、不同年级的障碍学生，有利于增强教师对障碍学生的理解，从而更好、更有针对性地编写校本教材。

（二）加强各方面的管理，进行有效的引导

国家应主动承担起培智学校校本课程开发和修订的责任。组织特殊教育和校本课程开发的专家、学者，做好培智学校校本课程的开发工作，使校本课程的开发能紧跟政策，紧跟时代的发展，切合国家的教育大纲及培养目标。

地方政府应积极响应国家号召，关注本地特殊教育的发展，组织团队对校本课程开发的培智学校进行巡回指导工作。

（三）建立特校间的合作机制，资源共享

各省、市的教育部门可积极联系该地区的培智学校，建立合作机制，形成资源中心，将各自研发的校本课程转变成可以共享的教学资源，使培智学校的校本课程的价值和效果最大化。这样既能降低校本教材的重复率，也能减轻培智学校独立开发校本课程的困难，减轻负担。各特校分工合作，加强协作，提升校本课程的系统性和层次性。

五、结论及后续研究建议

本研究对培智学校校本课程建设的支持体系进行了研究，为建立校本课程的支持体系提供了经验和理论指导，各地的培智学校可依据此基本的支持体系框架结

构，扩充其中的内容，不断完善本校的校本课程支持体系。本研究主要针对的是培智学校，而特殊教育还包括听障教育和视障教育，后续可进行这两个方向的研究，帮助聋校和盲校的校本课程建设，服务不同类型的特殊学生。

校本课程的建设是目前特殊学校发展的重点，除了支持体系的建设外，培智学校校本课程开发的内容、教师在开发校本课程过程中可能存在的问题、培智学校怎么通过开设校本课程形成自己的特色、校本课程后续如何有效地实施等问题，都是研究者在今后的工作和学习过程中进一步要研究和探讨的问题。

作者简介

晏荣祥，清远市清城区特殊教育学校康复训练教师，综合二（二）班班主任，从事特殊教育行业5年。擅长班级教学与管理，大肌肉与小肌肉训练、手部精细动作训练。

浅谈如何提高智力障碍学生学习音乐的兴趣*

林伯慧

音乐课在培智学校中能够调动学生多感官发展,激发学生的学习兴趣,让学生获得基本的音乐知识与技能,提高学生动作的灵活性、协调性,培养良好的行为习惯,是促进学生身心和谐发展的重要部分。本文从现状、阻碍的主要问题、如何提高这三大方面来谈一谈如何提高智力障碍学生学习音乐的兴趣。

一、智力障碍学生学习音乐的现状

智力障碍是指大脑由于器质性损伤或遗传因素的染色体畸变、基因突变等,导致智力明显低于普通人水平,并显示出适应性行为的障碍。由于智力障碍学生自身智力的限制,对逻辑上的知识难以理解。每个智力障碍学生智力发育的情况不同,残疾类型也多种多样,使他们上课的情绪的状态会由兴奋到游离。

二、阻碍智力障碍学生学习音乐的主要问题

(一)学生残疾程度不一,智力水平参差不齐

由于智力障碍学生的大脑皮层受到不同程度的损伤,造成他们智力低下、反应慢等生理特点,因此,不同程度的学生对学音乐有不同的反应。例如,上课思想不集中,注意力极容易分散;情绪不稳定,自控能力差,缺乏学习自觉性;嗓音不统一,唱歌喊叫,长时间学不会一首歌曲;意志力薄弱,缺乏坚持克服困难的毅力;等等。

(二)培智音乐教材的限制

当前,全日制培智学校义务教育实验教科书制定的内容比较难,对现今的智力障碍学生起不了大作用。比如,一年级上册第二单元选歌《妈妈的吻》,歌曲的内容、节奏等过于深奥。给任课老师加深了教授的难度,若跳过学习歌曲的基础知识,直接学唱歌,并无多大意义。

(三)音乐教师技能与态度

音乐教师的专业技能与态度并不是指音乐教师对学习音乐本身的技能,而是指在特殊教育学校里,面对智力障碍类学生的课堂教育教学技能。部分音乐老师应对课堂的特殊情况不够机智,在应对普通学生和特殊学生时容易出现的各种矛盾,如

---

* 本文荣获2019年清远市清城区优秀教育教学论文评选一等奖。

沟通、交流等方面的问题，导致教师感到压抑。

有许多老师认为在特殊教育学校，面对智力障碍的学生，只需看顾好，这个教学态度是错误的。特殊学生更需要感受轻松欢乐的课堂，结合歌唱、跳舞、律动、节奏等不同形式来学习，教师要能在音乐的课堂上协助他们完成康复训练。

（四）音乐教学法

特殊学校的音乐课是开展培智学校素质教育、实施美育的重要课程，对于开发培智学校学生潜能、促进身心和谐发展、提升生命质量具有重要意义。学习基本的音乐知识，能让学生获得基础的音乐能力，提高他们的听觉、认知、语言、动作、沟通交往的能力，实现音乐课在育人过程中的教育和康复功能，达到愉悦身心、陶冶情操、健全人格的效果。因此，合适的音乐教学法显得尤为重要。

三、如何提高智力障碍学生学习音乐的兴趣

音乐教学是一门艺术，它借助声音这一物质材料建立一个音乐世界，作用于人的听觉，进而在人的情绪情感和思想境界上达到某种沟通，作用于心灵。它要求音乐教师勇于进取，勇于创造，积极探索，采取多种多样的教学形式，灵活多变的教学方法来激发智力障碍的儿童在学习中的主观能动性，创造愉快的音乐课堂使智力障碍的孩子能在动中学、玩中学、乐中学，在学习的过程中矫正并补偿他们的生理、心理缺陷，让每个智障儿童都健康成长。

（一）运用多种形式的教具引起兴趣

由于智力障碍的学生先天的原因，在上课时思想不能集中，注意力极容易分散，还会出现情绪不稳定、容易冲动等各种问题。因此，在上音乐课的时候，选择形式多样的教具来吸引学生，对特殊儿童特别有用。

在《快乐学音阶》这一课中，笔者准备了彩色小铝板琴、代表每个音高低的不同彩色卡片、音阶的简谱数字卡片以及利用媒体制作的动画形式的课件。将这些教具分不同课时进行教学，这样不仅能加深学生对音阶的认识，还能让学生保持对课堂学习的期待，大大提高了学习音乐的兴趣。

在课堂上，笔者首先展示多媒体动画课件，吸引学生的学习目光。在教学的过程中，加上彩色小铝板琴，每个颜色代表不同的音，加深学生对每个音的记忆，彩色铝板琴发出的声音还能紧紧吸引着学生的上课注意力。接着运用鼓励式的语言对学生进行提问，邀请每位学生都积极举手来模唱，在笔者边敲彩色铝板琴边唱出相应的音后，让学生跟着笔者边敲边唱。若他们忘记，笔者在旁边做提示，加深他们对每个音的认识。这样既可以让学生的注意力集中在铝板琴上，还能发展每一个智力障碍学生的语言发音。最后，在学生基本整体认识到每个音怎么唱之后，笔者出示音阶简谱卡片，运用"找朋友"游戏形式来让学生认识音阶。运用多种多样的教具形式来学习，不仅能让学生学会认、唱音阶，还能帮助智力障碍学生得到一定的

语言、认知等方面的康复训练，大大提高了学生学习音乐的兴趣和积极性。

（二）运用游戏的音乐活动来引起兴趣

孩子们的天性是喜欢玩的，在玩的过程中，智障儿童获得的快乐也是一样的。因此，面对智力障碍类的学生，可通过音乐游戏，调动学生的学习兴趣，提高学生的听觉、节奏感、音高感、结构感、创造性等方面的音乐能力。

在学习《大鼓与小铃》这一课时，由于这一课是跟打击乐有关的，笔者设计了游戏活动来增加课堂上的学习气氛。出示大鼓和小铃两种教具，把学生分成两组，一组拿着大鼓，一组拿着小铃，用"成语接龙"的模式让学生跟随音乐的旋律一起轮流进行演奏，这样不仅激发学生的表演欲望，积极地调动学生上课的积极性，还对学生的听觉、视觉以及锻炼肢体动作的协调性有大大的辅助作用。

（三）运用奥尔夫音乐教学法来引起兴趣

奥尔夫音乐治疗是在奥尔夫音乐教育的基础上发展起来的音乐治疗方法，随着奥尔夫音乐教学法的推广和运用，其基本理念和技术也已经被广泛应用到世界各地的特殊儿童音乐治疗当中。

奥尔夫强调音乐可通过拍掌、跺脚、行进等最原始的人体动作被娱乐性、艺术性地呈现，从而带给儿童身心的欢乐。奥尔夫将说、动、唱、奏结合，使儿童可以在音乐中用多种方式来表现自己的内心感受。

在《开火车》中，运用肢体动作伴随音乐，按节拍、节奏做出简单的动作来表现音乐。在这一课中，笔者让学生在基本熟悉歌曲旋律节奏后，在每一句的"轰隆隆隆响"中轮流加入拍手、拍腿、跺脚3个肢体动作。当学生能独立听音乐、做动作时，他已经融入这个音乐课堂中，这样充满活力、欢乐的课堂能大大地提高智力障碍学生学习音乐的兴趣，而且还能发展学生的动作协调性、音乐表现能力和创造能力。

（四）课堂上注意分层次教学

每个智力障碍学生的障碍程度都不同，要根据每个学生的情况来制定个人教学计划，进行分层教学。教师选择适合每个学生特点的学习方法来有针对性地教学，激发学生学习的兴趣。让每一个学生都能学有所得，发展自身各方面的能力。

在《开火车》一课中，笔者按照教学计划把学生分成3个层次，对不同程度智力障碍学生提出不同的要求。A层学生的语言、肢体动作等发展得比较好，能独立完成律动；B层学生注意力不够集中，动作能力等相对差一点，能在老师的提示下完成律动；C层学生需要手把手进行教学，让他们感受音乐课堂的欢乐气氛。根据不同的教学目标不同程度地展现音乐的美，从而增加学生对音乐课堂的兴趣。

（五）多赞美学生，使学生获得成就感

成就感是每个人都具有的高级需要，也是增强学生自信心的重要因素之一。自信心是在长期不断的成就感的获得中建立起来的，因此，培养学生成就感是音乐课

程的使命与责任之一。尤其对于智力障碍的学生，他们更需要得到他人的肯定，以树立自信心。在音乐课堂的教学设计中，创设问题场景，激发学生成就感；安排音乐游戏活动，让学生直接获取成就感；在学生独立表现时，及时进行表扬，给予肯定，使其获得成就感。

四、结束语

总而言之，提高智力障碍学生学习音乐的兴趣在培智教育中是不可缺少的部分，因其能使学生的潜能得到开发和功能限制得到改善，在各教学内容和环节中渗透康复理念，促进学生听觉、语言、动作能力等方面的改善，培养学生的表现能力、沟通能力、合作意识，为学生更好地参与社会、融入社会提供帮助。

参考文献

[1] 黄先文. 音乐治疗理论与实践［M］. 长春：东北师范大学出版社，2017.

[2] 朱则平，廖应文. 音乐课程标准解读［M］. 武汉：长江文艺出版社，2002.

[3] 陈莞. 中国特殊教育领域中音乐治疗的发展现状［J］. 中国特殊教育，2002（1）.

作者简介

林伯慧，清远市清城区特殊教育学校教师，从事特殊教育3年，专职于唱游与律动课。

智力障碍儿童运动能力训练方法的研究*

姜 月

运动能力，指人参与运动和训练时所具有的能力，是人的身体形态、素质、技能、机能和心理能力等因素的综合体现。儿童运动能力的发展包括两大部分：一是躯体运动，也叫大肌肉运动，主要负责控制身体；另一个是精细运动，也叫小肌肉运动或随意运动，主要负责控制肌肉运动的准确性。

一、智障儿童运动能力的重要性

（一）大肌肉运动能力对智障儿童的重要性

大肌肉运动能力的良好发展，可以显著地提高智力障碍儿童的身体素质，为其完成感觉统合领域的训练，提供充足的条件及必备的基础，还有利于智力障碍儿童依靠身体运动能力的提升，从而更好地形成其生活自理能力，使其适应当代社会的生活环境，方便其更好地融于社会，回归主流社会。

（二）精细运动能力对智障儿童的重要性

精细运动能力的良好发展，会使智力障碍儿童的协调能力得到显著的提高和发展，智力障碍儿童可以根据提示和指引做出精确而准确的动作，并且精细运动的良好发展也可以促进智力障碍儿童的感知、记忆、思维等方面的良好发展，为其能够适应社会，做到生活自理能力的提高，使自己能得到全面的发展提供了充足而必要的有利条件。

二、对智力障碍儿童运动能力训练的方法

（一）大肌肉运动能力的训练方法

大肌肉运动能力共分为两大类：一类是人类活动的基本动作，如抬头、翻身、坐、爬、站、走、跑、蹦、跳等；另一类是技巧性动作，它需要依靠人的平衡协调能力，如走平衡木、骑自行车、拍球等。

1. 基本动作训练

头部控制主要是通过刺激特征，如采用活动的、色彩鲜艳的或者发出声响的明显物体逗引儿童转动或者抬起头部，或者成人用双手提起儿童或者托住其胸部慢慢

---

* 本文获 2018 年清远市清城区优秀教育教学论文二等奖。

抬起，以此来增加儿童的颈部肌力，从而提高儿童头部的活动力。对智力障碍儿童进行头部活动训练时，注意不要训练过度，注意安全，应该在相应技术支持下进行训练，不要对颈部造成不正当的伤害。在儿童的能力得到提高时，家长应该给予鼓励和支持。

　　智力障碍儿童可以通过"坐"来训练其肌力，特别是颈部肌力和腰肌，以便儿童能够尽早控制自己的头部，使其头部不会随意地向前下垂或者后仰，使儿童学会平衡。因此，家长可以借助一些辅助物来帮助其坐起，或者在家长的帮助下儿童自己能够慢慢坐起。在儿童坐起头能保持平稳后，家长可以利用拉动儿童坐起的动作来训练儿童的头部主动向上抬起。

　　在家庭里，针对儿童爬行的训练方式有很多种，可以训练儿童由低处向高处爬行，或者家长可以设置障碍，让儿童围绕、躲避或者越过障碍进行爬行。在家里客厅收拾得足够安全和卫生的情况下，可以让儿童进行桌底爬行，或者设置路线让儿童沿线爬行。但在儿童进行爬行之前一定保障场地足够安全，不要磕伤儿童。智力障碍儿童学习爬行的过程存在一定的难度，家长一定要及时指导，个别情况可以使用辅助物。

　　在家庭当中对于智力障碍儿童训练站立的方式有很多种，可以在浴缸或者游泳池中训练儿童在水中站立，也可以借助辅助物或者父母帮忙进行练习站立。在训练过程中，要根据智力障碍儿童的实际情况，调整训练时间和训练强度。

　　在家庭中训练"走"时，家长要常常鼓励智力障碍儿童，协助他们在行走的过程中努力克服害怕摔倒的心理，家长通过教导来训练他们短时间内把身体的全部重量放在自己的一条腿上。家长可以借助辅助物，让儿童练习上坡走、下坡走、直线走、曲线走，或者带领儿童一起进行上下楼梯，在训练"走"的过程中家长一定要保证儿童的安全，确保儿童不会摔倒，这可以增加儿童行走的信心，有助于对"走"这个运动能力的训练和提高。

　　相对于"走"而言，"跑"更体现了速度和体力。在家庭训练当中，家长要注意孩子在练习"跑"的过程中，一定要姿势正确，家长可以带领儿童从快走开始训练。家长需要根据儿童的自身特点来选择跑的方式，家长可以带领儿童直线跑、曲线跑、绕着障碍物跑，也可以与儿童进行追逐游戏，提高儿童的兴趣。由家长带领在家长视野范围内独自跑步玩耍，以及和其他儿童一起奔跑玩耍，有利于儿童融入集体。在"跑"的训练过程中，家长不仅要注意姿势正确和保证儿童安全，还要让儿童在跑的过程中学会调整跑步的速度和方向以及学会遇见障碍物时要避开等。

　　在家庭中训练"跳"，早期家长可以用手掌稍微用力压住儿童的脚，或者家长的双手放在儿童的腋下使其被扶稳，让儿童站在家长的膝盖上练习抬腿或者蹬、踢的动作；后期可以让儿童练习蹲下捡物体如玩具等，来练习其下肢力量。之后，儿童可以在家长的陪同下练习平地向上跳，或者平地向前跳。在训练的过程中，一定要依据智力障碍儿童的具体情况来进行"跳"的训练和练习，不要让儿童超负荷训练，同时安全也是家长在进行全部的训练过程中需要留意的重要因素。

2. 平衡协调训练

若要促进其平衡协调功能的改善，需要利用各种动作反复刺激其前庭器官。平衡协调训练作为儿童大肌肉运动能力训练中的更高一级内容，儿童的运动水平一般达到3岁左右才能进行平衡协调能力的训练。

当家长在家庭中对智力障碍儿童进行康复训练的时候，可以让儿童踩着家长的脚印前行，锻炼其平衡能力。也可以在家里或者室外先搭建简单的平衡木，即在平地上放上宽度适中的纸板，让儿童进行简单初步的练习，随着能力的提高再放上凸起的道具进行平衡木练习。在家长的陪同下，儿童可以在社区内进行荡秋千活动，也可以进行跳绳活动，在家里或者室外，让儿童进行拍球游戏，家长也可以参与其中。

在运动过程中，家长应该在旁边保护儿童的安全，不要让其摔倒；也要依据智力障碍儿童的具体情况，训练时间不宜过长，当儿童不喜欢、不想继续进行的时候不要强迫；还要在训练中注意利用儿童较健康的肢体，在过程中及时纠正坐、站的姿势，让儿童获得全面而充分的发展。

（二）精细运动能力的训练方法

儿童的精细运动能力主要是随着其骨骼、肌肉器官和神经系统等相关部位的成熟发育逐渐发展而来，并且它与儿童的感知、思维、记忆等多方面的发展也有密切的关系。因此，精细运动能力的家庭训练内容主要包括手指抓握能力及抓握的控制能力、双手的协调能力、手腕动作控制能力及手眼协调能力的训练。

手指的抓握能力。在家庭训练中，家长可以在给儿童读故事书的时候，让儿童自己翻书页，训练儿童使用筷子，并且学会夹各种大小形状各异的东西；家长也可以在家中陪儿童进行撕纸并揉成团的游戏；还可以在家中自制套圈游戏，带领孩子一起游戏，但一定要注意儿童的安全。

双手协调能力。在家庭训练中，家长可以带领儿童在穿珠子的时候，先进行倒珠子的活动；也可以带领儿童进行双手传球的活动。在生活中引导儿童使用双手共同参与活动，提高协调能力。

手眼协调能力。在家庭当中，家长可以选择大小不一的物体，让儿童根据语言提示相应地拿取；也可以将物体放在同一个容器里，增加难度，并且可以训练儿童一把抓的能力；在家中允许儿童舀水的行为，也可以在水中放置儿童喜欢的玩具让其捞起来。相应的活动一定要根据儿童具体的兴趣进行，根据其喜好调整训练内容，有助于儿童更好地进行训练。

对智力障碍儿童的运动能力进行训练，可以使他们的运动能力得到更好的康复，为他们最终回归主流社会，成为一个自食其力的人打下坚实的基础。为此，我们不能单单只在其运动能力方面进行补偿性训练，也要在其大脑、智能、身体和心理等方面同步进行开发训练，还要在其品格、修养等方面进行培养，更要在其生活自理能力方面进行训练，使智力障碍儿童的缺陷获得一定的补偿，使其得到全面的发展。

作者简介

姜月，清远市清城区特殊教育学校教师，2019—2020 学年度清远市清城区优秀教师。

智力障碍儿童课堂问题行为干预的个案研究[*]

宗廷娜

课堂问题行为不仅会扰乱课堂的正常教学秩序，而且会对智力障碍儿童自身的发展造成影响。本研究采用个案研究方法对一名中度智力障碍儿童的课堂问题行为进行干预。在干预阶段，首先对个案课堂问题行为进行观察和分析，然后对课堂问题行为进行功能性分析从而确定行为所追求的功能，最后在功能性评估的基础上制定并实施一系列正向行为支持计划。干预后，个案的课堂问题行为次数明显减少，研究产生了积极的效果。

一、研究设计

（一）研究思路

本研究对智力障碍儿童小东的课堂问题行为进行干预，研究干预流程主要分为两个步骤：先对个案的课堂问题行为进行功能性评估，然后针对功能制定并实施正向行为支持干预策略。

（二）研究对象

本研究选取的研究对象是某特殊教育学校培智班的一名典型的中度智力障碍儿童：小东（化名），男，12岁，白银市会宁县人，培智二年级，具体资料见表1。

表1 小东的个人资料

研究对象	性别	年龄	智力水平及致残原因	核心家庭主要成员	父母是否离异	家庭主要照顾者	是否为独生子女	家庭收入
小东	男	12	中度，先天不明原因	妈妈（智力障碍）	是	外公（出生后不到一岁）	是	中等收入

二、对智力障碍儿童课堂问题行为的干预

（一）确立目标行为

小东（化名），男，12岁，小东的课堂问题行为最具干扰性的外在表现为：

---

[*] 本文荣获2021年清远市清城区优秀教育论文一等奖。

a. 随意离开座位，b."不友好"行为，c. 玩弄无关物品，如表2所示。在干预之前，研究者对小东进行了为期一周的观察，并对其课堂问题行为次数进行记录，最后经整理分析得到对其实施干预前课堂问题行为的次数，具体见表3。

表2 个案目标行为的操作性定义

目标行为	操作性定义
随意离开座位	指未经老师的允许突然站起来离开座位，随意走动；跑上讲台拿走正在使用的教具
"不友好"行为	指推搡、掐、拧同学，拽女同学头发，对同学或老师吐口水，或者抢同学的零食、书本、铅笔、橡皮擦等行为
玩弄无关物品	指在课堂上玩弄与课堂无关的物品

表3 干预前目标行为观察记录

行为	星期一	星期二	星期三	星期四	星期五
a（以次数计算/次）	13	11	15	10	14
b（以次数计算/次）	13	12	12	9	10
c（以时间计算/分钟）	21	17	18	23	20

（二）A-B-C行为观察

经过为期两星期的观察后，使用A-B-C行为观察记录表对小东的上述课堂问题行为进行综合分析发现，个案每种行为的发生都伴随着基本固定的情境和随之而来的结果，具体见表4。

表4 A-B-C行为观察记录

课堂问题行为	Antecedent	Behavior	Consequence
随意离开座位	教师讲解，教师的教具未隐藏	离开座位，随意走动；跑上讲台抢拿教具	教师批评，个案停止
"不友好"行为	当教师正在板书或者正在对其他同学进行个别辅导时；当教师给个案安排学习任务时	推搡、掐同学，拽女同学头发，向同学吐口水，或者抢拿同学的零食以及书本、铅笔、橡皮擦等学习用品；对老师吐口水	教师制止，个案停止；教师批评并放弃要求其完成学习任务，个案不再吐口水

(三) 问题行为的功能性评估

1. 功能假设

研究者通过与个案本人以及了解个案的人员直接接触、观察和访谈，收集到了一些相关资料，根据访谈的结果和平时的观察对个案的问题行为做出了初步的功能假设，如个案在不服从教师的学习任务安排时会向教师吐口水，假设个案出现该行为是为了逃避任务。

2. 确定功能结论

根据表4中所列出的A-B-C行为观察记录分析情况，小东的课堂问题行为与当时的情境条件与行为结果之间存在着密切的关系，分析结果如表5所示。

表5 个案目标行为的功能

目标行为	正强化功能	负强化功能	感官刺激与调整功能
随意离开座位	获得关注 √	—	—
"不友好"行为	获得关注 √	逃避任务 √	感官刺激 √
玩弄无关物品	获得喜爱事物 √	—	—

三、实施干预策略

（一）调整教学环境

经观察发现，小东随意离开座位这一课堂问题行为常常发生在教学环境中（教室）出现小东非常感兴趣的物品的时候；若个案常处的教学环境中突然出现其他容易导致其分心的物品时，个案会在课堂上频繁地往放置物品的位置张望，并频繁离开座位试图拿到物品，严重干扰课堂秩序。因此，为了减少个案随意离开座位的次数，就要对教学环境进行调整，包括物品的摆放位置、哪些物品应该撤掉，除此之外，教师还需要注意对教具的隐藏。通过观察发现，无论上课时教师拿了什么教具，小东总是一如既往地表现出极度好奇并频繁离开座位想要拿到教具，因此，教具在使用前应放置在个案看不到的地方，使用后及时保管起来。

（二）调整教学内容，设计课间活动

根据A-B-C行为观察记录表，我们发现小东玩弄无关物品的事件情境发生在教学内容单调乏味或者所讲授的内容小东已经掌握。针对这种情况，研究者要干预的重点就是对教学内容进行调整。教学内容的调整主要包括两个方面：一是对教学内容的趣味性、展示方法进行调整；二是设计符合个案程度的个别化教育计划，避免重复教学或者超过其程度教学，达不到提供特殊教育方案及服务的目的。除此

之外，个案性格活泼，精力旺盛，在课堂上活动过度，为了减少个案在课堂上的过度活动，为个案制定符合其兴趣的课间活动，在契约的约束之下，个案在上课时的问题行为就会减少很多。

（三）建立替代行为

每一个行为出现的背后都隐藏着它要达到的目的。本研究中，个案为了获得关注采用的方法是随意离开座位，而"随意离开座位"的行为是不适宜的、不符合社会性规则的，那么建立替代行为就是使个案不选择像"随意离开座位"这类行为而选择另一种适宜的、符合社会性规则的行为来达到同样的目的。在干预过程中，考虑到小东认知能力较好，且语言表达和社会性沟通能力较好，因此，教导小东如果想要获得关注或者获得喜爱的事物就举手，如果不想接受老师安排的学习任务就要用语言表达出来。对问题行为的干预是一个漫长的过程，需要长期坚持，面对产生的变化要进行分析并不断地调整策略，在建立起替代行为后，就要慢慢地培养出适宜行为。

四、评估干预结果

在为期六周的干预过程中，研究者有意控制诱导因素的发生，最终诱导因素减少，个案的课堂问题行为失去了前提。通过实施一系列的干预计划，小东的课堂问题行为有了一定程度的改善，具体见表6。

表6　干预后目标行为观察记录

行为	星期一	星期二	星期三	星期四	星期五	总计
a（以次数计算/次）	6	5	5	4	5	25
b（以次数计算/次）	5	3	4	3	4	19
c（以时间计算/分钟）	12	9	11	10	11	53

五、反思

本研究对智力障碍儿童的课堂问题行为进行干预研究，研究流程主要分为两个步骤：先对个案的课堂问题行为进行功能性评估，然后针对功能制定并实施正向行为支持干预策略。最终虽然对个案的课堂问题行为干预起到一定效果，但是也存在一些不足。首先，对个案的干预策略没有进行分阶段的先后介入，而是同时介入，这样不利于监控干预结果的分析；其次，没有进行连续的干预，在为期6周的干预过程中，每周只进行了5次干预，因此，在其余时间里个案就比较容易受到其他因素的干扰从而影响干预结果；最后，由于实习期有限，每个阶段都过于匆忙，对个案制定好干预计划后实际干预的时间更有限,虽然初步见到了效果,但突然中止干预,不知道个案问题行为减少的表现能否持续。

作者简介

宗廷娜,清远市清城区特殊教育学校二级教师,从事特殊教育三年,擅长生活语文、生活数学的课堂教学,多次获清远市清城区特殊教育学校优秀教师,曾获清远市第一届特殊教育青年教师基本功大赛二等奖。

自闭症儿童自我刺激行为干预的个案研究*

晏荣祥

自我刺激行为是自闭症的主要症状之一，是一种重复性的刻板行为。这些行为往往会阻碍儿童的适当行为，使其他人感知到儿童的行为怪异。行为被自身所强化，它不必通过环境中的他者为中介实现对行为的强化功能。主要表现为重复性的语言或身体反应，如摇摆、扑翼样拍打手或胳膊、吮吸物体、异食癖、凝视、玩唾液、搓手、手淫、重复性呻吟或尖叫等等。自我刺激行为影响学生注意力的集中、对学生具有很强的强化作用，降低了其他更恰当的强化物的吸引力，使学生看起来行为怪异，容易遭到歧视，严重者会出现自伤行为甚至危及生命。从行为产生的原因来看，自我刺激行为与自闭症儿童的生理缺陷、感觉失调、受挫状态、焦虑水平、兴奋情绪等息息相关，与环境刺激的丰富程度也有着密切联系。

一、个案背景

小冯，10岁，男孩，清远市一所特殊教育学校的学生。自闭症，智力障碍二级，智力水平相当于两岁孩子。肢体健全，身体发育状况良好。有语言，但语言单一，常常机械性地重复家长或老师说过的某一句话，语言运用能力较差。上课时经常吮吸两只手的大拇指，造成手指发炎、指甲脱落。

二、研究设想

（1）观察记录和访谈调查个案自我刺激行为表现形式、发生频率和行为发生时间。

（2）运用功能分析法分析个案出现自我刺激行为的功能和目的。

（3）制定自我刺激行为干预策略。

观察了解个案出现自我刺激行为，即吮吸手指的情境以及行为发生的高频时间段。运用行为 A-B-C 观察记录表，记录个案自我刺激行为的前事、行为和结果。运用 A-B-C 行为功能分析法，了解个案出现自我刺激行为的功能和目的。制定适合个案的自我刺激行为干预策略。

---

* 本文荣获 2019 年清远市清城区优秀教育教学论文二等奖。

三、研究过程

（一）收集资料

通过对其家人和学校老师访谈得知，小冯在家中吮吸手指的频率是偶尔才出现的，但在学校吮吸手指的次数较多。因此，笔者在学校中对其进行了为期一周的跟踪观察，记录其吮吸手指的时间和次数。每日观察记录结果如表1和图1所示。

表1 每日观察记录

（单位：次））

次　数	集体课（30分钟）	个训课（30分钟）	课间（10分钟）
第一天	9	1	1
第二天	8	0	1
第三天	9	1	0
第四天	7	2	1
第五天	8	1	1
第六天	9	2	0
第七天	9	1	0

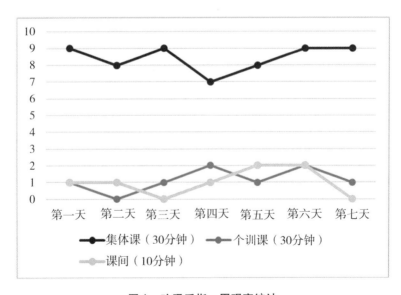

图1 吮吸手指一周观察统计

由表格和折线图我们可以看到，个案出现自我刺激行为的高频时间集中在集体课上，个别化训练课（简称"个训课"）和课间自由活动时间吮吸手指的频率大大降低，甚至不出现。接下来将对其在集体课堂的自我刺激行为发生情况进行重点观察记录。

（二）运用 A-B-C 行为功能分析法，了解个案出现自我刺激行为的功能和目的

表 2　行为 ABC 观察记录

时间	A（前事）	B（行为）	C（结果）
个训课	得到奖励情绪兴奋	吮手指	教师要求其将手拿出来
	上课分心，眼睛看向别处，教师批评	吮手指	教师要求其将手指拿出来并对着老师说：我不高兴
集体课	教师在前面讲课	吮手指	教师让其把手背在身后
	教师提问别的小朋友	吮手指	教师让其把手拿出来并回答老师的问题
	教师表扬别的小朋友	吮手指	教师让其把手拿出来
	小朋友们进行涂色练习，其完成任务	吮手指	教师让其把手拿出来，并帮教师整理画笔

通过行为 A-B-C 分析，我们可以知道，小冯出现自我刺激行为主要有如下 3 个作用。

1．获得关注

通过吮手指这一自我刺激行为引起老师注意，达到被老师关注的目的。

2．表达情绪

小冯情绪激动时不知道如何表达出来，因此用吮手指替代语言表达兴奋或者愤怒、伤心的情绪。

3．获得感官刺激

小冯的痛觉较为迟钝，手指发炎也依旧吮吸。其通过吮吸手指能够获得口腔器官的刺激，带来口腔的舒适满足感。

（三）制定基于自我刺激行为功能的行为干预策略

1．感觉消退策略

感觉消退策略，是假设自我刺激行为会带来某种感觉刺激，屏蔽这种感觉刺激，以确定自我刺激行为是否依靠这一特定的感觉刺激维持。为小冯戴上手套（并把手套口扎紧）或将衣袖口扎起来，阻挡手指伸入口中，阻止其通过吮吸手指获得

口腔器官的刺激满足,从而减少其吮吸手指的频率。

2. 在手指上涂抹辣椒水,减少吮手指次数(阻断法)

在小冯将手指伸入口腔中时,获得"辣"的痛苦刺激感受,当再次吮吸手指时首先感受并联想到的是痛苦体验,慢慢减少并消除自我刺激行为。

3. 积极行为支持

积极行为支持强调使用行为功能分析,分析行为的功能和引发行为问题的环境因素,改变个案所处的环境,从而减少问题行为的发生或预防问题行为的发生。基于积极行为支持的理念,干预者在干预方法上更倾向于使用前奏事件的干预策略和环境的改变,包括给儿童提供选择的机会、改变环境、改变日常安排和课程等。集体课上教师尽可能多地关注到小冯,不让其感到无聊而去吮吸手指,并且高频强化其好的行为(如专心听讲、手放在桌子上等行为),在他为了引起教师注意而故意吮吸手指时,忽视其此时的吮手指行为,不做任何反应(因为批评和制止也是一种关注),即"区别强化"。

4. 教小冯用恰当的行为表达自己的情绪

如兴奋的时候用语言表达"我真高兴""我好高兴呀",或者轻拍双手表示高兴;生气的时候用语言表达"我生气了";难过的时候表达"我难过""我伤心"。

5. 匹配性刺激替代法

提供多样化的感觉刺激,以符合个案生理所需的感觉刺激水平和感觉刺激类型。可以通过替代性的和更恰当的方式为儿童提供感觉刺激,但是要注意,该刺激必须与自我刺激行为提供的刺激相同。如个案需要的是口腔器官的感觉刺激,则可以利用口部按摩器给小冯按摩口腔,为其提供口部所需的刺激;适量给予小冯较有嚼劲的食物如牛肉干、牛皮糖等,通过口部的咀嚼运动获得口腔感觉刺激。

四、研究结果

运用上述干预策略两个月后,通过观察以及对个案任课老师的访谈了解到,个案相比两个月前,吮吸手指的次数有所减少。从对个案自我刺激行为的功能上分析,获得感官刺激是其出现自我刺激行为的首要原因,其次出现吮吸手指行为的原因是获得关注、表达情绪。因此,这两个月的干预策略重点放在为其提供多样化的口部感觉刺激上。由于干预期较短,且无法在课堂中为其提供口部按摩,集体课上出现自我刺激行为的频率相较其他课堂依旧较高,但老师在上课过程中对个案进行了充分的关注,并采用区别强化,其出现自我刺激行为的次数有所减少。由于时间短暂及未提供最佳环境,个案的行为能力水平没有较大提升,但相比干预之前有了一定进步。

五、研究结论与反思

研究结果显示,个案的自我刺激行为背后都有其功能和目的,运用A-B-C行为功能分析法，了解个案通过自我刺激行为所要表达的目的和要求，有利于更好地对症下药，控制和减少个案自我刺激行为的发生。获得感官刺激和获得老师注意要引起家长和老师们的格外关注。老师可将口部按摩的方法教给家长，家长在家中灵活地运用时间给孩子充分的口腔刺激，满足孩子口部所需的刺激。同时，老师在课堂中注意给予个案适当甚至充分的关注，并采用区别强化的方法，强化孩子好的行为，忽视孩子不好的行为，从而减少和消除个案吮吸手指的自我刺激行为。

参考文献

［1］赵真．自闭症儿童自我刺激行为干预综述［J］．绥化学院学报，2015（7）．

［2］LEAF R，MCEACHIN J．孤独症儿童行为管理策略及行为治疗课程［M］．蔡飞，译．北京：华夏出版社，2008．

［3］顾泳芬．自闭症儿童自我刺激行为及其干预［J］．学园，2015（19）．

特殊教育教师利用网络学习空间开展送教上门的教学实践探索[*]

洪金祥

网络学习空间指虚拟环境下的学习空间，师生借助这个空间载体，可以自主学习，也可以进行学习互动。它突破了现有课堂教学的时空限制，充分利用碎片时间，促进了教与学、教与教、学与学的全面互补。而传统的送教上门则是特殊教育学校对不能在学校接受教育的重度或极重度残障学生采取的一种教育模式，即教师采用点对点、定期上门送教的方式，把预先准备好的教学内容带到残疾学生的家中，进行教育教学的过程。这种教育方式保障了所有适龄残障学生受教育的权利，但也存在送教地点零散、受教育时间及质量难以保证、教育效率低下的问题。这个时候，将网络学习空间与送教上门进行融合的教学实践（以下简称"网络送教"）是一个有益的尝试。

一、利用网络学习空间开展送教上门所遇到的问题

（一）送教学生家长信息化素质参差不齐，网络送教认可度有待提高

在特殊教育中，教师利用网络学习空间开展送教上门的普及率较低，接受程度也不足。笔者通过对 364 名送教对象的家长进行调查发现，25% 的家长对利用网络学习空间进行送教上门教学存在疑虑，认为还是老师到家送教上门比较好，因为可以直接教育，及时纠正孩子的学习问题；40% 的家长则认为，这是一种前沿的学习手段，相信这种基于网络的学习互动，会有助于孩子学到更合适的知识；其他家长则表示，最好将送教上门及网络学习空间送教两种方式相结合。另外，调查发现，部分送教家长受限于自身受教育程度及家庭经济状况，缺乏网络学习的设备，也缺乏基本的上网知识和技能。以上这些都限制了当前网络送教工作的开展和普及。

（二）利用网络学习空间开展送教上门的效果欠佳

特殊教育教师采用网络学习空间进行送教，可以减少往返送教途中时间的浪费，大大提升了教学效率。但是，在利用网络学习空间开展送教上门过程中也面临着诸多问题。例如，在网络稳定性方面，个别学生地处偏僻山区，网络质量得不到保障，在进行网络送教时常出现卡顿，导致送教教师无法将自己的教学内容实时传达给学生；在学生方面，送教学生大部分都是重度或极重度残疾儿童，语言能力、

---

[*] 本文发表在《文存阅刊》2019 年第 18 期。

认知理解能力均较薄弱，在送教教师不能面对面的情况下，注意力难以集中，对教师讲解的内容往往一知半解，教学效果不尽如人意。很多家长反映，学生们在学习的过程中需要家长反复提醒和督促才能进行。

二、家校互动，利用网络学习空间开展送教上门的教学实践

当前，利用网络学习空间进行送教上门的现状还不够乐观。但是，利用互联网+送教上门是顺应信息化时代，保障重度和极重度残障学生受教育权利，切实提升这些孩子教育效率的有益尝试。为此，笔者提出，在特殊教育教师利用网络学习空间开展送教上门的教学实践探索过程中，加强家校互动，让家长真正参与进来，做好"助教"角色，从而实现教学效率与教学效果的全面提升。

（一）家校共同建立"网络送教"督促学生模式

对于学校而言，授之以鱼不如授之以渔，因此，特殊学校送教老师要做的是，前期通过家长座谈、集体研修的方式，对家长使用网络学习空间进行细致的培训，在技术上给以支持；对于个别比较贫困的家庭，发动社会力量进行捐赠，解决网络设备缺乏的问题。

同时，发动家长参与网络教学过程，积极配合对送教学生的教育教学，协助督促、指导学生。具体做法是让学生们每天花几十分钟将自己网络送教所学的重点难点进行罗列，并且标注下来，从而培养学生们发现问题、探究问题、解决问题的能力，这也是让特殊学生们学会自主学习的一种方式。作为送教老师，要协助学生制定日计划表、周计划表和月计划表，并对学生的学习任务完成情况进行定期的追踪和记录，以便对教学计划进行调整。在学生能力许可情况下，要引导学生学会自我督促，促进学生自学能力及自我管理能力的发展。

家长和教师的相互配合、共同督促，让学生们在日常的督促中进行学习，有助于保障这些特殊孩子对于知识的真正获得和应用，也让孩子感受到家校两方的关心，为他们将来融入社会打下良好的教育基础和信心保证。

（二）家校共同形成"网络送教"鼓励学生模式

面对学习中可能遇到的困难，学生往往会因为自己的身体或者认知理解受限而"知难而退"。这个时候，除了督促之外，送教教师和家长要做的，更多是对残疾学生的鼓励和支持，让学生树立信心，有效利用网络学习平台实现知识获得和技能提升，体验网络送教"不必出门即知天下事"的便捷性。

1. 实时评价

送教教师可以记录学生每次网络送教过程中的表现，利用学生每一次的进步，挖掘学生每一次提交作业的亮点，及时进行表扬；同时，家长在协助孩子完成网络学习空间作业时，也要及时肯定学生，对孩子的每一次进步进行赞赏。

2. 多元评价

学习成绩不是评价特殊学生好坏的唯一标准，送教教师要从多方面评价学生，同时也向家长灌输这种意识，要在生活中找出特殊学生表现的亮点，挖掘学生的兴趣爱好，并在进行网络送教时侧重培养，争取让学生有一技之长，从而树立信心，增强自身价值感。

网络学习空间作为一种便利、丰富的教学载体，对送教上门教师的教学效率、残疾儿童的终身学习、师生的互动、教师与家长的联动，均产生了积极的影响。特殊教育教师如何更科学、更高效地利用网络学习空间，最大限度地整合学校、家庭、社会的资源，共同促进重度、极重度残疾学生的素质提升和能力发展，是我们需要继续深入探究的教学课题。

参考文献

[1] 陈云英，刘洪沛，叶青沅. 互联网与特殊需要教育的结合前景 [J]. 教育研究，2001（10）.

[2] 郑俭，许家成，冯素梅，等. 对因特网特殊教育资源的整合与多方式传播 [J]. 中国特殊教育，2004（12）.

作者简介

洪金祥，平远县特殊教育学校德育处主任，初中心理健康一级教师，从事教育工作超过7年，擅长德育管理、特殊教育教学研究、心理健康教育，正在研究培智心理健康课程设计。平远县最美志愿者，梅州市学生心理危机干预应急专家组成员，曾获梅州市教育系统教育教学成果奖二等奖，广东省特殊教育学校"优秀个别化教育研究案例"二等奖。

小学数学课教学中问题设计的
现状及实施方法[*]

丘玉华

  课堂的高质量提问，是实现小学数学课堂教学实效性的重要手段之一，毕竟提出一个问题远比解决一个问题显得重要得多。优化小学数学课堂问题设计，不但可以为小学生打下扎实基础知识提供有效的帮助，还可以确保小学生学习数学的积极性、主动性、持久性与系统性。

  随着小学推行素质教育及深化改革，探究式教学法已成为一种常见的教学方法。小学数学教学要在全面掌握正确探究方法的基础上，设计相关针对性的问题，有效激发小学生学习兴趣。

一、小学数学课堂教学过程中问题设计的现状

  一是问题设计偏离教学内容，二是问题设计与实际水平不符，三是问题设计流于形式，四是问题设计毫无思维挑战性。此外，由于无法挣脱应试教育与传统教学模式的束缚，小学数学教学内容与习题设计都是以理解与巩固数学知识为目标的。鉴于此类实际情况，小学生学习数学大部分时间都在死记硬背，活学活用的非常少，这样的学习模式扼杀了学生创新能力的萌芽与发展。

二、小学数学教学中问题设计的实施方法

（一）创设合理情景，激发学生兴趣

  听障学生的注意力不够集中、分配能力差、稳定性差、注意力的转移不灵活，因此，在数学课堂导入新课时，引起听障学生的注意是非常关键的环节。数学学习枯燥无味，而兴趣是最好的老师，也是学习的力量之源。当听障学生乐学时，情绪就会处于一种积极亢奋状态，学习效益就高。反之，学习效益就低。"好的开始是成功的一半"，在课的导入阶段，迅速集中听障学生的注意力，把他们的思绪带进特定的学习情境中，激发他们浓厚的学习兴趣和强烈的求知欲，对于一堂课教学的成功起着至关重要的作用。运用多媒体的导入，教师可以通过简单的操作、直观的演示，精彩地呈现出数学学习的情境，有效开启听障学生思维的闸门，激发联想，激励探究。

---

[*] 本文发表在《好家长》第642期。

（二）注意时间，控制问题难度

在提问时，教师要注意两点，一是问题的难度要适中，不能过于简单，使学生失去动力，但也不能超出学生知识范围，打击他们学习积极性。应根据学生实际情况，设置难度适中的问题。二是把握文章重点和难点，所提问题必须要与教材内容有关，在涉及学生已有知识点时，促使他们继续深入挖掘，以自我学习为主，锻炼逻辑思维能力。同时，教师在备课时，教学内容和方式应适当向学生实际情况靠拢，有针对性地安排教学活动，帮助学生个性化发展。

因为课堂提问所涵盖的内容较为广泛，所以要求教师提出的问题应具有较强的综合性。因此，合理控制提问时间也是教师所要掌握的提问技巧之一。在实际授课中，许多教师都有所感受，如果课堂提问时间过早，会因为学生没有掌握相关知识，给出的答案较为牵强，同时也会打击学生自信心和学习积极性；但如果课堂提问时间太晚，就失去了提问的意义。所以在进行小学数学教学时，教师一定要合理地掌握提问时间。例如，在学习方程式时，教师可以提前要求学生预习一些方程式的相关内容，在课堂开始之前，教师可以根据预习内容提问，让同学们带着问题学习，这样在帮助学生集中注意力的同时，捋清学习思路，让学生更加积极主动地进行思考和探讨。

（三）代数问题，逐步渗透方法

在设计问题的时候，可以与相关解题方法相联系，通过问题逐步渗透相关意识，为后期数学学习奠定基础。代数法，指的是将问题中所求的数（量）用字母（未知数）替代，再将其与已知数同样参与列式，经过计算获得未知数的方式。在小学数学教学过程中，教师应该逐步渗透代数意识。如小学低年级数学教学中，学生本身具有10以内加减运算的基础，出现 $2+(\quad)=10$ 的计算很有价值，学生可以意识到（ ）代表一个数，逐步渗透字母实现数的启蒙。老师：同学们，你们怎么看？学生A：盒子中已经有2个，再放入8个就是10。学生B：2和8组成10，应该将8填入（ ）中。教师教学时会产生以上解法，学生A依据图数计算，思考更加直观，学生B根据数的组成计算。学生C的想法，如果继续选择一个数加另一个数的方法，依然属于算术范畴，只有学生意识到 $2+(\quad)=10$ 看成整体，利用等式性质，逐步变形为（ ）$=10-2$，（ ）$=8$，实现培养代数思维的目的。

（四）巧用信息技术，感悟生活数学

由于特殊教育的对象群体相对特殊，他们的好奇心较强，对任何新鲜有趣的事物都会产生浓厚的兴趣。而兴趣是一种具有积极作用的情感，人的情感又总是在一定的情境中产生的。在数学教学中如果把数学知识放在一个生动、活泼的情境中去学习，更容易激发学生的学习兴趣，而信息技术可展示优美的图像、动听的音乐、有趣的动画，是创设情境的最佳工具。因而在课堂教学中利用信息技术图文并茂、能动会变、形象直观的特点，创设良好的教学情境，最大限度地激发学生的学习兴趣，调动学生强烈的学习欲望。

总之，小学生在进行数学学习过程中，需要进行大量的实践操作、主动探究、大胆猜想与推测、开放性的交流与合作等。而任课教师的课堂教学也需要打破传统教育模式与应试教育带来的束缚，尽力为学生创设一个形象、动态、自由、开放、主动的学习环境并形成常态，加强对课堂问题设计优化的力度，使问题指向更具针对性与启迪性，激发学生对数学知识的认知动力，培养学生主动学习数学的积极性。

参考文献

［1］任亚南．新课标下小学数学探究式教学的几点思考［J］．科普童话，2017（28）．

［2］许荣．关于小学数学探究式教学的思考［J］．学苑教育，2017（16）．

政策导向下山区特殊教师的专业发展的理论研究*

陈 俊

特殊教师专业化深入发展的一个重要标志是地方化、个性化日益受到重视和鼓励。我国山区的特殊教师是条件非常艰苦的一个教师群体，由于特殊教育环境、目标任务及特殊学生发展问题，其教师专业发展也同样具有鲜明的特殊性，要特别关注和支持。我国的政策逐渐导向山区特殊教师和特殊学生，用政策保障他们的学习和生活。本文就此展开研究，找出其专业发展特殊需求，并提出相关对策与建议，希望促进山区教师专业水平的提高，丰富和发展特殊教师专业发展理论及方法。

山区特殊教育长期以来一直是我国教育的一块短板，其关键的制约因素是教师专业发展水平低。近年来，尽管政府为其安排了许多特殊教师培训项目，政策上也有所倾斜，但是，由于忽视山区特殊教师专业发展的特殊性，以一般化取代地方化，培训效果不佳。只有深入了解这种特殊性，完整把握其特殊需求，在此基础上提供系统性问题解决方案，才能有效解决问题。

一、政策导向下山区特殊教师专业发展的特殊性

（一）特殊教育环境导致教师专业发展的特殊性

山区特殊教育学校有着极其特殊的外部环境。由于经济发展长期滞后，贫困面广且贫困度深。贫困制约了当地政府对教育的投入，形成"越贫困—教育越落后—越多低水平教育人口—经济越欠发达—越贫困"的恶性循环。学生的特殊性决定了教师发展必须专业化，只有教师发展专业化才能将特殊的学生照顾好，才能根据特殊学生的不同状况进行"因材施教"教学，让每一位有残缺的学生都能有所发展。

（二）特殊教育对象导致教师专业发展的特殊性

特殊的教育环境决定了山区特殊学校学生具有不同于其他普通学生的特殊需求、特殊困难。

1. 特殊学生对教育的认知度偏低

由于历史与现实的原因，山区普遍存在对学校教育理解不够、重视不足的现象，由此导致学生家长对学校教育支持度不高，特殊学生因为身体残缺导致学习积极性不够和辍学率偏高等问题。

---

* 本文发表在《文存阅刊》2019 年第 18 期，并荣获省级优秀论文一等奖。

2. 教科书知识与特殊学生生活经验脱节

一方面，教科书中一般都是城市学生非常熟悉的一些事物，山区的学生不熟悉，甚至没有见过、不知晓，难以体会和理解。另一方面，当地特殊学生所熟悉的事物没有出现在教科书里。此外，学生学习成本高，山区人口密度小，居住分散，特殊学生交通、生活等方面成本高，加重家庭经济负担。

二、政策导向下山区特殊教师专业发展的研究策略

（一）教育行政管理部门层面

一是从管理角度深入研究山区特殊教师专业发展，完成两个转变。一是从简单地理解上级政策、文件，将其一般化实施转变为一般性政策，要求地方化，形成地方特色；二是单一行政管理转变为专业化管理。

二是提供特殊政策支持，改善特殊教育教师专业发展环境条件。一是设立山区特殊教师特殊津贴，鼓励省、市、县优秀骨干教师到山区任教，带动当地特殊教师发展。

三是设立专门的培训项目，加大相关培训机构建设力度。专门针对山区特殊学校教师设立培训项目，是体现满足特殊性要求、实施针对性培训的重要举措。让特殊学校的教师能学到更多关于特殊学生的各方面知识，为今后的特殊教育服务。

（二）教师个人专业发展层面

一是转变教育理念，建立新的人才观。山区的特殊学校教师一定要树立其培养合格特殊人才，以及培养维护国家形象和政策的新时代特殊学生的意识。培养一批特殊学生上大学，走出大山，到城市去发展固然重要，但更重要的是，要让留在家乡的特殊学生群体有不同的发展道路，使其能在不同的领域承担起建设家乡、发展家乡的重任。为此，山区教师特别需要去除一般应试教育的思维，让特殊学生能在教师的培养下尽自己所能发光发热。

二是整合山区地方课程资源，建立新的课程观。山区特殊学校教师一定要认识到，课程整合对其具有更为广泛的意义和要求。将普通课程与地方特色课程整合，让各类课程进行融合，发展学生的思维活力，展现特殊学生的不同风采。

三是提升特殊学生发展水平，建立新的质量观。从先前追求提高特殊学生的考试成绩，走向追求提升特殊学生的各方面发展质量上来。特殊教师应摒弃考试为先的教学观念，根据特殊学生的个人爱好和特长，因材施教，多元发展，多元评价，争取让特殊学生能发现自身的优点和特长，发掘自身的潜能。利用特色化的教育手段，给特殊学生一个展示自己的舞台，学生们不怕学不会，因为很多学生只是单方面的缺失，其他的身体部位和智力都属于正常的范围。因此，在学生的教育方面，教师要充分给予特殊学生平台进行展示，他们也许会比正常的学生表现得更加优秀。特校教师要格外注意交流的方式和方法，可以在课余时间多谈心，让学生和

教师更加亲近，敞开心扉，同时可以组织丰富的班级活动。例如，书写比赛、舞蹈小型赛等，让聋生们发掘自己的潜力，培养自己的自信心；还可以举行听力比赛，让眼睛失明的学生能在听力方面发挥自己的优势。同时还可以组织"接力传话赛"，让不同的孩子发挥自己能动的专长。例如，聋生可以借助比划，失明学生可以借助听，残疾学生可以借助看，如此共同协作，发挥班级学生的团结性、和谐性，让接力赛不仅存在比赛的形式，更让学生们明白团队协作的重要性，间接地培养学生树立起正确的价值观，进而成为一个特殊教育工作下的"完整的人"。

参考文献

[1] 王嘉毅，吕国光. 西北少数民族基础教育发展现状与对策研究 [M]. 北京：民族出版社，2006：5.

[2] 胡继飞. 基于教学核心素养的教师专业进阶模型建构 [J]. 中小学教师培训，2019（2）.

[3] 朱胜晖，宁莎莎，任士伟. 民办高校教师专业发展的教育生态学思考 [J]. 浙江树人大学学报（人文社会科学版），2019（1）.

[4] 左崇良，吴云鹏. 理念和模式：基于教师专业发展的教师教育 [J]. 中小学教师培训，2019（1）.

作者简介

陈俊，平远县特殊教育学校副校长，初中体育高级教师，参加工作22年，其中特殊教育4年，被评为梅州市优秀教育工作者、平远县优秀教师，曾获广东省特殊教育学校"优秀个别化教育研究案例"二等奖、梅州市教育系统教育教学成果二等奖，主持省级中小学教师研究课题顺利结题。擅长德育管理与学生的思想教育、体育教学、各类体育运动项目，正在研究培智教育。

游戏法体育教学模式对学生发展的影响[*]

——以民间游戏对培智教育的影响为例

丘玉华

中华民族几千年流传下来的传统游戏活动被称为"民间游戏",民间游戏具有中国传统文化的底蕴,其中蕴含着中华民族优秀的智慧,也融合了中华民族特有的民族气质和文化素养。培智学生由于其智力的局限性,在感知觉、思维及行动方面的发展都比较迟缓。因此,在培智学校的体育课堂上加入民间游戏,将简单、有趣又实用的民间游戏融入日常体育教学中,无疑是一种创造性的、有益的尝试。

一、民间体育游戏元素在培智学校体育课堂教学的开展现状调查

培智学生是一类特殊群体,他们的教育和普通学生的教育不能一概而论。对于培智学生的教育,教师需要有足够的耐心,并要有博采众长、融合多种学科进而化繁为简的教学应变能力。笔者选取了广东省东北部7所县域内的培智类学校及珠三角地区5所培智类学校为样本,采取问卷法、访谈法等方法对民间体育游戏元素在培智学校体育课堂教学的开展现状进行了调查,发现结果并不乐观。

个别培智学校对于将民间体育游戏引进培智课堂存在误解,认为民间体育游戏进入培智课堂很简单,就是让学生在体育课时自由玩耍,教师提供毽子、橡皮筋等玩的物品就行,不用刻意去教,只要确保安全就行了。

大部分培智学校的体育教师意识到在培智学校体育课堂上融入民间体育游戏元素对这些培智学生有着某些方面的正面作用,但还仅仅停留在了理论的层面,却还没有付出有效的行动。主要的原因在于其所在培智学校的场地、器材等不齐全,以及培智学校管理者本身对这方面的意识还比较欠缺。

总而言之,民间体育游戏融入培智学校体育课堂教学的开展还缺少比较系统的、成熟的教学模式。

---

[*] 本文发表在《梅州教育》第173期。

二、民间体育游戏在培智学校体育课堂中的意义和作用研究

（一）民间体育游戏本身的趣味性有利于激发培智学生参与的热情和提升学习效率

民间体育游戏最大的特点在于趣味性，且易于上手。培智学校的学生通常为低智儿童，传统体育课堂的活动对他们而言往往十分复杂，因此在培智学校的体育课堂中应用民间体育游戏可以激发培智学生参与的热情，从而提升学习效率。培智学生的热情就如同小孩子一样，只需要感兴趣，就会投入自己的身心。民间体育游戏的简单与趣味性，极大程度地激发了培智学生的兴趣，提升了他们对体育的热情，以便教师在体育课堂中推进教学进度。

（二）民间体育游戏背后所寓含的传统文化是游戏教学中可以渗透的丰富素材

民间体育游戏的背后通常蕴藏着丰富的传统文化，如放风筝，它其实是一种古代劳动人民发明的通信工具，后来渐渐成为民间的一种传统游戏，其中蕴藏着创新与应用的教育意义。民间体育游戏背后蕴藏的传统文化正好为游戏教学提供丰富的素材，以供培智学校采用。

（三）民间体育游戏的集体协作性能激发培智学生的归属感，锻炼社交能力，为其融入社会打下基础

民间体育游戏是现实生活的模拟和缩影，培智学生在培智课堂上参与这类游戏，既可以锻炼自身发现问题、解决问题的能力，逐步提升其社交表达能力，也可以在游戏活动中体验到其他同学以及老师的认可与信任，在集体协作中寻找自己的归属感，从而更有利于其融入集体、融入社会。总而言之，民间体育游戏在培智学校体育课堂中具有很重大的意义，而且起到的作用也十分显著。

三、民间体育游戏在培智学校体育课堂中应用的建议

（一）老师应该选择合适的民间体育游戏融入培智学校体育课堂

民间体育游戏的类型多种多样，但是并不是所有的民间体育游戏都适合培智学生。在老师进行体育游戏的过程中，首先要选择合适的体育游戏，符合操作简单、趣味性高等特点，利于培智学生轻松理解与掌握。此外，老师在进行体育游戏的过程中还应当细心观察、引导，保证学生的参与度。

（二）游戏过程中，教师要格外注重体育游戏的安全性及学生的身体承受程度

在开放性的场所进行群体游戏过程中，教师在进行教学前要认真检查游戏设

备，对易滑、易戳伤等有安全隐患的物品及时撤换或清除，消除可能存在的安全隐患。除此之外，由于智障学生的身体特殊性，教师要把握游戏活动的时长和强度，密切关注学生在游戏活动过程中的反应，让出现身体不适的学生立刻停止游戏活动，让助教老师带领其离开活动场地，接受保健医生的相关检查，防止意外发生。

四、结语

民间体育游戏项目所表现出来的诸多优势能有效地促进学生感知觉、动作、社交等能力的发展，帮助培智学生更好地学习和成长。因此，在培智学校的体育课堂中选择富有趣味、易操作又安全的民间体育游戏，再辅之以任课教师专业、耐心、细心的教学，民间体育游戏融入培智课堂的应用一定能卓有成效。

参考文献

［1］丁媛媛. 浅析民间游戏对幼儿身心发展的教育价值：以"捉迷藏"游戏为例［J］. 科教导刊（电子版），2019（10）.

［2］张磊. 体育游戏教学模式对学生心理影响的实验研究［J］. 内江科技，2015（1）.

山区特殊教育教师信息化教学
能力提升策略研究*

刘 芬

随着现代科技的迅速发展，现代信息技术也在不断进步，信息化技术已经运用于我们生活的方方面面，因此，如何将现代信息技术恰当融入山区特殊学校教师的课堂中，是广大教育部门、教育学者应该思考的问题。对那些就读于特殊教育学校的孩子们，也应该和普通学校的孩子一样，在校园管理和文化宣传方面渗透接受信息化的教育，让特殊学校的孩子们不仅要用丰富的科学文化知识武装自己，更要有先进意识，做一个"有思想、有道德、有文化、有纪律"的"四有新人"。因此，对于山区特殊教育的孩子们，更应该将信息技术教育手段融入他们的课堂，增强他们的观察力和处理问题的能力，让学生更加全面地接触各类问题。

信息技术的广泛应用，无疑方便了我们每个人的生活，让我们看到大千世界的高科技技术，如果将信息技术落实到教育方面，那教育技术的发展又可以再上一个台阶。对于山区的特殊教育而言，教师信息化教育能力的提升是非常关键的。现代信息技术融入特殊教育的课堂，不仅可以使教师的工作量减少，并且可以用较少的工作量获得更优质的教学效果，何乐而不为呢？我们就从以下方面探讨如何将信息化的教学技术融入山区特殊学校的教学之中。

一、信息化教学在山区特殊学校教学中应用的现状

（一）山区特殊学校在现代信息化教学技术方面应用较少

由于办学条件的限制和资金的限制，在山区的特殊学校普遍存在着硬件设施落后、办学条件差的现状，尤其是在偏远农村、偏远山区问题呈现得更为严重，本来学生们在身体的某些方面就有所残缺，对知识的理解能力较常人差，走出去的机会也比较少，再加上教师们教育信息化教学技术运用落后，特殊学校的学生们无法利用现代信息技术来学习。

（二）山区特殊学校教师使用现代化信息教学技术还不成熟

现代信息化教学技术的使用，极大地方便了教师们讲课，但是针对山区特殊学校，教师们普遍还是采用传统的教学方法，年轻的教师较少，学习新技术的教师更是少之又少。因此，即使配备了硬件设施和软件设备，教师们也不一定可以很好地

---

* 本文发表在《语文课内外》2019年第22期，并被评为优秀论文一等奖。

利用起来。

二、提升山区特殊教育学校教师信息化教学能力的策略研究

（一）完善山区特殊教育学校基础设施配备，对教师信息化教学进行培训

要想软件跟得上，硬件设施的配备是十分必要的。因此，教育部门要将教学环境的硬件设施配备好，才能让特殊学校的学生有所发展，只有这样，信息化教学技术在山区特殊学校中才能逐步施展。其次，教育部门和学校要定期或不定期地对特殊教育教师队伍进行培训，对信息技术使用的好处进行宣传：信息技术的使用，不仅可以简化教学过程，还能减少教师上课在黑板上板书的频次，有些东西不能用板书和语言来表达，但如果利用现代信息技术就可以将其直观地呈现在学生们面前，让特殊的学生群体能在信息技术的熏陶下更好地学习。

（二）更新观念，努力学习信息化技术，并用于课堂教学

无论是年轻教师还是老教师，都应该更新思想，认识到现代信息化教学技术给山区特殊教育教学课堂所带来的便利。要主动去学习新技术，将课本上枯燥的知识用多媒体呈现出来，这样不仅能激发起特殊学生的兴趣，还能提高学生们对学习知识的兴趣，从而将复杂的问题简易化，将难以理解的问题通过信息化教学技术的呈现而达到预想的效果。

（三）让山区特殊学校的教师学会利用信息技术多媒体手段上课

现代信息化教学技术走进山区特殊教育课堂是让学生们开阔眼界的手段，也是让现代科技作用于特殊学校课堂，从而产生良好的教学效果。在山区特殊学校的课堂教学中，如何在开始就能激发特殊学校学生们的学习兴趣，不再让普通的教育课程成为特殊学生们头疼的科目，信息化教学技术就非常关键。所有特殊学校教师都知道，在课堂中利用现代信息技术是新时代特殊学校教师必备的一个教学手段。针对特殊学校的学生，教师就要采取不同的方式进行教育，让山区特殊学校与时代完美接轨，让特殊教育的现代化技术能在山区特殊学校课堂顺利实施。特殊学校的教师可以学习一些关于不同的学生如何进行脑部训练、身体训练康复的网络课程，并在课堂上利用现代技术进行播放，让学生们能在教师的指导下进行康复训练和智力提升，帮助学生们在课堂中利用信息化的技术更好地接受知识。同时，很多学生也许无法通过言语理解某些东西，我们可以通过信息化教育技术对学生进行学习培训，让学生们可以直观看到，比单纯的讲解更容易让人接受。

山区特殊学校相对闭塞，没有城市的繁华，当然信息化教学技术的使用也较为落后。教师们首先应该提高认识，学习好信息化教育手段，并且将学到的信息技术更好地施展于山区特殊学校的教学课堂，让课堂不仅变得更加规范化，而且更加趣

味化，让特殊的孩子们能在信息技术的海洋里尽情驰骋，不仅要学到真知识，还要将知识运用于今后的生活之中，为成为有用人才而努力。

参考文献

［1］周惠颖，陈琳．应用促进公平：特殊教育中的信息技术研究进展［J］．中国电化教育，2009（4）．

［2］孙祯祥，张家年，王静生．我国信息无障碍运动研究综述［J］．图书情报工作，2007（11）．

［3］郑俭．在特殊教育个别化教育计划中纳入辅助技术：基于SETT框架［J］．中国康复理论与实践，2013（5）．

［4］张宝辉，林苹苹，田党瑞．理解为残疾人学习的教育技术：福祉技术（Assistive Technology）：访谈霍普金斯大学学者约翰·卡斯特兰尼［J］．现代远程教育研究，2013（4）．

［5］刘金凤．浅谈多媒体技术在聋校语文教学中的特殊作用［J］．企业家天地（理论版），2007（6）．

作者简介

刘芬，平远县特殊教育学校副校长，小学语文高级教师，从事教育教学工作26年，其中特殊教育5年，先后被评为梅州市优秀教师、梅州市优秀教育工作者，曾获广东省特殊教育学校"优秀个别化教育研究案例"二等奖、梅州市教育系统教育教学成果二等奖，主持国家级信息化课题顺利结题。擅长教学研究与管理、生活语文教学、绘画与手工教学，正在研究培智教育。

营造和谐班级文化 优化山区培智学校教学环境*

林志杰

班级文化是一个班级长期以来形成的一种特殊的行为准则,在一定程度上对班级的成员有一定的约束作用,同时也是凝结班级力量的核心。因此山区培智学校在教学过程中,应当注重对班级文化的建设,给予这些特殊学生更多的关爱与教育,建立良好的师生关系以及同学之间的信任,营造和谐的教育环境。同时,通过这种独特的班级文化,使学生的学习生活更加多姿多彩,培养学生的凝聚力,陶冶学生的情操。

一、营造和谐班级文化对于优化山区培智学校教学环境的必要性

在平时的生活中,教师应当对学生的心理以及其他情况有所了解,通过开导等帮助学生解决遇到的问题。在班级内部让学生树立家的概念,每个学生都是班级大家庭里的孩子,所有学生应当互帮互助,建立良好的友谊;所有学生积极参加集体活动,培养班级的凝聚力,让学生有团结的意识;在面对班级的问题时,所有人都能够一起去面对。对于一些山区的培智学校,像粤东西北等地区的山区培智学校,在经济发展上较为缓慢,教学条件不是特别的优越,通过营造和谐的班级文化可以有效地优化山区培智学校的教学环境,在一定程度上对教学情况有所改善。

二、营造和谐班级文化的策略

(一) 加强班级硬文化建设,营造良好的和谐班级文化氛围

对于班级内部的硬文化建设,教师可以通过创设班级环境来营造良好的班级文化。在创设过程中,教师应当根据班级内学生的具体情况来设计相关的内容,如学生的心理特点、兴趣爱好、认知程度和社会生活相关的时事热点等。教师还可以将自己平时的教学知识点融入班级环境创设的过程中,例如,文明礼貌用语的教学,教师可以在班级内创设一个班级文明礼貌用语角,让学生不仅在课堂上学,还可以在课后对相关知识进行学习巩固,让学生时刻记得要做一名讲文明、懂礼貌的好学生。除此以外,教师还可以将更多和谐文化的相关知识通过图文结合的形式,在班级环境创设的过程中体现出来,如安全知识、爱国教育、心理健康和社会生活等。

---

* 本文曾在《读与写》杂志编委会组织的活动中荣获一等奖。

教师还要根据学生的学习效果定期地对创设内容进行更换。通过科学地创设班级环境让班级处处呈现出和谐与温馨的氛围，让学生在和谐的教学环境中进行知识的强化学习，从而达到最佳的教学效果。

（二）加强班级软文化建设，优化班级管理制度

教师在落实班级管理制度时，要坚持以人为本，让学生学会自觉遵守班级制度。对于班级内部的制度与规则的制定，教师可以寻找一种让学生乐于接受的方式，如教师与学生共同约定的形式，制定一个班级公约。在班级公约制定之前，教师要根据班级学生的行为情况去制定，像有的学生经常迟到，教师可以制定不迟到、不早退公约；有的学生经常在课堂上吵闹及走动，教师可以制定遵守课堂纪律公约；等等。根据学生的具体行为情况去形成较为完善的班级管理制度。对于班级内的学生来说，应当自觉遵守这些管理制度，逐步提高自觉意识以及主人翁意识。为了更好地建立和谐的班级，合适的班级管理制度是十分有必要的，学生需要在班级管理规则的约束下，让每名学生能够积极地参与班级管理当中。通过帮助学生树立主人翁意识，让学生认识到自己是班级的一分子，也应当对班级进行维护与管理。

（三）开展班级德育活动，提升班级教育实效

对于培智学校的学生来说，由于他们身体存在缺陷这一特殊情况，教师可以通过开展多种班级德育活动，有效地补偿学生的身体缺陷和增强学生凝聚力与向心力。如在班级内存在手眼肢体不协调的学生，教师就可以用团队的形式组织开展一次"夹弹珠"团队游戏活动，学生在活动中不仅加强了手眼协调的能力，同时也学会与自己的队友团结合作。教师在德育活动开展过程中也要注意引导好学生，并给予学生鼓励与肯定。让班级内的所有人都能积极地参与到德育活动中来。通过开展德育活动来加强师生之间的友谊以及学生之间的友谊，让班内的所有人都感受到参与活动的快乐。多开展相关的班级德育活动，可以加强人与人之间相处的能力，培养学生的个性与修养，并能不断地锻炼他们的心理素质以及身体素质，还可以培养彼此之间相互协作的精神等。这无疑有利于打造和谐的班级文化，让学生能在更加有趣的班级教学环境中参与活动与学习。

三、结束语

对于学生来说，班级应当是一个小型的社会，教师和学生都是这个社会中的成员。为了让班级更加和谐与温馨，教师应努力营造一种舒适的班级环境氛围，在班级环境创设中，多从学生的角度出发，让学生掌握一些生活上的知识，强化学生的生活技能。同时，还要根据学生的具体行为情况去制定让学生乐于接受的班级公约。多开展有利于提升教育实效的班级德育活动。值得注意的是，教师不管是对班级环境进行布置、制定班级管理公约，还是开展班级德育活动，都应当考虑其实用

性和适用性，而且还应当注意学生安全方面的问题，防止学生受到伤害。总而言之，这都是为了让学生在和谐的班级氛围中学习到更多的知识，将来可以更好地适应社会生活、融入社会。因此，加强班级和谐文化建设是十分有必要的。

参考文献

［1］王瑞琪.小学班主任与学生和谐关系的构建的价值与途径［J］.课程教育研究，2019（39）.

［2］田晓春.浅谈小学班主任在班级管理中如何对学生进行道德素质培养［J］.中国校外教育，2018（29）.

作者简介

林志杰，平远县特殊教育学校少先队总辅导员，特殊教育二级教师，县优秀教师，从事特殊教育3年。擅长生活适应、感统训练等科目的教学，正在研究特殊教育学校的特色校园文化建设。

浅析使用希沃教学的便捷性*

李喜利

特殊教育学校与普通学校不同，学生由于生理特点，在感知、记忆、思维等方面存在着不同程度的缺陷。怎样让学生更好地掌握知识与技能，是所有特殊教育教师需要解决的问题。利用多媒体辅助教师教学工作，在一定程度上能有效促进教学目标的完成。希沃（Seewo）自主研发的、针对信息化教学需求而设计的互动式多媒体教学平台希沃白板，以多媒体交互白板工具为应用核心，支持与教学资源服务平台同步对接，提供丰富的教学、备课资源，具有多种备课、授课功能。希沃白板的授课过程能根据学生需要随时灵活调用，达到教师备课、授课一体化调控的目标，使特殊教育教师的教学工作更加高效、便捷，有效提高特殊教育教学质量。

一、备授一体，高效便捷

希沃白板5，是一款基于教师备授课使用习惯而设计的互动式课件制作工具，与传统的课件制作相比，利用希沃白板制作课件更加简易。希沃白板在备课模式下，提供多种教学模板、教学工具和教学资源供课件制作。在使用希沃白板5创建课件的同时，可以根据个人需求对课件进行分组，使课件信息简单明了，教师后期可根据教学进度及分组信息查找自己所需课件，操作便捷。由于残疾学生自身的特殊性，往往需要在课件制作时选取既简易又生动的背景模板，希沃白板5提供了丰富的课件模板，利用希沃白板5进行备课，可以在备课过程中根据学生实际需求选取模板进行运用。

传统的PPT教学是线性单一的呈现方式，教师课前需要花费大量精力去寻求素材，编辑动画和音效。希沃白板改变了PPT课件的备课思路。在教学过程中，教师可根据课堂的实际情况对课件进行操作，边授课边修改。教学是动态的生成过程，教与学也是相辅相成的。运用希沃白板，上课的过程也成了制作课件的过程，同时，其云端可进行同步保存，在真正意义上实现备课授课一体化。

二、妙趣横生，乐学课堂

由于残疾学生自身的局限，教师往往需要将知识更加直观、形象地展示在学生面前，帮助学生理解和记忆知识，从而提高课堂效率。希沃白板可以将抽象的概念具体化，创设情境，通过图片、动画、声音等多种媒介将教学内容生动立体地呈现

---

* 本文发表在《新教育时代》2019年第40期。

在学生面前，帮助学生并促使学生积极投入到教学活动中并享受学习的乐趣。

针对残疾学生的特殊性，游戏往往能够充分调动学生的积极性。在教学过程中，特殊教育教师可以利用希沃白板5提供的趣味分类、超级分类、选词填空、知识配对等进行游戏互动。在此过程中，学生眼看、耳听、手动，通过各种感官的统合完成练习。游戏即练习，练习即游戏，始终遵循"小步子，多循环"的原则。在运用希沃白板5教学的过程中，教师引导学生始终处在快乐积极的学习氛围中。

三、分层设计，满足需求

对残疾学生进行分层教学，能够充分彰显学生的个性，让学生感受到学习的快乐。这就需要特殊教育教师在教学的过程中针对各个层面学生的情况制定教学目标，提高或降低教学难度，争取每个学生都能有收获。运用希沃白板进行教学时，教师可根据学生实际情况，分层次设置不同的教学练习内容，通过数量、速度、程度的变化来提高或降低教学难度，从而使每个学生都得到锻炼，达到教学目标。

分层教学要根据学生的反馈情况来及时调整教学结构，教学内容是相同的，但练习内容是有所区别的。在希沃课堂上，学生参与课堂活动的过程中，师生能够共同简单、明确地看到学生对教学内容的掌握情况。同时，教师可以运用屏幕批注功能，对学生的练习情况进行反馈或强化。

四、共建平台，资源共享

教学课件是教育信息化课堂的教学演示和教授的辅助工具，在多媒体教学中有着举足轻重的作用，决定了特殊教育教师课堂的教学效率。希沃白板5提供资源共享平台，特殊教育学校可以构建一个校内的教育教学资源共享平台，根据学校的学科特点和专业设置，使相同课程、近似学科的教师能够互相交流，分散教学课件开发的难度、强度，协作完成，共同使用，提高效率，使教学资源能够发挥最大的应用价值。

希沃白板5支持课件云储存，无须使用U盘等存储设备，教师只需联网登录即可获取课件，教师走到哪里，课堂就在哪里。同时，在备课时，课件上的修改、操作均可实时同步至云端，无须反复拷贝。

信息技术的运用是为实现教学目标服务的，在教育教学过程中要根据需要选择性地使用白板技术。希沃白板给特教教师的教学工作带来了便利，有利于为特殊孩子营造一个高效、愉悦的课堂。

但无论科技如何进步，信息技术都只是教学工具，始终要坚持学生的主体地位，重视师生互动。

参考文献

[1] 张静漪. 浅谈在特殊教育教学中如何恰当地使用多媒体技术[J]. 知音

励志，2017（20）．

[2] 廖晨希．玩转"希沃白板"点亮精彩课堂［J］．考试周刊，2018（75）．

[3] 王忠诚．浅谈分层教学在培智教学中的运用［J］．学园，2017（16）．

[4] 张松超．加强多媒体课堂教学课件的开发与共享［J］．教育与职业，2013（11）．

作者简介

李喜利，平远县特殊教育学校教研组长，特殊教育二级教师，从事特殊教育4年，曾获梅州市教育系统教育教学成果奖二等奖。擅长教学研究、信息技术运用、生活适应教学，正在研究培智教育。

特教的艰辛与幸福

丘玉华

几年前，笔者被委任创办我县特殊教育学校，就此与特教结缘，其中的酸甜苦辣让人感慨不已。

说起特殊教育工作者的艰辛，也许很多人会质疑。特校教师不必过于钻研精深的教材，不用批改人墙高的作业本，没有多少学生，更没有什么升学压力，谈何艰辛？

也许我们不需要批改厚厚一大沓的作业，但我们的教师全天候都要帮学生擦鼻涕、换衣服甚至"端屎端尿"。也许我们不需要熬夜钻研教材，但我们每天都得思考学生要学什么、如何学，我们要教什么、怎么教，而且"一人一档"：每个学生的基本信息、学习追踪情况等都要每天做好记录，形成每周、每月、每学期、每学年度的个人档案。也许我们学生不多，也不要求学生一定要学会多少个字，会数多少个数，但我们也会为学生随地捡东西塞嘴里、随地拉撒、嚼衣服线头等伤透脑筋。也许我们没有普通学校那么大的升学压力，但我们却肩负着巨大的安全责任，只要有学生在学校，我们就得全天候打起精神，防止小部分有暴力倾向的学生自残或突然抓人、咬人。笔者从事特教工作以来，全校的老师无一幸免，都被学生袭击过。我们曾自嘲说：没有被学生抓伤过或咬伤过，都不好意思说自己是特教教师。

每到午饭、午休时间时，我们学校值班的生活老师还在认真监管着孩子，日复一日、不厌其烦地训练学生的就餐、就寝习惯，给生活自理能力尚且不足的学生喂饭、清洁，同时应付着可能发生的突发情况，哪里敢合一会儿眼。

去年暑假，笔者很荣幸参加了北京师范大学组织的一个特殊教育的培训。在上课的时候，一位老教授的话让笔者印象很深，他说："在这种环境下（指特殊教育学校）工作是需要一种献身精神的，因为你们都是一些健全的人，你们与我们交流时可以自然发挥，但与那些聋哑、智障、自闭孩子在一起时，你们的心中曾经的教学经验及日常的交流方式都不一样了，长此以往，对于一个正常的人来说，会感到一种压力……"从事特教这几年后，回过头来看这句话，深有感触。

相信了解过，特别是从事过特殊教育工作后，应该没有人还会觉得特殊教育老师轻松了吧。这时，可能又有人会疑惑，既然工作那么艰辛，又谈何幸福呢？况且这群残疾的孩子症状各异，有的长相古怪，有的说不清话，有的听不清话，有的看不见，有的走路不稳，甚至有的连吃喝拉撒都不能自理。成天和这样的孩子打交

---

* 本文发表在《梅州教育》2018年第173期。

道，别说幸福了，恐怕连开心也很难说得上。教他们，充其量就是一个保姆而已，获得成就感都难，何来幸福可言？

说实话，受到委派，刚接手第一批残障学生时，笔者也曾动摇过。因为当时心里没有底，之前20多年一直在普通学校任教，对特殊教育这一块没有任何经验，而且同行的两位老师也都初出茅庐，没有任何特殊教育从业经验。

开学第一天，孩子在家长的带领下陆陆续续来到教室，哭闹的、嬉笑的、怪叫的、乱跑的，课室里一片混乱。这样的情况持续了一个上午，老师既着急又气愤。为了惩戒这帮"熊孩子"，老师的手好几次冲动地高高地扬起，但又轻轻地落下。我们怕，怕一时的激愤，会让这些本就不幸的孩子更自卑；怕一时的冲动，会让这些本就可怜的孩子再次蒙受打击。

记得有位教育家说过，对待学生，该这样想："假如，我是孩子；假如，是我的孩子。"这句话对笔者触动很大。一个教师，无论你的专业功底有多深，无论你的行政职位有多高，没有发自内心的师爱，又谈何教育？

为了尽快熟悉特殊教育学校的建设模式、教学方式，笔者带领骨干教师先后走访了深圳元平、顺德启智等特殊教育较先进的特殊教育学校进行交流学习，了解他们的学校设施设备、功能场室的配备、师资力量的配备以及日常教学教研经验等。另外，还成立了教育教学研究组，通过查找文献、课堂教学观察等手段研究智障学生、自闭症学生的生理心理特点，在此期间，我校教研组的课题"智力障碍学生能力素质培养的实践研究"成功通过了第九届梅州市教育系统教育科学研究课题立项，目前教学研究工作在顺利进行着。

在人才培养上，笔者坚持以理论引导实践，以实践促进教学。一方面，笔者倡导在校的特殊教育教师学习理论知识，对行为矫正训练、语言治疗和心理诊断等进行详细学习；另一方面，笔者还要求他们以理论引导实践，以实践促进教学。经过一个多学期的磨炼和钻研，我校的教师从刚开始面对特殊学生的手足无措、无处着手，到现在的驾轻就熟甚至能独当一面。作为一校之长，看到一个个青年教师在自己的引领下完成一次次的成长蜕变，这何尝不是一种幸福？

在教学实践中，面对不同障碍类别的学生，我们尝试运用多种有针对性的教学模式和方法。对于智障和自闭症的学生，每一天的重复性教育有利于孩子们更好地掌握知识和技能。同时，每一天的固定重复性的教学模式也有利于学生情绪的控制。为此，我们学校的教师从最简单的知识开始，动物卡片、植物卡片、简单数字、简单汉字、短句、童谣；从最基本的动作开始，日复一日地训练学生就座、如厕、就餐、就寝等习惯。一遍不行再来一遍，一天学不会学一周，一周还不行再来一周，这样不间断地练习，不定时地强化，即使很多时候进展依然缓慢。但是，当看到之前一会儿都坐不住、满教室乱跑的孩子在老师们的耐心调教下慢慢地能够坐上2分钟、3分钟、5分钟、10分钟时，我们心里面的喜悦感不知不觉已经挂在脸上；当看到刚入学时好几周都富有攻击性，经常突然抓咬身边的同学或老师的孩子在通过教师持续几周的心理疏导、情绪控制训练后慢慢收敛，渐渐能够与周边同学友好相处时，我们内心的价值感油然而生。笔者为我们所有教师取得的成绩而骄傲。

列夫·托尔斯泰说："爱和善就是真实和幸福，而且是世界上真实存在和唯一可能的幸福。"特校教师这份职业，给了我们一个释放心中爱和善的平台，给了我们内心满满的幸福。

从信念到行动，从借来的教学楼到现在正在赶工的新校大楼，从千头万绪难理清到现在应对自如，从无到有，从有到优……漫漫特教路，即使前路荆棘遍地，我们也会坚定前行，为这群孩子们有更好的生活环境、有更好的未来而努力。

特教工作，是一份充满艰辛的职业，却又是一份让人深感幸福的事业。

生活与教学，云端新模式*

——浅谈防疫期间生活语文教育信息化的运用

郑 智

培智学校生活语文学科是一门让特殊学生学习语言文字运用的综合性学科。2020年新冠肺炎疫情防控期间，师生无法建立面对面实效性沟通，于是通过云端教学等教育信息化手段，结合社会生活，从而实现生活语文教学的工具性、生活性和人文性，做到"生活化教学""趣味教学"。

培智学校的课程教学，注重知识与生活的互相作用。《培智学校义务教育课程标准（2016版）》中明确指出：生活语文课程的教学目标是通过促进学生听说读写能力的发展，使语文教学内容更好地为学生融入社会、适应生活打基础。在此次新冠肺炎疫情防控期间，云端教学带给教师新的挑战，也带给师生新的体验和收获。

一、双屏幕模式与多功能媒介，实现生活语文"工具性"

新冠肺炎疫情防控期间，师生采用"双屏幕"的空中课堂模式，大部分学校使用"希沃云胶囊""腾讯课堂"等信息化手段。21世纪是信息化的时代，特殊学生同样需要使用常见电子产品，掌握一定的生活技能。因此，在我的"希沃云胶囊"生活语文课堂中，充分将"听说读写"与常用App的使用相结合。如在学习生字"宝"时，练习环节中穿插"手机淘宝"的使用。首先让学生在投屏的手机界面圈出生字"宝"，告诉学生这个App叫"淘宝"，打开"淘宝"，可以买到很多"宝贝"。此环节学生可以再认生字，并练习组词和了解字义。

随后，笔者通过录屏演示淘宝的应用，并请家长协助学生完成各自的练习。在家长的指导下，学生使用语音功能，说出"打开淘宝"或"淘宝"，语音打开淘宝后，家长提问："你想在淘宝买什么宝贝？"学生以句子"我想买×××"或词语"×××"来回答，家长学生一起操作，合理购买一种学生想买的物品。在锻炼学生听问句的能力的同时，还根据学生个别化教育计划，达成说短句或词语的不同的教学目标。

拓展环节，请学生在音乐播放软件中写出或用语音念出"宝贝"，播放歌曲《宝贝》作为律动，学生可以在歌曲中感受自己是爸爸妈妈的宝贝，同时锻炼部分

---

* 本文发表在《教育信息化论坛》2020年第6期。

学生写字的能力。

充分利用信息化，将听说读写、综合性学习与双屏幕云端教学形式相结合，最大限度地实现生活语文的"工具性"。

二、情景性学习与体验式感知，着眼生活语文"生活性"

线上授课的后期，笔者通过微信、电话等调查，了解到学生和全职爸爸（妈妈）长时间在一起，活动形式单一，活动范围固定，导致部分家长、学生的情绪易暴躁。针对此情况，绘本教学恰如其分。

在教授绘本《爱生气的小三角龙小威》时，笔者在希沃课件的在线实验功能中，提前插入模拟小威生气摔东西、大声喊叫后，房子倒了、朋友走了的动态操作。直播授课时，请学生作为生气的小威自己操作，呈现出的场景直观展示乱发脾气的后果。随后，请同学们帮小威想想怎么处理自己的坏情绪，老师操作蒙层擦除生气的哭脸，每个同学说一说正确的方法，随后出现了小威开心的笑脸。

在后期练习时，笔者分发不同的蒙层图片，请家长学生接力说"生气时，我可以……"，说出几种办法后，共同点图屏幕，即可展示学生的全家福笑脸。

利用现代化信息设备，通过感知、体验、参与等多种方式进行学生生活中常见问题的解决，促进学生能动发展。

三、多元化素材和社会化体系，体现生活语文"人文性"

教育提倡育人为本，践行社会主义核心价值观，弘扬民族精神。新冠肺炎疫情防控期间，我国涌现出大批优秀的抗疫英雄，这是优秀的爱国主义教育题材。

在生活语文拓展课"我为×××点赞"中，学生自己在网络、生活中寻找抗疫英雄的事迹，将英雄的照片发给笔者做课件素材。直播课中，分别展示学生们手机里的照片，同时让对应的同学简单介绍英雄事迹，要求以句子"这是××"开头，以句子"我为×××点赞"结尾。笔者以录屏形式录制学生的介绍，剪辑拼接防疫宣传片。

以此形式，学生既是演讲者，又是听众，参与度极高，同时了解不同的职业为社会做的贡献，这是难得的口语表达和人文教育机会。

总体而言，依据培智学校学生的能力和生活环境，利用现代化信息资源和教育信息化手段，能充分实现生活语文课程的工具化、生活化、人文化。

参考文献

[1] 黄凯. 生活教育模式的探索：基于上海市培智青年技术学校的实践 [J]. 生活教育，2018（3）.

[2] 苏慧，雷江华. 培智学校校本语文教材开发生活化探析 [J]. 中国特殊教育，2011（7）.

作者简介

郑智，深圳市福田区特殊教育资源中心副主任，深圳市福田区竹香学校少先队总辅导员，竹香学校骨干教师，承担普通学校融合教育指导和学校德育工作，中小学一级教师，从事特殊教育7年，擅长课堂教学与班级管理，曾获深圳市特殊教育青年教师基本功竞赛二等奖。

个别化教育计划框架下主题教学模式初探

——以深圳市福田区竹香学校为例

曾子豪

个别化教育计划和主题教学都是当下特殊教育领域的热点。随着《第二期特殊教育提升计划（2017—2020年)》的实施，教育部要求高度重视特殊教育工作，全面提升教学质量，对特殊教育教师提出了更高的要求。作为特殊教育重要组成部分，个别化教育计划保障了教学质量和特殊学生的个性化发展。同时，个别化教育计划作为提供主题教学内容及策略的纲领性文件，以主题教学作为目标实施的载体，在个别化教育计划的框架下，主题教学有效地将教学内容与生活经验相结合，落实以生活为核心的教育理念，将各学科知识进行整合，打破学科之间的碎片化，诱发学生内在的学习动机，让学生乐于学习并将知识用于生活。本文通过文献分析和深圳市竹香学校的实践成果对如何在个别化教育计划框架下进行主题教学进行了研究，讨论该教学模式的优越性与局限性，为该课程模式的实施与改进提供一定的参考。

一、个别化教育计划框架下主题教学的实施

本文以深圳市竹香学校的教学实践及文献分析对个别化教育计划框架下主题教学的实施步骤进行阐述。深圳市福田区竹香学校为福田区教育局下属九年一贯制特殊教育学校，承担福田区辖区内自闭症、智能障碍和脑瘫儿童的义务教育。目前，校内有3个年级共32名特殊学生，使用全日制培智学校人教版教材，贯彻落实教育部制定的《培智学校义务教育课程标准（2016版)》。以下通过6个步骤阐述该教学模式的实施过程。

（一）设计个别化教育计划

深圳市竹香学校学生的个别化教育计划由两部分进行测评：一是教育诊断，我校采用"双溪个别化教育评量表"，根据学校的实际情况选择评量表测评，了解学生学习特质，提出教学策略。二是课程评量，我校采用"培智学校义务课程目标评量表"，由重庆向阳儿童发展中心受评山庄"第二十二期培智教育咨询工作营"全体学员编制，包含生活语文、生活数学、生活适应、劳动技能、绘画与手工、唱游与律动、运动与保健七大学科的课程评量标准，通过测评了解学生学习起点，找出教育重点。最后将教育诊断、课程评量结果和学生基本资料整理汇总成综合研判分析报告书，与家长召开个别化教育会议，讨论达成一致意见后，生成该学期的个别

化教育计划。

(二) 汇总各学科目标，统整班级目标

根据国家新课标教材选定，深圳市竹香学校将一学期划分为4个单元，分别为学校生活、个人生活、家庭生活和社区生活。各科教师根据单元名称，将性质相近的一组目标分到同一个单元，形成各学科的学期与单元教学安排表，由班主任汇总各学科目标，统整班级目标。

(三) 拟定单元主题及主题活动形式

班级的科任教师召开讨论会议，从学校、家庭和社区3个主要生态环境中探索学生日常生活中的资源，形成生态环境中大量丰富的主题。根据各个学生在该单元的教学目标来拟定主题活动，设计出该主题活动的各个环节，形成主题活动安排表，并具体分析该主题活动下各个学生需要达到的能力，最后落实到各个学科，结合教学目标设计教学内容。

(四) 实施教学

在单元主题的情景下组织教学活动，落实以生活为核心、以生态为导向的教学理念，使用与儿童实际生活经验接近的教学资源，充分利用实物或多媒体教具，引领学生多感官参与，以直接的经验习得知识。对于学生能力差异较大的班级要落实分组教学，发挥辅教教师的作用，以达到学生个别化的发展。

(五) 主题活动

深圳市竹香学校的主题活动定在每个单元的第三周周五，前三周组织教学，根据主题活动的表现对学生目标的达成进行简单的分析，对目标达成情况进行评估，改进教学，并在第四周开展补救教学或充实教学。主题活动邀请学生家长共同参与，并在活动的各个环节与学生进行互动，完成教学计划。

(六) 教学评鉴

每个单元结束后各科科任教师对学生教学目标的达成情况进行评估，对未达成的教学目标进行分析，采取补救教学，生成月评鉴表，并将其发送给家长，听取家长的反馈。期末对整个学期的教学目标进行评估，生成各学科的目标达成率和总达成率，对教学的成效进行分析改进，最后对教学情况汇总整理，进一步完善学生的个别化教育计划，并在学期末与家长召开个别化教育会议，对本学期的教学情况及下学期的教学目标进行系统的讨论。

二、个别化教育计划框架下主题教学模式的优越性

(一) 统整学科内容，弥补分科教学的不足

传统的分科教学存在教学内容碎片化，各学科各自独立组织教学活动，缺少不同学科间的交流与借鉴，哪怕是同一内容也有不同解读，学生片段式地接收多个学

科的知识，无疑加大了特殊学生将所学知识迁移至现实生活的困难。主题教学有效地将各学科进行统整，促进科任教师之间的交流，不仅将教学内容进行整合，而且将学校、家庭、社会等多种资源进行整合，以学生生活中真实的主题背景组织教学，增加学生直接经验，帮助其将所学直接用于生活中，提高学生解决实际生活问题和适应生活的能力。

（二）教学成果数据化，落实个别化教育计划

在此模式下，月评鉴与期末评鉴有效地补充了特殊教育的教学评鉴方式。学生每个月乃至每个学期的目标达成情况通过数据能更客观地呈现，对教育工作查漏补缺，家长也能直观地了解孩子的学习情况。并且随着该模式的推进，可以纵向对比该学生在一定年度中的变化，对教学成果的评价也有数据支持，落实个别化教育计划。

（三）寓教于乐，学生乐学

打破传统的教条式教学，创设真实有趣的教学情境。学生在主题下对学习充满动机，参与度更高；教师在教学的过程得到学生的反馈，快乐教学，教有所成，形成良好的师生互动关系。

（四）加强教师间交流，提升专业素养

在个别化教育计划的制定和主题教学的讨论过程中，教师之间的交流次数大幅度增加，在教学方法、教学设计等方面也得到了专业的成长，同时在主题教学的实践过程中，教师接触到丰富的主题内容，为教师提供各种课题。

（五）加强家校互动，建设幸福特教

个别化教育计划框架下的主题教学模式给家长提供了更多参与孩子成长的机会，在此过程中促进家校沟通，通过个别化教育会议和主题活动，家长更清楚地了解到学校教育、教师工作和孩子情况，使家长的参与成为教育中不可或缺的重要部分。随着该模式的不断推进，家长能更加直接感受到教学成果，在收获孩子成长的喜悦的同时也会受到教育理念的感染，更懂得如何教育孩子，建设幸福家庭，落实家校一体，实现幸福特教。

三、个别化教育计划框架下主题教学模式的局限性

个别化教育计划框架下的主题模式对学生及教师的成长都有极大的帮助。然而，笔者发现该教学模式还是存在一定的局限性，具体思考如下。

一是教师在教学中容易受主题活动影响，忽略了知识之间的逻辑关系。如因受到课时量的限制，教师在课堂的教学更多偏向主题活动中需要展示的能力，而忽略了该能力所需的先备知识，弱化了学科课程内部知识技能多维度的纵向练习。学生个体差异大，对主题活动的顺利开展造成一定难度。特殊教育学校学生情况多样且复杂，在行动、语言、情绪方面都存在显著差异，主题活动中往往需要教师的单独

辅助,否则难以兼顾学生个别化发展,对教师的专业素养有较高的要求。

二是本文所介绍的主题教学模式是深圳市竹香学校根据实际的教学情况调整后的版本,与我国学者俞林亚提出的培智综合主题教学模式存在一定的差异。如图1所示,该模式是在拟定主题后,根据关键技能发展课程目标,而我校则是根据课程目标拟定主题。导致该差异的原因是我校使用的是《培智学校义务教育课程标准(2016版)》,最新的国家课程标准是按照学科性质分的领域,而其他版本的课程标准是按照认知、语言、沟通等领域进行划分,并不是具体的教学内容。使用国家课标可以使特殊教育教学更加规范化,在国家的方针指导下实施教学。但该模式也产生了教师对主题选择的难度增大的问题,根据多学科的教学目标选择适宜的主题无疑对教师提出了更高的要求。

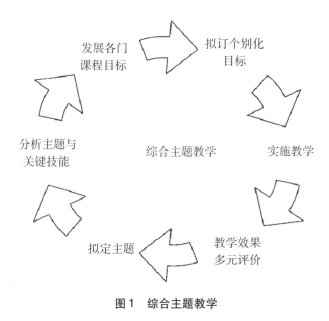

图1 综合主题教学

参考文献

[1] 张文京. 特殊儿童个别化教学设计与实施 [M]. 重庆:重庆出版社,2008.

[2] 姜姗姗. 小学综合实践活动课程主题学习单元设计研究 [D]. 南京:南京师范大学,2015.

[3] 李祖祥. 主题教学:内涵、策略与实践反思 [J]. 中国教育学刊,2012 (9).

作者简介

曾子豪,特殊教育学学士,深圳市福田区竹香学校生活数学科组组长,擅长班级管理与学生行为问题矫正,曾被评选为福田区教育工作者先进个人。

个别化教育理念在生活单元主题教学模式中的实践探究[*]

——以深圳市福田区竹香学校为例

杨丽华

近年来，个别化教育成了特教界的迫切需要。本文在此背景下采用行动研究法和访谈法，以此探究个别化教育理念在竹香学校的生活核心单元主题教学模式下的实践情况，以期了解个别化教育在该种教学模式下的可行效度。结果显示，该种模式有助于实现个别化教育，但存在需要改进的地方。

一、问题的提出

随着我国特殊教育的发展，个别化教育成了特殊教育界的迫切需求。个别化教育理念的最直接体现就是个别化教育计划（Individualized Education Plan，IEP），它是为了落实个别化教学编拟的，为某位学生提供的最为适合其发展，给予最恰当教育服务的文件，是学生在一定期限内的学习内容。计划的实施需在一定教学模式中实现，何种模式适用于特殊学生？我们深知特殊儿童的学习必须以生活为核心，所以以生活为核心的单元主题教学模式正是特殊孩子所需要的一种教育教学模式。该模式的课程组织形式是以个人、生活为核心来进行教学；其程序以学生生活环境中需面对的问题形成单元主题，构想学生需要以何种表现来解决此项生活问题形成单元目标，再形成教材内容。本文中的教学模式都是以学生IEP目标为先要条件进行的。

现有的文献中，从教学模式出发进行探索的实践研究还相对较少。本文从生活核心单元主题教学模式入手去初探个别化教育在实作阶段的可能性。

二、研究对象及方法

（一）研究对象

本文以深圳市福田区竹香学校作为研究对象，该校是福田区属的特殊教育学校。截至2019年1月，该校在校生共30名，其中一、二、三年级分别有10名、11名和9名学生，以中重度自闭症、智力落后学生为主。除一名学生因特殊情况长期

---

[*] 本文曾获2019年广东省特殊教育成果省级二等奖。

请假，其余29名学生均详细制定并执行了IEP。

（二）研究方法与过程

1. 行动研究法

本文采取行动研究法。按照学校IEP工作流程，在教育过程中先计划，再实施，后反思，再循环往复，切实推动培智学校课堂教学的改进和实现本次的实践探究。

先以《培智学校义务教育课程标准（2016年版）》为蓝本编制我校七大学科评量标准，对学生进行教育诊断和课程评量，制定学生IEP，再进行学科和班级目标的统整。依据部编版实验教材确定4个单元，再形成4个单元的班级目标。再以生活适应的个别化目标引导主题方向，通过单元目标来探讨主题名称。确定主题后再设计单元主题活动和统整活动。为了顺利迎接单元主题活动，各科进入实施教学的过程。师生再如期开展高潮活动即统整活动，同时老师需在活动中进行个别化目标评鉴。最后科任教师需在"学生个人月目标评鉴表"上进行记录和反思，从而不断提高工作质量。

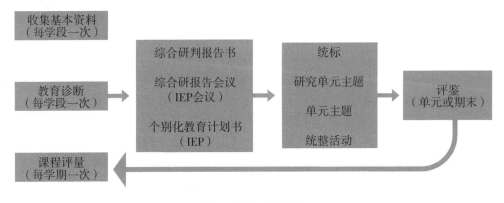

图1 IEP工作流程

2. 访谈法

本文在行动研究法的基础上采取半开放式访谈法，自编访谈提纲，抽取了3名班主任教师，进一步分析个别化教育在此种教育模式下运行的有效性和存在的不足，并就此提出解决办法。

三、研究结果与分析

本文探究个别化教育在生活核心单元主题教学模式的运用结果，最直接的体现是学生个人目标达成情况，所以，这里主要对学生的个别化目标达成率做以下分析。

（一）全校学生个别化教育目标达成情况

根据教师对29名学生的期末评鉴结果的分析，可得个别化目标达成率在60%以上的有27人，占比93%。全校3个年级共2名学生未达及格线，这两名学生患重度自闭症和智力落后，未达及格线的主要原因是教育目标难度较大和教师的教学方法未及时调整。个别化教育目标达成率在80%以上的有23人，占比79%，其中有4人的目标达成率为100%。学校本学期的个别化教育在该种教育模式下的尝试收效较好。

（二）学科个别化教育目标达成情况的横向比较

以学科为单位，通过对7门学科达成情况的横向比较，得出生活语文和生活适应目标达成率在60%以上的人数最多，都为28人，占比全校人数97%。其中不及格的都为三年级的同一位学生，据分析该学生有很严重的情绪行为问题，会较大程度影响个别化目标的达成。运动与保健在60%以上的有18人，占比62%，通过访谈了解到很多学生进行的个别化练习次数少，时间短。生活数学、劳动技能、唱游律动、绘画手工的达成率在60%以上的分别有24人、24人、27人、21人。所有7门学科达成率都有至少一半的学生人数在60%以上，总体情况偏好。

（三）各学科个别化教育目标达成情况的纵向比较

生活语文的个人目标达成率在80%以上的有17人，生活数学的个人目标达成率100%的占比79%，生活适应的目标达成率在80%以上的有23人，劳动技能的目标达成率为100%的占比83%，唱游与律动的目标全部通过的占比76%，绘画与手工的达成率在60%~80%的占比72%，运动与保健的目标达成率在60%以上的占比62%。目标全部达成最少的人数为三年级，达成情况有待提高。

四、结论

（一）生活核心单元教学模式有助于实现个别化教育

研究结果表明，我校生活核心单元教学模式在实现个别化教育时效度方面总体较好。首先，生活核心单元教学把原本分散在各科的个别化目标以一个单元主题活动统整来学习，减少了学生学习类化和迁移的困扰，有助于学生更好理解所学的内容。其次，在设定单元主题活动时，也会结合学生兴趣，所以在进行单元教学时，活动生动有趣，情境真实，学生乐于参与。最后，为呈现精彩的统整活动，学生学习有目的、有意义，把学习的内容应用在主题活动中，由此学生也会获得成就感。

（二）生活核心单元教学模式在实现个别化教育时出现的问题

该校评量结果显示，仍有部分学生目标未达成，分析可得：学生方面，有些教师评量不够精准，目标难度偏高，缺乏必要的练习，学生无法达成；教师方面，有些教师需重点反思是否与家长做到了及时有效的沟通，是否将目标迁移到家庭或学校生活；学校方面，教师在进行单元活动设计时、在实施个别化教学时、在完成目标评鉴工作时，学校的监督是否到位，引导是否及时，反馈是否有效。所有在实践初期出现的问题，都会影响个别化教育实现的品质。

五、启示

本研究表明，个别化教育是可以在该校的生活核心单元教学模式下实现的，但为了推进特殊学校个别化教育运作的有效性，从该校的研究结果可以得出以下建议。

（一）评量阶段的科学性

个别化教育第一步就是对学生的教育诊断和课程评量。一方面教育诊断的结果事关教学策略的科学性，必须专人专测，学校需建立一支专业的教育诊断评估团队，引领全校将评估结果科学可行。另一方面课程评量的结果事关教师的教学目标，若评量有误，则目标难达。所以教师要尝试多种评量工具，利用多种评量方法，保证学生学习起点真实客观，这样才能制定出合理的个别化教育目标。

（二）单元主题的针对性

单元主题是为个别化目标服务的，每一个单元活动的设计都来源于个别化目标，所以必须严格按照学生的目标表现设定单元活动，这样在教学时才能针对性地实施个别化教学，展示统整活动和进行评鉴。另外，单元主题是以生活为核心，所以生活适应教师要在主题活动讨论时充分扮演好自己的角色，发挥自己的优势，为个别化教育增添力量。

（三）个别化教学的专业性

学生目标的达成情况与教师教学的能力密不可分，可能不是学生听不懂，而是老师没讲清；可能不是学生不会，而是没及时处理学生当下的情绪问题；可能不是学生注意力不集中，而是老师的教学方式单一……所以，学校在推行个别化教育理念时，老师也要努力提升专业水平，矫正学生问题行为，在合适的机会下满足学生多样的感官需求，不断尝试科学的教学策略，也向家长传授家庭互动技巧。

（四）评鉴标准的合理性

评鉴标准的定位直接决定了个别化目标是否达成，往往有些老师会模棱两可影响目标达成率的准确度。所以，老师要充分理解学生的目标表现，制定符合该名学生的评鉴标准，切不可"一杆尺子量所有"。同时对评鉴标准的表现方式也应多样化，因为每位学生的优弱势不同，尽量让学生通过多种方式来表现自己，减少评鉴结果的误差。

（五）学校监督的有效性

特殊学校个别化教育的运作，不仅需要教师的自觉，更少不了学校的监督，学校可以组建一支个别化教育监督团队。而面对全校每位教师对每位学生制定与实施的个别化教育,学校需要探讨出一条高效的监督途径,不仅能及时发现问题,也能及时改进问题,这样一所学校的个别化教育系统才能良性运转。

随着特殊教育的地位日益显露,在重视特殊教育发展的同时,个别化教育也应受理解。当我们在前进的路上探索出了一种实现个别化教育的有效教学模式时,希望我们每一位特殊教育工作者都能肩负使命,为心智障碍人士的品质生活撑起一片天,因为时机正好,有你更美好!

参考文献

[1] 张文京. 特殊儿童个别化教育计划与实施 [M]. 重庆:重庆大学出版社,2008.

作者简介

杨丽华,深圳市福田区竹香学校课程规划中心副主任,中小学二级教师,负责学校个别化教育课题研究与推广,是学校青年骨干教师。

教育，智力的冲刺与挑战

——开学第一课"看电影"教学片段及特殊教育教学思考

廖 华

【案例】特殊教育三年级学生开学第一课"看电影"。

【课堂回放】

师：今天，老师准备和大家一起到电影院看电影（希沃课件出示：看电影）。看电影时需要注意什么呢？我们一起来看看观影注意事项。

（课件出示）

师：这是我们的电影票，让我们一起来看看上面都写了什么？（出示电影票，如图1所示）

生：竹香电影院。

师：现在，我们就在竹香电影院里了。

（课前把桌子移开，把椅子按照电影院的方式排列成三排）

生：1排1座。

师：哦，这是什么意思呢？

（学生面露难色，不知道如何表达）

师：能不能在我们的电影院找到这个座位？请走出来找找看。

图1　电影票

（学生们走到讲台前，面向排列好的座位，开始找。座位上没有座位号）

H同学：老师，我找到了，在这里。

（她指着右手边第一张椅子）

师：大家一起看看，请H同学告诉我们这里为什么是1排1座呢？

H同学：这里是第一排的第一个座位。

S同学：我认为这里是1排1座。（指着同一排的另一边的第一个座位）

师：（情不自禁地鼓起掌来）哇，好棒啊。两位同学都把面对着电影屏幕的第一排叫做1排。（用夸张的动作，手臂大幅度地划过第一排的三张椅子）这里是第1排！

（让学生们学着老师比画的手势一起说）

师：为了让观众一进电影院就能看到醒目的第1排，我们把这个"1排"的牌子贴在哪里最合适呢？

……………

师：那么，"2排""3排"的牌子分别贴在哪里最合适？

（学生们边讨论边贴）

师：电影院的排数我们已经很清楚了。如果我们以H同学指定的这个座位为1座的话，2座在哪里、3座又在哪里呢？

（师生一起按照顺序数：1座、2座、3座）

师：如果我们以S同学说的这个位置为1座，那么2座、3座又在哪里呢？

……………

师：请大家投票，喜欢哪一种方法排座位呢？因为H同学的排列方法是我们上个学期学习时用过的顺序，大家觉得更熟悉、更方便，那么我们就采用H同学的这种方法吧。

（面向屏幕的左手边第一个座位）

师：我们一起制作座位牌，贴在椅子靠背上吧。

（学生们兴致勃勃地制作、粘贴）

……………

【教学反思】郑毓信教授在《数学教师三项基本功》里写道，数学教师的三项基本功：善于提问、善于举例、善于比较与优化。不管是在普通学校的数学科教学还是特殊学校生活数学科教学，通过教师课堂实践，发现都有着异曲同工之处。

一、善于举例

这是四年级的学生，共有学生10名，每个学期开学的第一课都是课堂常规教学课，让学生按照课堂常规上课。面对这一学情，教师普遍的处理策略是将课堂常规制成PPT，直接告诉学生规则。应该说，这样处理也能顺利完成教学。但是，多年的教学实践一再告诉我们，这种平铺直叙的导入很难真正吸引学生，更难让所有学生真正参与到学习过程中。有鉴于此，课一开始，笔者就别具匠心地创设了一个看电影的情境：通过讲解观影注意事项，结合开学初教学常规指导，把每一条都与课堂常规联系起来，使学生与生活经验相链接，很容易就明白了遵守公共秩序和课堂秩序的道理，在愉快的交流中心悦诚服地接受，并付诸行动。

二、善于提问

一个好的问题，可以在学生已知与未知之间架设桥梁；一个具有挑战性的问题，不仅挑战学生的智力，启迪智慧，还可以使教学逐渐清晰明朗，培养学生独立思考和解决问题的能力。

第一个问题："这是我们的电影票，让我们一起来看看上面都写了什么？"让学生学会观察，发现信息。"竹香电影院"引出了看电影的游戏规则，同时知道今天课室里摆放的座位与往常不同，是模拟电影院的座位摆放方式，让学生置身于一个模拟的电影院教学情境中，仿佛身临其境，学习的兴致更高了。

第二个问题："1排1座是什么意思啊？"上个学期学生已经有了1座、2座、3座的学习经验，新的知识点在1排。正在学生们抓耳挠腮，不知如何回答这个问题的时候，教师提一个小小的建议，紧接着追问："能不能在我们的电影院找到这个座位？请走出来找找看。"换一个角度看座位，引出"排"的学习，从而水到渠成，认识了"1排"，也就很容易地理解和认识"2排""3排"，在学生的活动中自然而然地建立了由前往后数排的概念。

第三个问题："为了让观众一进电影院就能看到醒目的第1排，我们把这个'1排'的牌子贴在哪里最合适呢？"以此类推，"2排""3排"的位置也确定下来，贴在相对应的醒目的位置上。

三、善于比较与优化

在讨论"1排1座在哪里"时出现了两种方案，其实1座从任意一边开始数都是可以的，为了引导学生比较和优化出更符合习惯的方法，采取了投票的方式，选择出了一个大部分同学都喜欢的排列。老师说："因为H同学的排列方法是我们上个学期学习时用过的顺序，大家都觉得更熟悉、更方便，那么我们就采用H同学的这种方法吧。（面向屏幕的左手边第一个座位。）"2排、3排的1座、2座、3座也相对应地布置好了。

游戏是儿童的天性，学生对这种教学方式很感兴趣，然而感兴趣的原因不止于此。这个看电影、布置电影院的逼真游戏看似简单，实际颇具挑战：因为老师没有明确的观察目标，学生按各自方式发现信息，顺着这些发现的信息，呈现出本节课的学习内容和主线，不知不觉地在模拟的情境中学和悟，没有教学的痕迹，只有学生自我发现的喜悦。学生们在自己制作座位号、贴座位号时，反复地学习和理解排数、座位号的排列顺序，电影院布置好了，座位的排序也学会了，后面的对号入座就变成了轻松不费力的事情了。

郑毓信教授在《数学教师三项基本功》中指出："对数学教学来说，最关键的就是创设恰当的问题情境，提出具有挑战性，同时又适合于学生认知水平，并具有启发性的问题，从而不断激发学生的好奇心，能积极地去进行学习，不仅学到知识，也能学会思考。""能够调动学生的好奇心，调动学生进行探究的欲望，这是数学课的根本。"

数学教学关注学生思维的成长，培养"带得走"的能力。审视上述环节，它不仅创设了看电影的学习场景，更关键的是，它放慢了速度，给足时间让学生自行探究摸索，为学生感知、领悟教学重点和难点做了必要的铺垫。这些知识就不再抽象、呆板，反而具体、形象、亲切，它是学生自身经历的一种反馈。生活经验和教学重点、难点自然地实现了沟通。

任何一个儿童的思考与挫折都应被视为精彩的表现来接纳。倾听每一位儿童的困惑与沉默，串联每一个学生的发现与创意，进而使微妙的差异得以交响。这是课堂教学的立足点，同时也是实现灵动的、高雅的、美丽的学习的保障。

作者简介

廖华，本科学历，中共党员，深圳市福田区竹香学校教育科研中心主任，中小学一级教师，从教34年，被评为深圳市优秀教师、福田区优秀园丁。

当 1+1>2*

——"空中课堂"开展中的挑战与机遇

袁 园

新冠肺炎疫情的暴发打乱了各个行业的秩序,同样打乱了学校的开学计划,但停课不停学。"空中课堂"是将传统教学形式变为线上教学,这样的改变为教学带来了挑战,同样值得关注的是挑战带来的机遇。

一、挑战:1+1>2

网络学习对于特殊儿童来说,是个严峻的挑战。与普通儿童相比,特殊儿童所需要面对的问题不仅仅是如何达到"1+1=2",而且是如何达到"1+1>2"。从普遍性来说,特殊儿童具有普通儿童所具有的心理发展规律。学习过程中,电子产品的诱惑使普通儿童注意力的集中成为需要"刻意而为"的事情。这对于原本注意力就极易分散的特殊儿童来说无异于雪上加霜。从特殊性来说,网络学习使学习与反馈的及时性、针对性都有所降低。特殊儿童对图像、声音敏感程度差异较大,统一的网络授课使特殊儿童学习内容的接收量都难以得到保证。

特殊教育学生因个体内、个体间差异大而需要更具针对性的教学手段。在日常教学中,IEP 的制定与实施、主题单元教学的运用为特殊儿童更好地掌握技能提供帮助。而这也为众多特殊教育老师开展"空中课堂"带来了巨大的挑战。学生的个别化教育目标如何在空中课堂中体现?这是教学设计之初乃至整个教学过程皆需要考虑的问题。这是教学的方向标。教学效果如何检验?检验方法既需要便捷可行又需要高效可靠。一方面,家长能通过老师简单的指导对学生掌握的知识技能进行检验;另一方面,老师需要更高效可靠的方法收集家长反馈,以便进行课后反思,对接下来进行的空中课堂起到指导作用。这是教学的检验仪。

不同于普通儿童,特殊儿童的每一个学习过程几乎都需要学校和家长的紧密配合。而不懂专业知识的家长如何高效参与教学,成了空中课堂开展过程中一个亟待解决的问题。这一问题的解决对空中课堂的开展具有重要的意义。

二、合作:1+1>2

---

* 本文曾在福田区"2020 在线教学成果评比"中荣获小学组特等奖,被收录《在线教学沉思录——2020 深圳市福田区教师在线教学实践探索》一书中。

（一）家校合作：1+1>2

蓝天和白云的心一样，希望白鸽自由翱翔；老师和父母的心一样，希望孩子健康成长。"空中课堂"不同于传统课堂中教学参与者主要是老师和学生，"空中课堂"是家校都需要参与的活动。"空中课堂"把家、校联系得更为紧密，这样的联系也成为后期个别化教育目标实现的重要保障。在此过程中，家长参与教学设计的实施过程，增进对孩子学习活动的了解，同时增进对老师工作的了解，这也为日后家校沟通更高效地进行提供了重要助力，可谓"一举多得"。

与此同时，在家校群中，家长之间的交流增多，老师对学生的家庭生活环境、生活方式等有了更深入的了解，也是为优秀班集体的建设添砖加瓦。班级的建设优化、学生的学习积累不再是单一方面的努力，更是家长、老师多方通力合作的结果。另外，班级优化的受益者是学生，学习积累的受益者也是学生，另两方参与者——老师和家长在此过程中皆有收获。这是一个"多赢"的活动。

（二）教师合作：1+1>2

如同家长之间的交流可以促进班级优化，"空中课堂"的开展为老师间的教学交流提供了便利。同学科老师间进行微课互听、互评、互改、互学，不再受限于时间、地点等因素。"空中课堂"实施过程中，同学科组间的教学研讨交流活动的资料更便于记录保存。授课老师的思路通过微课形式呈现得更直接、完整，这也使老师间的交流更具有准确性、针对性、时效性、便捷性。

更值得关注的是，"空中课堂"的实施为不同学科教师间的交流提供了生长的土壤。不同于普校学生的学习，特殊教育教学更强调各学科间的交流与合作。不同学科在同一主题单元下进行授课，既保证了学科性，又加强了各学科间的联系，更符合特殊儿童的学习特点。"空中课堂"开展，各个学科在家校群中上传分享本学科的教学视频，也为学科教师了解本学科以外学科教学内容提供了便利。不同学科间教学方法虽有不同，但教学中的用心不会因学科被蒙层。谁说教学思路的碰撞不会带来创新的火花呢？

三、思路：1+1>2

新老教师间的交流更像是经验与创新的结合。有着丰富教学经验的老教师是队伍中的引路人，带领教师团体向正确的方向前进。而新教师作为新鲜血液，更富有创造力。他们能够紧随潮流选择学生更感兴趣的方式开展教学。对于解决"空中课堂"实施中的问题，新老教师们集思广益，充分发挥各自的特点。团体的力量总是巨大的，解决问题的思路在观点的碰撞中逐渐清晰，问题的解决也就水到渠成。

原本令老师们头疼的问题——被解决。如何让学生的个别化教育目标在"空中课堂"中体现，老教师主张把传统课堂设计放到"空中课堂"中，具体实施由教师指导家长共同完成。一个课件中包含所有学生都需要学习的内容，而在各个环节设计中，为不同的学生分配不同的任务。不同教学任务如何在同一课件和谐体现，这便是新老师各显神通的部分。新教师擅长使用课件制作软件和新兴软件，在新老教师中教授、交流使用技巧和小妙招，使课件更富有趣味。教学课件处处体现老师们的心思，同时尽力满足不同学习特点的学生的需求。教学效果如何检验？上传小视频分享学习过程，教学小游戏检验学习成果。希沃白板中的"课堂活动"被新老教师们妙用。老师们示范游戏玩法，同时配有语言指导。

不懂专业知识的家长如何高效参与教学？此时，老师与家长的交流显得尤为重要。老师为家长演示教学操作，对于特殊教学内容，教师进行统一教学。而在此过程中，家长间的相互指导、学习不容忽视。家长在帮助其他家长的同时也为老师们提供了新的思路。

四、可能：1 + 1 > 2

"空中课堂"实施的过程所展现出的家长之间、家长与老师之间以及老师之间的合作带来的"利"，更像是挑战背后的机遇，也为今后解决相关问题提供了一种可能。在极力倡导"家校合作"的今天，家长如何更好地参与教学，不管是"空中课堂"的教学，还是传统课堂中的教学，都是值得我们思考的问题。另一方面，学生在学校中学习到了知识和技能，家长在此过程中学到了什么？家庭作为学生的生活主场所，在毕业之后，家庭能给予学生怎样的教育？这是一个看似与学校教育无关，但实则影响学校教育效果的重要因素，更值得我们思考。

作者简介

袁园，深圳市福田区竹香学校教师，2019 年毕业于南京特殊教育师范学院，正在研究学校适应课程相关教学。

虽无桃李满天下　我心犹系三尺台*

——一名特殊教育教师的教育感怀

孙明昊

> 夜深灯前坐，心内尚沉思。
> 探看书卷内，何以报桃李。
>
> ——题记

这次波及全球的新冠肺炎疫情，我国的抗疫成果着实令国人深感作为中国人的安全和幸福。而线上教学也已开展两月有余，虽然省教育厅文件说明特殊教育学校可不开展线上教学活动，但是对于"特殊的小天使"，老师们并没有放任不管，而是尽己所能，通过微课和课件分享的形式，让学生尽量不因疫情假期而在认知、生活能力方面有所退步。

面对这次史无前例的疫情，所有教育工作者也是深受考验。普校教师要面对班里几十名学生，不光有备课和课后批改作业的压力，连直播教学软件的使用、学生在线学习是否认真，都和教师在学校课堂里所面临的问题不同。而我们特教教师虽不用开展直播教学，但是学生能否参与学习、掌握程度如何、家长是否理解配合，这些问题却也是不亚于普通学校。特殊教育的线上教学，无法强制要求学生参加，教学成果也要靠家长参与才能呈现。而班级的情况各有所异，往往是教师绞尽脑汁制作了微课课件，发给家长后，满心期待学生能有学习成果的反馈，却总是发现回应者寥寥。时间一长，教师难免会感到挫败。而这时，恰恰就需要特教教师从教时的初心来支持我们走过这段困惑的心路历程。

文辞的堆砌是枯燥的，让我们跟着镜头，通过若干场景，来感受一下特殊教育教师的困惑和思索。

镜头一：要让孩子学什么

生活适应和劳动技能学科组的微信群里，几名教师在商议课堂教学内容。

教师甲：我班家长反馈学生一看到手机和平板电脑就坐不住，总是要抢过来玩。

教师乙：我班也差不多，可能高年级的能好一些吧。

教师丙：我们三年级的学生倒是不会这么激动，不过坐着看课件也不会超过5分钟，有个别程度好的学生在家长监督下还能多坐一会儿。

---

* 本文曾获深圳市福田区"2020在线教学成果评比"活动小学组特等奖。

教师丁：我们四年级的几个学生参与得还可以，有几个学生特想上学，天天问家长什么时候开学。

教师乙：我们前两周以课堂常规为主吧，根据这段时间的疫情，再加上国家和民族方面的知识，大家意下如何？

其他教师：好啊，先让孩子把好不容易建立的遵守集体秩序的意识保持住，要不然开学回来还要重头教起。

（半个月以后）

教师丁：这几天我打算教整理方面的内容，叠衣服、被子什么的。

教师甲：可以试试，虽然对于我班的学生有点难，好多学生精细动作还不行。

教师丙：多练习就好了，要不然总不练习也不会有进步。

教师乙：我刚做了个叠裤子的视频，大家看看有没有帮助，叠裤子应该难度还不算太大，分步骤讲解也少，也是平时生活经常能用到的内容。

教师丁：挺好的啊，而且还可以举一反三，学会叠裤子，熟练了还可以叠被子，动作都挺相似的。

（又半个月以后）

教师乙：最近已经把衣服、裤子、被子、袜子这些都教了一遍了，大家还有什么别的建议吗？我有点想不出来了。

教师丙：我做了个课件"认识餐具"。

教师丁：这个不错，认识餐具以后还可以清洗餐具，这样跟个别化教育计划目标里的完成厨房清洁工作也很契合。

教师甲：不过还得家长多配合，要不然学生也没有这方面的主动意识，而且家长好多也不放心。

（一个月以后）

教师丙：不好意思，今天的课件发晚了，我昨天在家做了教学生包饺子的视频，视频剪辑到很晚才弄好。

教师甲：家长反馈得怎么样？

教师丙：有五六个学生的家长都带孩子包了饺子，孩子们还挺喜欢的，毕竟是动手操作类的内容，学生们的兴趣还是挺大的。

教师乙：这还真启发我了，生活中的内容有很多啊，咱们还可以教孩子们做一些日常的食物菜肴，比如煮鸡蛋、水蒸蛋、拍黄瓜、拌西红柿，之后还可以让孩子洗碗整理，这样就把之前的内容也复习了一遍。

教师丁：感觉咱们学科组很多内容都是相通的，并不是孤立的，既能让学生参与学习，还能提升他们的生活自理能力。

教学感悟：特殊学校的课程内容，以生活能力的培养为主，比如普校的语文、数学课程，在特殊学校就是生活语文和生活数学，还有生活适应、劳动技能以及为学生康复服务的音体美课程。而各学科课程以生活适应为核心，以掌握参与生活、融入生活的能力为教学目的，并非以学生升学成绩为评量标准，我们的学生其实也很难康复到参与正常学校的学习程度。正如某位14岁学生的家长和我说的："老师，其实从孩子确诊开始，我们就不指望孩子能上大学，只是希望她在学校里能学习一些照顾自己的能力，尽量参与社会，如果可以再找一个简单的工作，我们老了也不用过多操心了。"真是可怜天下父母心，为人师者又何尝不是，学生的点滴进步都是给我们的最大慰藉，学生的生活能力是我们最该考虑的问题。

镜头二：家长是连接师生的桥梁

开展线上教学分享一个月后，在各年级的家校群里。

一年级：小雨最近参与课堂很不错哦，已经能跟着国歌参与升旗仪式了。成成妈妈，成成要是没法坐太长时间，几十秒、一分钟也可以，别和孩子着急。童童爸爸，你看孩子前几天叠被子叠得也挺好的，这几天可能情绪不太高，家长多点耐心，别太急于求成……

二年级：娃娃们完成的积极性很好啊，注意厨房里的安全，刀具啊、电器什么的一定得有家长在旁边啊……

三年级：小云的饺子包得真是有模有样，切面的时候注意别伤到手，家长一定得辅助啊。妍妍叠被子的动作越来越熟练了，开学给大家当个小老师带同学一起多练习哦。涵涵做的西红柿拌糖看起来好有食欲，要是饭后能把碗也刷了就更好了……

四年级：洋洋最近的表达能力越来越好了，升国旗的时候也不用妈妈督促就能主动敬礼了。小娴能主动帮妈妈收拾碗筷了，进步真的太大了……

教学感悟：与普通学校的线上教学教师可以直面学生不同，特殊学校的学生教学成果要由家长来给教师呈现，这时教师的及时反馈就显得尤为重要。即使教师再忙，也应该抽取一定的时间和家长沟通，对孩子的进步给予积极的反馈，这样才不会让家长产生自家孩子未被重视的误解，或者产生"老师布置的内容学不学老师也不知道"的懈怠感。居家防疫期间，透过手机屏幕，家长才是教师时刻了解学生动态的坚实桥梁。

镜头三：互相鼓励，不忘初心

线上教学分享开展两个月后，生活适应和劳动技能课的教师在分享各班学生的学习反馈情况。

教师甲：大家班里家长反馈的情况怎么样啊，感觉我班家长反馈的都变少了。

教师丁：我班也差不多，可能因为家长陆续都复工了吧，好多都是爷爷奶奶在带孩子，老人家有的时候心有余而力不足。

教师丙：我班学生能参与的一直都有反馈，有四五个学生一直都没有参与过，这几个家长也很少反馈，可能是孩子能力有限，咱们的内容有些难吧。

教师乙：最近家长反馈的是少了，我有的时候做课件都没有刚开始那么兴奋的感觉了。

教师丁：千万别懈怠，咱们尽己所能，根据课标来找一些适合学生的内容吧，有的学生能力确实没法参与学习，在学校的时候经常也是无法参与课堂，更何况在家了。

教师丙：是啊，我跟家长说尽量能让孩子参与，如果能力实在不足的学生，家长做的时候让孩子在旁边看，对孩子也是会有一定帮助的。

教师甲：大家抱着平常心吧，毕竟好多学生家里不止一个孩子，家长工作也忙，咱们多选一些日常生活中的常用内容，孩子学会了也能帮家长多分担一点。

教学感悟：特教教师可能没有如普校教师一样的荣誉，学生的进步没有成绩这样的指标来衡量，教师有倦怠感无可厚非。这时在教师内部，如同家人般的互相鼓励显得尤为重要。我们也是生活中的普通人，也有自我实现的需求，也需要鼓励和安慰。也许在从事特殊教育的第一天起，我们就注定了在这条路上要结伴而行、相互扶持。这条路上，"众志成城"这四个字是我们内心坚定的基石，正如习总书记所说，"不忘初心，方得始终"。

短短的几组镜头，折射的只是我们特教从业者日常教学工作的冰山一角。线上教学分享的开展，亦有很多不足需要我们去完善。当我们战胜疫情后回归校园，还会迎来更多的挑战。我们特殊学校班级的满额是10名学生，对于一个九年制学校而言，一位班主任可能到了退休，所带过的学生尚不如普校一届一班之多。当岁月如白驹过隙般流过，特殊学生毕业长大后，可能不会再记得曾经有这样一群教师，为了他们的成长彻夜备课、挥洒青春，可是这世界上并非所有的付出都有回报，也并非所有付出的人都期待回报。特教教师，或许一辈子都没有桃李满天下的荣誉等身，只有心系三尺讲台为学生付出的青春；当我们退休的时候，可以无愧于心地说："我的所有从教经历，都为国家教育事业的平等和普及贡献了自己微薄的力量。"

正是：满头青丝生华发，此生无悔特教人。

作者简介

孙明昊，深圳市福田区竹香学校教师，担任生活适应和劳动技能学科的教学工作，擅长生活技能教学及运用音体美特长组织班级实践活动。曾获深圳市教育教学信息化比赛三等奖、福田区教育教学信息化比赛二等奖，其微课作品曾入选广东省数字教育资源库。

特殊教育学校智慧校园建设的构想和实践

——竹香学校智慧校园建设例谈

黄木生

随着浙江大学"智慧校园"建设蓝图的提出和国家标准《智慧校园总体框架》的发布，智慧校园建设已成为各级各类学校数字化建设的目标和标准。培智类特殊教育学校学生智商、情商普遍低于正常水平，自闭症患者情绪行为问题突出，教师往往要付出比普通学校教师大得多的、常人难以想象的辛劳。故智慧校园建设对于此类特殊教育学校具有更为重要的意义。笔者自2016年9月担任学校负责人起，就在不断思考我校智慧校园建设问题，并就学校智慧校园建设做了较为系统化的理论构想和初步的建设实践。

一、以教育身份为界限的模块划分

智慧校园建设的终极目标是"安全、稳定、环保、节能"，其核心就是服务。以学校办学参与人的身份为依据进行模块划分，体现以人为本的教育思想。办学参与人的身份有三类——教师、学生、家长，我们的建设构想就分为教师模块、学生模块和家长模块。教师模块以管理为要务，学生模块以教学为核心，家长模块以服务为基础，切实彰显学校"幸福特教"办学理念，在构建"守正、砺节、奉公、拥和"的幸福校园文化中做出智慧化贡献。

（一）以管理为要务的教师模块，彰显民主与法制、公平与正义

教师的幸福感、获得感来源于对教师身份的认同，来源于主人翁精神的发扬，故教师模块建设的基本原则是教师可以通过管理平台自助参与学校管理，最大限度地体现教师的参与权、知情权、管理权。教师模块主要包含考勤系统、审批系统、资产管理系统、智能排课系统和教师评价系统。这几个子系统完整记录并存储教师教育教学生活的全部轨迹，体现学校"守正、理解、奉公、拥和"的管理理念，彰显民主与法治、公平与正义。

（二）以教学为核心的学生模块，彰显细致与耐心、博爱与幸福

"幸福课程"是"幸福特教"理念的支柱之一，学生模块的核心价值就是体现课程设置、教育教学的幸福指数。我们希望设置学生数据系统、个别化教育系统和课程系统。其中，个别化教育系统已经完成建设并投入使用，将来要把这个独立的系统归并到智慧校园大系统，为实现我们"为每一个学生提供适合的教育"之理想

奠定坚实的数据基础。课程系统涵盖课程设置、教学资源、教育研究等子系统，体现多样性与独特性、资源性与研究性的特色。

（三）以服务为宗旨的家长模块，彰显平等与博爱、奉献与和谐

1. 家委系统

旨在为家长委员会参与学校管理提供便利。家委互动平台保证学校与家长、家长与家长之间的顺畅沟通，家长可以通过平台直接给学校各部门提出意见与建议，各部门可以办理的直接办理，不能办理的可以反馈到学校相关领导；学校亦可通过平台发布问题处理意见和学校的发展状况。

2. 跟踪系统

该系统为学生完成九年一贯制义务教育后的发展状况提供数据，家长根据学校设置的问卷反馈学生情况，学校可根据系统数据明确课程设置、教育教学的方向，更好地为学生未来发展提供合适的教育。

二、以数据准确为基础的系统建设

数据库是智慧校园系统的第一要件，没有丰富庞大的数据支持，智慧校园就不"智慧"。数据的准确性又是数据库建设的重要标准，没有数据的准确性就没有数据挖掘、分析的实用性、针对性。《智慧校园总体框架》明确指明："基础设施层是智慧校园平台的基础设置保障……为智慧校园的各种应用提供数据支持，为大数据挖掘、分析提供数据支持。"数据准确性是智慧校园建设的根本保证。

（一）数据采集

数据采集采用人工采集和智能采集两种方式。对于教师个体的个人信息、获奖证书、聘任信息，学生个体的个人信息、获奖证书、学习作品、活动图片等方面的信息，适合人工采集。学校组建智慧校园建设团队，让每一位教师通过不同方式参与建设，为基础性设施建设提供支撑。人工采集数据通过2次以上的数据审核方能正式生成，以保证数据的准确性。智能采集则通过人像识别技术、射频技术对教师、学生的个体教育教学状态、活动状态、情绪状态进行实时采集，并通过云计算技术，为教师的教和学生的学提供明确的导向。

（二）数据交互

数据交互分为两种：首先是人机交互，每一个使用终端都能给使用者提供数据录入、数据查询、数据提取、数据审核、数据确认功能，方便、快捷、高效。其次是系统交互，即各系统（模块）不是绝对独立的，各系统的数据能够被其他系统所应用、提取，例如，教师考勤系统数据可以被教师评价系统所提取，学生个别化教育系统数据能被家委系统提取，资产管理系统数据能被教师评价系统提取，实现系统数据的互联互通。

（三）系统设置

系统设置是指智慧校园建设团队根据学校实际需要和建设目标，对数据采集设置科学的采集权限、审核权限和交互原则。系统按照设置实施数据采集和分析，并得出契合实际的结论。

三、以使用效率为核心的目标设定

智慧校园是指以促进信息技术与教育教学融合、提高学与教的效果为目的，这是"智慧校园"定义所明示的目标。电子化、数字化的智慧校园建设最关键的就是既要避免增加师生、家长的负担，又不能为学校的发展提供支撑的高耗低效。如何提高智慧校园建设的效率，是最应该思考的问题。

（一）方便快捷为第一要务

"智慧门禁"要做三手准备，既可以"刷脸"，也可"刷卡"（手机卡），还可用"钥匙"，不至于出现"进不了门"的尴尬。"智慧登录"既可以 PC 端登录，也可以手机 App 登录；既可以账号登录，也可以"刷脸"登录，还可以通过微信登录。"智慧管理"可以根据系统设置的权限让每一位教师自如地在系统中填报、审核、提取、整合相关数据，实现对学生的个别化教育测评和自身数据的无障碍汇总；学校可以通过系统无障碍完成审批、评价等相关管理行为。"智慧安全"系统支持建立"无边界"校园，通过人脸识别技术、卫星定位系统准确描述每一个学生的运行轨迹，在校内可避免教师"找人难"的问题，更可以通过电子报警系统对学校实施安全管理，既管理从外到内的安全，又可以防止学生在上学时段的"出走"行为，这对于特殊教育学校尤其是培智学校，具有特殊的管理价值。

（二）智能高效是目标追求

为了解决数据统计的重复性问题，智慧校园系统必须具有每位教师、学生、家长的海量数据，而且与时间相关的数据会随着时间的推移自动更新，比如年龄、任职年限等。在管理上只要设置条件，系统将自动呈现所需要的数据并完成电子表格，实现数据申报的智能化。系统还能根据教师的条件设置，呈现不同的数据，可供比对，为教师的课题研究提供可靠参数。家长通过家校互动系统直接参与学校管理，使学校信息的上传下达、沟通交流无障碍。切实提高学校管理、教育科研、家校联系的效率，为学校发展提供最大助力。

（三）安全个性是建设底线

智慧校园必须要个性化定制，否则就会出现"削足适履"的高耗低效状态。特殊教育学校则更具有自身的特殊性，理应个性化定制智慧校园系统。系统的个性化定制必须要有独立的服务器，网络安全是最根本的建设底线，因为数据库存储着全体师生、家长的所有数据，系统安全维护乃重中之重。学校建设系统前就必须与相关建设供应商签订安全保密协议，协议中要明确要求该供应商与相关建设、维护管理人员签订安全保密协议,以切实维护网络系统的安全,坚决避免因服务器被攻击或内部维护管理人员利益的原因导致的数据泄露。

四、以校园文化为底色的系统架构

校园文化是办学思想的外化和拓展,是学校发展的动力和成就。智慧校园个性化最直接的体现就是系统建设融入校园文化的核心理念,将校园文化渗透到系统建设的每一个步骤、每一个层面。

(一)操作界面的"文化"

系统操作界面最能直观体现校园文化的内涵和文化建设的思想、目标,以及校园文化的个性特点。背景图案的风格、动态画面的运行就是校园文化的生动外化体现。我校正在使用的个别化教育系统界面就是一幅以竹为中心的水墨画,竹为"岁寒三友"之一,是君子的象征,又与校名契合。不仅体现正直有节、坚毅平和的校园文化价值,还给人以赏心悦目之感。虽然教师打开系统操作界面是为了工作,但是清新淡雅、赏心悦目的界面与色彩杂乱、不堪入目的界面,给人带来的直观感受和工作动力是完全不同的。

(二)板块设计的"文化"

教育必须以人为本,这是不争的价值判断。竹香学校提出的"幸福特教"办学理念就是"以人为本"的直接体现。如前所述,以教育参与人的身份作为板块设置的原则就是学校办学理念的渗透与彰显。其次,操作规程的指示简单、便捷,可以大大减少系统运用的培训时间,亦可减少操作登录的时间。有人说:"把复杂的事情简单化就是对社会的贡献。"智慧校园建设是个复杂的系统工程,学校把复杂的事给专业人士解决,留给系统智能解决,教育参与者的操作必须简单化、明确化。

(三)条件设置的"文化"

系统地条件设置是学校规章制度的内化,而规章制度又是校园文化中民主精神、法治精神、教育情怀、人生价值的外化,系统条件设置就是将校园文化的思想精髓系统化、数据化。例如,教师评价系统包含了年度考核、职称评聘、评优评先三个子系统,这三个系统的条件设置就来源于《年度考核办法》《专业技术职务(岗位)评聘办法》《评优评先暂行办法》等制度文件,这些文件的制定和实施都集中体现学校的办学理念和校园文化建设思想。教师每一次根据需要来提取数据,系统的整合数据,都是文化的个体内化与根植。

我校尚在重建,智慧校园不可能一次性完成。我们将根据专家的顶层设计逐项完成系统建设,为学校的未来发展提供准确、全面、简洁的数据基础,为特殊教育的未来绘制一幅温情款款的蓝图。

以志愿服务为载体的盲生责任教育初探

唐英姿

  学校志愿服务是学校德育的重要载体，是实现"立德树人"根本任务的重要抓手。在新时代的特殊教育背景下，作为道德规范体系中的重要部分，责任担当是盲生发展的核心素养之一。本文探索以志愿服务为载体培育盲生责任担当的素养，以更好地促进盲生的社会化成长和全面发展。通过将志愿服务责任教育与课程教学相结合、以创新盲生责任教育形式，基于盲生的特点来设计和丰富盲生志愿服务内容、纵深盲生志愿服务场域，进一步促进盲生深化责任认知、丰富责任体验、提升责任实效，在志愿服务中给予盲生参与感和获得感。

一、引言

  责任是道德规范体系中的重要部分。责任担当是中国学生发展核心素养中基本的六大素养之一。在落实立德树人根本任务、培养全面发展的社会主义建设者和接班人的新时代教育中，责任担当教育是其中重要的一部分。盲生的责任担当不仅影响着其自身成长发展和社会化进程，同时也是社会进步和文明程度的体现。随着我国特殊教育的快速发展和社会文明的进步，培育盲生自强自立的自我责任感以及作为国家的公民、社会的一分子的责任意识、担当能力以促进盲生的健康成长、社会化发展是盲校德育工作的重要部分。自1993年12月共青团中央提出"青年志愿者行动"的倡议以来，各类志愿服务组织和活动在为受助者提供帮助和服务的同时有效地培养了志愿服务者奉献社会和服务他人的社会责任感。在新时代，视障人士不再仅仅单向地接受他人和社会的帮助和支持，他们同样参与志愿服务，用实际行动在志愿服务中展现新时代盲生的责任担当。本文围绕以志愿服务为载体的盲生责任教育进行初步探索，以提升盲生的责任意识，为盲生创造更多参与社会生活的机会，丰富其历练，进一步培育盲生责任担当的素养，促进盲生的全面发展。

二、以志愿服务为载体的盲校责任教育的路径

（一）创新盲生责任教育形式，深化盲生责任认知

  习近平总书记强调：学习是获得成长进步的必由之路，实践是获得本领的重要途径，从实践中凝练真知，青年应该在接受理论知识教育的同时，将其理论运用到社会实践中。志愿服务作为责任教育的重要载体，正是将盲校课堂责任教育与志愿服务责任实践活动有机结合起来，在学科教学中融入责任教育，渗透责任价值观。以思想政治教育理论课程为基础进行知识性的责任概念和责任规范等的讲授，在各

学科教学中渗透责任价值观，鼓励盲生参加志愿服务。邀请社会志愿服务队的老师进校园开展志愿服务课，进行志愿服务活动的经历和心得分享，开阔盲生在志愿服务领域的视野，提升学生自我认知和社会责任意识。同时，基于盲生的认知特点和发展需求，开展与盲生的学习和生活相结合的志愿活动作为课堂教育的延伸，为盲生创造更多的责任体验和实践的机会，提升责任教育理论的实践性。在参与、学习和实践及反思的志愿服务过程中丰富盲生的经历、认知感受和态度体验，增强对志愿服务精神和责任感的认同感并内化于心，提升社会责任感与担当意识。

（二）丰富盲生志愿服务内容，提升盲生责任实效

充分结合盲生成长发展的实际和需求，围绕盲生的学习和生活，设计合适的志愿服务内容，组织开展能发挥盲生技能所长的志愿服务活动，盲生在活动中践行责任，贡献自己的力量，提升盲生志愿服务的参与感和获得感，保障盲生参与志愿服务的有效性和可持续性。例如，鼓励盲生在一年一度的艺术节、体育节等校园赛事活动中承担服务同学、协助赛事的志愿工作；为帮助视障新生尽快地熟悉校园场所和环境，给新生提供校园定向协助和培训；为饭堂提供志愿清洁餐厅卫生活动；志愿服务队联合学生会学习部开展学习互助志愿活动，以高年级辅助低年级，学优生帮助学困资源生等；职高学生根据自己所学专业提供按摩志愿服务、医学知识普及志愿服务；发挥盲生音乐、手工、语言艺术等特长，教在校老师、共建学校来访交流嘉宾等开展盲校艺术特色志愿教学活动，如进行穿珠、折纸、乐器演奏兴趣教学等。

（三）纵深盲生志愿服务场域，拓展盲生责任实践

由于视力障碍，盲生的生活范围和交际圈相对较窄。志愿服务可以拓展盲生实践活动，为盲生创造更多的责任机会的载体。除了学校这一活动主阵地，应该拓展盲生志愿服务线上线下实践场域，拓宽盲生的认知、交际和服务范围，充分发挥社区机构和公共服务机构的作用，帮助盲生在志愿活动中更好地接触、了解社会和他人，从中获得对他人、社区和社会承担责任和履行义务的需要。在活动中服务社会并锻炼自己适应社会、参与社会活动的能力，并不断提升个人社会责任感。例如，让盲生走出校园，在家、在社区都进行垃圾分类宣传、倡导和实践。作为视障公民，积极主动承担推动环境保护和城市文明建设的责任，以身为范，带动家庭成员和社区居民。走进敬老院，盲生可以为老人按摩、进行艺术表演等，向社会和他人传递关爱。在"停课不停学"的抗疫时期、在寒暑假的居家期间，盲生可以在网络端开展志愿服务活动，在网络端承担志愿服务任务，如担当健康生活倡导员，规范居家的健康生活作息，以自身的责任感起示范和督促作用，带动同学们进行健康活动打卡，丰富和促进同学群体的健康居家生活，传递正能量。

三、结语

盲生的责任担当是新时代特殊教育中盲生的素养培育的重要部分。志愿服务作

为培育盲生责任担当的有效载体，寓责任教育于具体、生动的志愿服务活动之中，让盲生在志愿实践中获得更直观的责任认知和体验，同时可以更进一步地提升盲生在社会的参与感、获得感以及提升其责任行为的积极性，有效地促进盲生的社会化和持续发展。

参考文献

[1] 田甜. 学校志愿服务活动的育人价值及其实现 [J]. 教学与管理，2020（27）.

[2] 秦名敏. 新时代中职学生志愿服务问题与对策 [J]. 职业教育，2020（16）.

[3] 张航. 志愿服务实践对培育大学生社会责任意识的影响性分析：以 D 大学为例 [J]. 青年与社会，2020（10）.

新课标下视障音乐分阶段教育的实践思考

林 洲

《盲校义务教育音乐课程标准》在参照普校课标的基础上，着重强调了面向视障儿童为主体的特殊性，首次提出"扬长补短"的视障音乐教育教学理念，既要发展视障儿童本身具有的灵敏的听觉、触感、记忆力、乐感，又要弥补他们因视力障碍而带来的缺少与外界交流、社会活动范围受到限制、社会阅历有限、知识经验不足等问题，丰富他们的音乐体验，提高其音乐的感受能力，增强合作意识及人际交往能力。

一、小学初始年级段：以童谣学唱为主，感知音乐，促进身体协调发展

在小学低年级，大量朗朗上口的童谣，既能提高低年级视障儿童的音乐感知能力，又可以促进他们身体动作、肢体协调性的发展。教师应有目的地加强童谣的教学，并根据不同童谣所具有的风格采用不同的教学方法。如有的童谣适合歌唱，就宜采用歌唱式教学；有的适合欣赏，就可组织学生一起赏析；有的适合互动，就可进行游戏式教学；还有的适合进行角色表演。

如在学习童谣《天黑黑》时，教师可引导视障学生边朗读边进行拍手、拍腿、踏脚、轻击乐器等动作，还可以与学生讨论童谣的内容，共同设计相关的动作，这都可以大大提高孩子学习童谣的兴趣，而且可以进一步发展他们的节奏记忆。慢慢地他们就能用不同的音色、肢体动作来表现角色的性格特征，使表演更逼真、形象，有的孩子还能根据歌曲中的角色特征选择合适的小乐器进行伴奏。通过模仿、合作体验音乐童谣带来的乐趣，低年级视障学生音乐表现和创造能力得到了进一步发展；同时，熟悉的音乐旋律可以消除视障学生对环境的恐惧，在动作模仿、角色扮演、自由伴奏等肢体运动中融入初步的定向内容，进而促进视障学生身体协调发展。

二、小学中高年级段：介入牧笛器乐教学，发展触觉、听觉，丰富音乐体验

在小学中高年级学段进行牧笛的教学，既能有效地发展视障学生的听觉和触觉，又能丰富他们的音乐体验，落实音乐课程教学目标。视障学生通常拥有比普通人更加灵敏的听觉和触感，记忆力和乐感也相当好。充分挖掘和利用他们的听觉、触觉能力，可以有效地进行视觉缺陷补偿，为他们学习音乐提供条件。牧笛结构虽

然比较简单，但音色十分优美，演奏起来容易，稍加学习就能初步上手，特别适合中高年级段的视障学生。

练习牧笛的过程，也是提高音准能力、视唱能力和音乐整体素质，为学习其他乐器打下良好基础的过程。为提高牧笛器乐教学实效，在音乐活动中，教师可将牧笛与唱歌、欣赏、视唱、创作等教学内容相结合，更好地提高视障学生学习的兴趣。同时，要充分利用这个年龄段学生性格活跃、喜欢与他人比试的心理特点，在引导视障学生聆听、揣摩教师示范演奏的同时，开展趣味化教学活动，如对位比赛、小组竞赛等，引导学生用心倾听同学的演奏，不断对比自己的吹奏，在不断地"听"和"奏"的过程中，加深音乐体验，锤炼演奏技巧，促进听觉、触觉的发展。

由于视障学生能力发展差异较大，在小学高年级阶段表现更为显著，因此，在牧笛器乐教学中，教师应当采取分层分类教学，关注每一名学生。如在音乐活动中可设计"创造情境—仔细聆听—交流感受—模唱并进—反复吟唱—演奏表演—身体律动"的环节，对不同学生开展不同层次要求的教学：对于能力较弱的学生，只要求能大概哼唱音乐主题即可；对于能力较强的学生，可对他们提出能视唱主题旋律并做出简单律动动作的学习要求；而对于有音乐特长的学生，则不光要求他们能背唱出音乐主题，还要对他们提出会演奏的目标要求。这样，音乐教学就能充分激发学生的学习主动性，让每个学生都能参与到课堂教学中，其听觉、触觉等都能得到个性化发展，并形成能力各异、水平不等但每个人都拥有的独特的音乐体验。

三、初中阶段：引入口琴教学，培养合作意识，增强人际交往能力

在初中学段，对视障学生合作意识与人际交往能力的培养成为课程教学新的重点内容。将口琴引入音乐课堂，开展丰富有趣的教学活动，充分发挥口琴的独特功能，可以有效地培养初中阶段视障学生的合作意识，增强其人际交往能力。

演奏口琴时，需要眼观耳听、口舌并用，其过程需要长短呼吸多变、手推掌振并行、脚打节拍兼顾。因此，有研究指出，口琴演奏学习可从生理上开发右半脑的智力，促进左右半脑的协调发展；同时，通过演奏表演，也能提高学生的自信。而要实现这些功能，离不开教师对视障学生特点的精准把握和对教学方法的精致创新。因此，在初中阶段口琴教学中，教师要激发学生兴趣，抓住教学重点，推进合作学习，切实提高口琴教学实效。

初中阶段进行口琴教学时，教师可先将收集到的口琴演奏的视频资料播放给低视力学生观看，激发学生的学习兴趣和热情。低视力学生通过观看乐器示范演奏，充分利用听觉和视觉，能够产生深刻的印象，对口琴演奏形成更加清晰的理解。在此基础上，教师就可以开展"伙伴式导学""结对互学"等，为盲生开始学习口琴演奏做好铺垫，实现初步的合作。

口琴演奏对技法有一定要求，教师应抓住教学的重点，让学生把基本音阶吹扎实，再通过练习不同节奏的练习曲，使学生呼吸控制更加自如。在具体教学中，遇到连续吹或连续吸的音的时候，可由视障学生分组设计吹气或呼气的换气点，让小组之间比一比，看谁能让吹奏的旋律更连贯、更流畅。

在学习一段时间，学生的演奏水平有了一定的提高后，此时教师要根据实际需要，在教学中选用一些优秀的歌曲编入多声部，让学生尝试合奏。在选编时，要考虑到既适合唱又适合奏等要求，丰富音乐的形式，使课堂教学更加生动活泼。比如《红河谷》这首歌曲，除了要求学生掌握二声部的演唱，还可以把口琴有机地结合进来，把学生分成两队分别练习两个声部的旋律，并通过对旋律的视唱而学会唱这首歌。这样，既锻炼了学生的视谱合奏能力，更提高了学生的合作意识和与人沟通能力，培养了学生学习音乐的积极性。

总之，分年龄段有针对性地开展不同的音乐教育教学实践，可以更好地激发视力障碍学生的音乐学习兴趣，培养审美情趣，发展综合素养，促进听觉和触觉发展，较好地体现新课标以视障学生为主体的"扬长补短"音乐教育教学理念。

作者简介

林洲，中小学高级教师。广州市启明学校科研处主任。广州市第一批百千万名教师培养对象，培养期满被认定为广州市名教师。广州市林洲名教师工作室主持人。参与人教社盲校义务教育音乐课标制定，担任教材分册主编。主持多个省、市规划课题，发表多篇文章。

微课在视障学生家校联动心理健康教育中的实践与反思[*]

陈玉赟

本文探讨了微课在视障学生家校联动心理健康教育中的应用实践,通过对其效果的分析与思考,发现微课提高了视障学生的学习积极性,增强了家长的重视意识和丰富了其心理知识,促进亲子关系和谐融洽及家校的紧密合作,但仍存在一定的局限性。因此,建议在信息化技术的背景下,开拓更多新的教育途径和方式,家校合力,联合教育,促进视障儿童心理健康的良性发展。

一、问题的提出

普通学校微课发展得如火如荼,但由于视障学生视力障碍,视觉信息缺失,以视频为主、视觉信息为重的微课在视障学生的教学中不甚受重视。笔者发现,适合视障学生的微课非常缺乏,而关于家庭教育、心理健康教育的更是少之又少。心理健康教育离不开家庭。但在前期调查研究中发现,视障学生家庭环境多样且复杂,层次差异大;教养参照样本少;与学校交流合作积极性低,妨碍教育工作有效开展;或有积极合作的愿望却不得法。家有视障儿童对家庭造成冲击,对父母心理产生影响,并影响其行为模式及教养方式等,需要更多专业有效信息支持,需要更多教育指引和参照。

因此,紧跟时代和科技发展的步伐,利用信息技术,利用微课资源,进行家校联动心理健康教育,促进视障学生心理健康发展,是非常迫切的,且具有其现实意义和价值。

二、视障学生家校联动心理微课的设计与应用

(一)微课设计与制作

1. 知识梳理体现科学与实用

根据微课概念中"针对某个知识点进行设计",微课具有时间短、内容精简等特征,甄选微课内容就成了微课制作的基础和重点。

2012年,教育部颁发了《中小学心理健康教育指导纲要》对不同学段内容进

---

[*] 本文系全国教育信息技术研究2018年度课题"信息技术环境下促进视障学生心理健康发展的家校联动模式建构的实践研究"(184430036)的阶段性研究成果。

行了概括，每一项内容都可以细分到具体的知识点，模块化的知识体系为心理微课内容奠定了基础。基于实际情况调查，并结合视障学生教育教学经验，对相关心理健康教育知识进行梳理，甄选关键性问题，体现微课内容科学而实用的特点。

2. 微课教学对象分类务求教学精准与有效

张一春教授提出，"最关键的是要从学生的角度去制作微课，而不是从教师的角度去制作，要体现以学生为本的教学思想"。可见，微课制作必须以教学对象为核心，微课教学才能精准和有效。

家校联动心理健康教育，是由家庭、学校联合进行的视障学生心理健康教育，因此，家庭、学校的教育角色均很重要。教学对象不单纯是学生，家长也同样纳入微课服务对象。根据实际情况，把微课教学对象分成家长、学生和亲子三类。不同对象的微课制作要求不同。

3. 设计脚本及制作微课，注重细致和完整架构

有了详细的教学内容设计后，需要进行更细致的脚本设计。脚本需要进行细致设计，包括知识点来源、教学对象、教学目标、教学流程、所用资源、资源呈现方式、对应解说等。在脚本设计的基础上，进行微课的录制合成。由于视障学生的特殊性，要兼顾全盲、低视学生，画面不能太绚丽多彩，画面性资源也需要配旁白解说。微课录制完成后，转换成多种手机系统兼容播放的格式，以便适合不同手机使用。

（二）微课应用

1. 推送与应用

制作完成的微课，应用于视障学生、家长的心理健康教育学习过程，进行推送应用。根据调查情况，视障学生的家庭条件整体较差，信息技术能力不强，应用平台、App、软件等使用需要进行再培训。为了不给家长造成额外负担，且不让学习任务过于困难而使他们产生抵触心理，选用他们最普遍使用的方式进行微课发布和推送，主要是通过微信公众号发布，班级微信群、QQ 群推送。微课视频文件可保存，没有时间、地点、次数限制，可重复观看学习。

2. 微课学习

结合家长和学生的实际情况，微课格式主要以 MP4 为主，适合大部分手机、电脑。微课推送后，视障学生和家长根据各自实际情况，选择适合的时间和地点进行学习。根据微课不同的内容和教学对象，学生类微课，视障学生可在家长辅助下在家里自主学习；家长类微课，家长可选择自己方便的时间学习；亲子类微课，家长与学生一起学习。

3. 评价与反馈

微课学习后，评价主要以课后作业、线上讨论、作业分享、个人交流等形式进行。课后，组织线上班群、学习群组进行后续反馈交流，交流想法、分享心情等，在互动中激发进一步的反思。另外，如微课触发隐私性心理问题，可以进行私下

交流。

三、微课应用效果

通过一段时间的应用实践后，进行访谈、调查等情况分析，微课在家校联动心理健康教育方面取得不错的效果。

（一）提高视障学生学习积极性，促进心理健康发展

微课作为正式课的补充，精选视障学生普遍存在的焦点问题。用视频、音乐、动画等崭新的形式，让学生兴趣浓郁，积极学习。以疫情防控期间的微课应用为例，经3个月的微课推送学习后调查结果显示，98%的学生和家长收到微课视频第一时间观看，92%的学生和85%家长会重复看两次以上。可见，学生和家长学习微课积极性高。

由于微课精简，目标明确精准，能有效促进学生心理发展。例如，针对此次防疫初期的恐慌心理，教师以"积极面对疫情，做好心理防护"为目标制作了心理微课，让学生认识到面对病毒，害怕紧张的心理是正常的，正确了解、承认、接受，才能平稳过渡。由于目标明确，知识点贴合实际需要，此微课推送应用后，视障学生和家长反馈学习后有很大收获，恐慌心理有所缓解。

（二）促进学生自我成长

事后访谈中，有学生表示遇到心理困惑问题，但不好意思或者不知怎么开口说出，甚至自己都无法表述，但看着微课，就有豁然开朗的感觉。可以考虑到这是学生的心理顿悟，他们在自我成长，微课学习成为成长的一个契机或触发点。如微课生命教育中的内容"有担当"，我们选择了学生自己身边的几件小事情：A学生辅导弟弟做功课、B学生监督奶奶讲卫生、C学生做错事承认并改正等，来说明什么是"担当"，让他们理解担当就在身边，每个人都应做到且都能做到，激发他们的自我发现、自我成长、自我提升。

（三）增强家长重视意识，丰富心理知识

往常家长在家里看不到孩子的学习情况，没有了解就没有发言权，往往不知如何教育或教育不到点子上。但此次疫情防控期间，在家里学习微课，家长们可以看到孩子的学习情况，并参与其中，无形中增加了他们的重视程度。家长教育有参照，更能有的放矢。

家长类微课主要是心理健康的知识性介绍，以及家长辅导技巧等，有一定的专业和针对性。在事后调查中，表示有所收获的人数比例，家长（95%）比学生（85%）更高，可见，家长在学习微课后的收获丰富，增长了心理知识，潜移默化中教育和影响着视障学生的心理健康成长。如家长篇"父母心态稳，孩子防护好"里介绍自我调节情绪的方法，既让家长明白自己在孩子成长中的重要性，同时又学会相关心理知识。

（四）促进亲子关系和谐融洽

视障学生在微课学习过程中，需要家长的帮助，无形中增加了他们的互动频率。其中亲子类微课，要求家长与孩子一起参与，一起完成课后任务，完成微课学习的过程就是一次亲子互动。家长和孩子一起在互动中彼此理解对方，有利于促进亲子关系和谐融洽。事后调查中，95%家长和90%学生表示更了解和理解对方，88%的家长和85%的学生认为亲子关系变密切了。可见，心理微课的学习对亲子和谐关系有促进作用。

（五）家校联动紧密，教育效果翻倍

在微课制作过程中，确定微课内容、推送微课、知识反馈，均由学校与家庭沟通进行，无形中增加了家校联系的频率。微课的应用，使家长有了明确的教育方向和目标，并能与学校教育保持一致性；微课的学习，使家长增加了相关的知识和技能，教育有参照。微课学习时，因为有学习任务，家长会自觉监督孩子，使家校合力作用翻倍，实现教育效果 $1+1>2$。

四、局限与展望

微课应用于视障学生家校联动心理健康教育中，取得了不错的效果，但也存在一定的局限性。

（一）微课学习存在一定的困难

由于视障学生的特殊性，特别是年纪小，或部分多重障碍学生，自主学习微课有一定的困难，需要家长辅助，如家长没时间，学习就容易中断或停止。

（二）微课形式相对单一，内容不够丰富

人的心理会不断发展和变化，但微课内容容量有限，以大众化心理知识为主，个人的特殊心理发展，还是需要个别教育和引导。

（三）缺乏教师及时的积极关注

微课是自主学习，对于学生的心理变化，教师无法做到像面授课那样及时给予积极关注。

（四）信息平台支持缺乏

适合视障学生、操作简易便捷的信息平台缺乏，微课推送有效性大打折扣。

虽然单纯的微课有一定的局限性，但可作为面授课的有益补充。除了学校教育，家庭教育在心理健康教育中也相当重要。现代信息化教育技术的发展，拉近了学校和家庭的关系，为学校与家庭联合教育提供便利的条件。期待未来能有更多适合教育的电子化设备，特别是适合视障学生的学习设备，让学校与家庭更紧密，教育合力发挥更佳。

参考文献

［1］张一春. 微课建设研究与思考［J］. 中国教育网络，2013（10）.

［2］苏明亮. 心理微课：中小学心理健康教育的新途径［J］. 河北教育（德育版），2017（6）.

［3］潘晓敏. 微课应用于中小学心理健康教育的思考［J］. 中小学心理健康教育，2016（20）.

作者简介

陈玉赟，女，中小学高级教师，广州市启明学校心理教师，广州市第三批百千万名教师培养对象。主持多个省、市级课题。撰写并发表多篇盲校家庭教育的论文。

随班就读盲童定向行走训练案例研究

叶宇鹏

定向行走是视力残疾学生生存与发展必不可少的技能之一。视力残疾学生掌握定向行走的基本知识和基本技能，具有在各种环境中定向行走的信心和勇气，才能实现安全、有效的出行。对于在普通学校随班就读的视障学生来说，掌握定向行走技能，适应学校环境，实现在校园内安全、有效地行走，是融入学校生活的第一步。

一、学生背景

小宇是一名在广州市普通小学（以下简称"普校"）就读的盲童，男，今年10岁，上四年级。小宇3岁因眼疾开始视力下降，5岁时完全失明。小宇性格活泼开朗，智力水平与学习能力和同龄人相当。小宇就读的是一所省一级的小学，该校校风、教风优良，师资水平高。任课的老师们都很喜欢小宇，同情他的处境，但缺乏教育盲童的相关知识和技能。小宇来自单亲家庭，主要由母亲照顾，平时由外婆负责接送。小宇学龄前在普通幼儿园接受教育，融入程度较好。

二、问题概述

小宇缺乏独立外出行走的能力。在学校则表现为不敢走出教室，甚至不敢离开座位。小宇在行走方面至少存在以下几个方面的不足：
（1）行走时缺乏自我保护的意识以及技能；
（2）行走时，步态不规范，碎步、不迈步情况明显；
（3）不懂得利用声音进行定位，单脚站立维持时间短暂；
（4）室内、室外心理地图尚未形成。

三、成因分析

（一）家长缺乏对盲童行走需求的正确认识，小宇缺乏独立行走的经验

家长认为，只要小宇的腿部能够活动，能够在家长的牵引下外出行走就足够了，没有必要进行定向行走训练。因此，不管小宇到哪里都需要家长进行引领，缺乏独立行走的能力，也缺乏独立行走的信心。

（二）普校的师生没掌握正确的导盲技能，行走时缺乏安全感

小宇是该校接收的首位视障学生，其所在班级的师生都很热心地帮助他，但由

于没有掌握正确的导盲技能,行走时难免出现碰撞,增加了风险。

(三) 普校环境缺乏无障碍设施的支持

普校缺乏盲道、扶手等无障碍设施,小宇无法从环境中获取支持,只能被动地适应环境。由于适应环境的难度大,也抑制了小宇独立行走和探索环境的动机。

四、辅导策略

(一) 确立原则

考虑到在普校为随班就读盲童进行定向行走训练跟在盲校开展定向行走课不同,我们确立了以下训练原则。

1. **急用优先**

根据小宇实际的行走需求,对定向行走的教学内容做出适当的调整,优先解决当前最为迫切的需要,满足小宇在校园内的生活需求,建立在校园内行走的安全感。

2. **循序渐进**

小宇的定向行走技能几乎是零。训练要遵循由易到难、由简单到复杂、由单一到综合、由室内到室外的原则,掌握技能和树立信心并重。

3. **学以致用**

结合小宇在校园的行走需求,把定向行走技能充分运用到日常的行走活动中,学以致用。注重把技能转化为"行为习惯",最终达到适应校园环境的目的。

(二) 实施过程

1. **定向行走技能训练**

(1) 听音定向。先在较安静的环境中,训练师让小宇分辨出各种声音的属性、远近以及方位。在小宇能对声音刺激做出准确判断后,让小宇在嘈杂的环境中,在过道的安全位置上练习正向站立与侧向站立。通过分辨同学在过道中玩耍发出的声音,分别判断出同学是从哪个方向走来的。

(2) 自我保护法。依次训练小宇熟练掌握上身保护法、下身保护法。然后,让小宇在熟悉的范围里进行短距离的练习。在行走过程中,有意让小宇尝试触碰障碍物,体会自我保护法的作用。随着自我保护和独行能力的不断增强,训练的范围进一步扩大。

(3) 构建心理地图。先让小宇熟悉某个地点所特有的一些容易区分、固定的标志物,如课室的班牌。然后,训练师带领小宇按路线进行实地行走。当小宇已经对环境以及环境中的标志物的位置比较熟悉的时候,训练师说出某个地点,小宇根据提示,制定行走线路,形成心理地图,实施行走。

(4) 直线行走。在熟悉的环境里,小宇首先在训练师声音的提示下行走,不断调整方向以达到走直线的效果。随着熟练程度的提高,训练师所给予的提示越来越少，难度逐渐提高，距离逐步延长。然后在较为嘈杂的环境中继续练习，适应在嘈杂环境中行走。

2. 指导校园内行走，熟悉环境

（1）室内行走。在无人的环境中，由训练师带领小宇熟悉课室的布局，认识讲台、黑板、窗台、开关等重要标志物。然后，让小宇以课室门口为起点，独立走到自己的座位以及课室的各角落。

（2）室外行走。在训练师的指导下，小宇独自从教室行走到卫生间、供水处以及教师办公室这些经常使用的场所，满足小宇在校园生活的基本需求。训练时，小宇要把所掌握的各种独行技能进行灵活、综合运用，在行走过程中充分发挥主观能动性，解决各种问题，达到顺利行走的目的。

3. 对老师、伙伴进行导盲技能培训

在校园内，老师和同伴有很多机会充当导盲者的角色。因此，让他们掌握正确的导盲技能是十分有必要的。在训练时，以两个人为一组，其中一人带上眼罩充当被导盲者的角色，另一人充当导盲者。训练一段时间后把角色换过来练习。在训练的过程中，纠正不正确的做法，形成规范的导盲行为。同样的，充当"盲人"的一方，能真切地感受到盲人在行走过程中的感受与需求，有利于他们进行换位思考，更好地帮助盲人。

4. 加强与班主任的联系，课后强化训练

小宇的班主任需要承担起日常的督促工作。行走的时候，班主任从旁提醒注意运用自我保护法。班主任每周至少和训练师联系一次，把小宇在校行走的情况告知训练师。训练师给予一些方法上的指导，也根据小宇的实际表现调整内容和进度，尽量为小宇提供最有效的训练。

五、实施效果

（一）室内独立行走的训练效果

小宇已经形成课室的心理地图，不仅能够顺利找到自己的座位，而且能够独自走到课室的每一个角落，效果显著。

（二）室外独立行走的训练效果

小宇已逐步建立起从课室到各场所路线的心理地图。小宇基本能够在下课时间内独自走到卫生间、供水处和教师办公室，也逐渐克服在人多嘈杂环境中的畏惧心理，建立起在校园内独立行走的自信心。为适应校园环境、融入校园生活迈出重要而坚实的一步。

（三）师生导盲技能运用效果

同伴基本掌握了导盲技能，在引导小雨行走的时候能注意运用，增加了行走中的安全性。然而，由于导盲技能有较强的专业性，同伴并不能时刻把动作做规范，需要老师从旁提醒。

六、反思与建议

(一) 在普校要开展定向行走的宣传以及培训

定向行走是大部分视障儿童适应校园环境、融入校园生活的必备技能，必须引起家长以及老师的高度重视，最好在三年级以前能够让视障儿童接受比较专业化的定向行走训练。熟练地掌握定向行走的技能，可以为他们适应普校生活打下扎实的基础。同时，也要注意在普校进行定向行走的宣传，让视障儿童的老师和同伴充分认识和了解定向行走对视障儿童的意义。

(二) 充分发挥盲校的专业优势，普校师生充分参与

盲校有经验丰富的定向行走的教师，可以为视障儿童提供专业化的训练。同时，普校老师、学生可以在日常生活中充分参与到视障儿童的训练，强化训练效果。这样做，不仅可以建立视障儿童在行走时的安全感，更有利于双方建立起良好互信的关系，是极其有意义的。

(三) 定向行走训练须由校内扩展到社会

融合教育的目的就是让特殊儿童在普通学校中发展出融入社会的技能。定向行走训练的最终目标也是让视障儿童能够在社会上安全、独立地行走。因此，室内行走、校内行走只是初级目标，是为日后在社会上行走打下基础。当视障儿童已经能较好实现在校内独自行走后，需要把行走的范围扩大，如在校园附近、家校之间行走，能够到达商场、车站、银行等场所。这时候，需要家长、老师逐步转变观念，信任和鼓励视障儿童大胆地走出家门、校门，走向社会。

参考文献

[1] 朴永馨. 特殊教育辞典 [M]. 3 版. 北京：华夏出版社，2014.
[2] 中华人民共和国教育部. 盲校义务教育定向行走课程标准（2016 年版）[M]. 北京：人民教育出版社，2018.

作者简介

叶宇鹏，中小学一级教师，教育硕士，广州市启明学校幼儿部教师，承担学校随班就读巡回指导工作。

浅谈英语绘本在视障小学英语教学中的运用

洪 续

英语绘本是一种易于开发和获取，有利于优化视障小学英语教学的特殊课程资源。基于课标要求，结合视障生学习英语的特殊困难和需求及视障学校英语教学现状，可以运用适宜的英语绘本教学策略，精选主题，科学选材，适性调整，因材施教，面向全体，多元活动，促进视障小学英语课程的实施。

大量研究表明，英语绘本阅读教学在一定程度上可以促进学生的语言表达，对于提高学生以听、说为主的语言技能起着积极的作用。

一、精选主题，科学选材

基于视障生的年龄特点和语言发展水平，选择适合的英语绘本。视障生较普通学校同级生年龄偏大且大多数寄宿在校，其家庭英语教育较为贫乏，因此，为视障生挑选的英语绘本的主题内容不宜过于幼稚，难易程度要依据学习阶段的高低来选择。如主题同为十以内数字及数数的绘本 *Duck & Goose* 和 *Five Little Ducks*。前者在绘本中通过图片呈现一定数量的事物并使用数词加名词的短语形式呈现英语，如 1 goose、2 ducks，文字与图片有着对应关系，语言用词精练而简单，情节性相对较弱，读者需要通过阅读绘本图片对故事进行创意性解读。相对而言，绘本 *Five Little Ducks* 更适用于一年级视障英语教学。*Five Little Ducks* 的情境性和故事性更强，可以根据故事发展来创设情境，以补偿绘本中图片的视觉信息，而情节丰富的故事更易激发视障生的学习兴趣。故事内容中的减法知识更符合一年级学生数学认知水平。绘本语言的难易程度也更符合一年级学生的英语学习能力和发展水平。绘本根据故事发展在相同句式中替换主题数词讲述故事，并辅以活泼有趣的歌曲方式呈现，如"Five little ducks went out one day, four little ducks went out one day."等。

二、适性调整，因材施教

（一）视觉缺陷补偿，多渠道多智能地转换视觉信息

盲校英语课标中提出，要根据学生的身心特点，关注学生的学习困难，采用补偿缺陷的方式实行因材施教的课程理念。在对主题适合且英语语言难易程度恰当的绘本进行教学时，要根据绘本的特色并结合视障生的实际需要做一些改编和调整，以最大限度地呈现绘本内容。通过其他感知渠道多智能地转换视觉信息，一方面可填补因为缺失绘本图片的信息而导致的信息差，另一方面其他渠道承载的信息有可能提出额外的智能要求。

在转换绘本的视觉信息时，绘本讲述者在考虑视障小学生英语语言水平的同时，还要兼顾转换后的信息不超出视障生的智能理解水平。如 *Five Little Ducks* 绘本中讲述每次回家的小鸭数量都比外出时少一只，直至最后，一只也没有回来。视力正常的小学生通过观察，对比绘本图片或故事视频可以获取故事发展内容。而视障生则需要启用数学逻辑智能，懂得数理逻辑减法就更易理解故事情节发展和内容。为了更便于视障生厘清故事中的数学逻辑关系，促进对绘本内容的理解，教师可以利用实物模型创设故事情境，根据情节发展，每次提供不同数量的小鸭模型给视障生触摸，将绘本形象化，视障生通过触觉认知和对比来辅助理解绘本内容。相对于通过一目了然的绘本图片获取信息，虽然视障生通过多渠道、启动多智能来猜测、接收和理解绘本信息的过程较为复杂曲折，但这正是能吸引视障生注意力、激发阅读兴趣和认读绘本的探索过程。

（二）遵从绘本原创语言

适用于小学低阶的英语绘本用语简洁精准，很多都编制成了朗朗上口、富有韵律的歌谣或歌曲，易于诵读和记忆。小学阶段的孩子大脑的语言加工中枢经过发育，具有一定的语言逻辑和理解能力，一般情况下，没有必要将绘本文字转化成更通俗简单的中文表述。对于视障小学生，在阅读英语绘本时，虽有必要通过其他智能渠道进行信息补偿，但这些补偿信息只是作为阅读和理解绘本的辅助资料。视障生在阅读英语绘本时须遵从严谨和规范的绘本原创文字进行语言学习。

（三）必要的适时翻译

由于视障生缺乏视觉信息的辅助，如果绘本故事相对较难或者故事比较复杂，仅靠听和其他智能渠道信息辅助较难理解，那么就需要适时适量翻译，给予更多有效的故事信息。如 *Five Little Ducks* 绘本中有"over the hills and far away"的表述，视障生通过触觉和逻辑思维较难理解高山和远方这样的事物和概念，教师可以提供一定的中文翻译解释。但翻译不可过量，更不可逐字逐句地翻译，避免视障生把听英语的耳朵"关闭"起来，选择听中文故事，那就失去了讲英语绘本的意义。

三、面向全体，多元活动

盲校小学阶段英语课程的情感目标中，要求通过英语学习让视障生对英语学习有持续的兴趣和爱好，愿意和敢于尝试用英语与他人交流，在英语学习中乐于参与、积极合作。在进行英语绘本教学时，教师应面向全体学生，并根据视障生的不同情况设计多元化、分层分类的绘本活动，引导视障生体验和参与游戏竞赛、角色演绎、说唱表演等，可增强英语课堂的趣味性并提高视障生的英语交流动力，让每一位视障生都能有选择、有意愿、有机会参与其中，且有所收获，真正达到寓教于乐。如学习绘本 *Brown Bear, Brown Bear, What Do You See?* 时，可让视障生带上头饰扮演绘本中形态各异的动物进行会话式问答，可让视障生选择各自喜欢的动物角色，触摸和观察头上的饰物进行角色体验。在合作、互动和交流中，视障生用英语进行绘本的输入和输出，其综合语言运用能力和思维能力都得到了提高。

作者简介

洪续，中共党员，中小学一级教师，教育硕士，广州市启明学校德育处副主任、团委书记，广州市第四批中小学英语骨干教师。广州市王莉名教师工作室成员。省规划课题"视障学生'健康生活'核心素养培养的研究——以艺术教育为例"的主要研究成员。

视障学生环境教育新模式的探索

李洁瑛

党的十九大报告指出，必须树立和践行绿水青山就是金山银山的理念，树立尊重自然、顺应自然、保护自然的生态文明理念，实现经济与环境可持续发展。盲校义务教育"2016 年版生物学课程标准"也明确指出，要提高视障学生的生物学素养，培养学生热爱自然、珍爱生命，理解人与自然和谐发展，提高环境保护意识。视障学生作为社会的一员、祖国的未来，理应参与环境保护和生态文明建设的大潮。尽管在盲校课堂教学中有渗透环境教育的理念，但多限于口号式的倡导，大部分视障学生由于视力的原因，参与环境保护的形式单一。本文将讨论"听者辨鸟"作为视障学生环境教育模式的可行性。

一、目的和意义

观鸟指人们利用望远镜等光学设备，观察在自然状态下的野生鸟类，了解鸟类与其生存环境的关系。从 1996 年起，我国鸟类专家通过"自然之友""绿家园"等民间环保组织，开始尝试在民间普及观鸟活动。借观鸟活动使人喜爱动物的天性得到发挥，欣赏鸟类、走进自然，培养热爱自然、关注环境，践行环保的品质。2008 年起，观鸟活动就在大、中、小学校陆续拉开帷幕。普校学生通过观鸟活动，进而爱鸟、护鸟，明白人与自然和谐相处、环境保护的重要性，并参与履行环境保护的义务。观鸟活动作为学生进行环境教育的切入点，无疑是一个良好的教育途径。鉴于视障学生本身的视力缺陷等问题，观鸟对其似乎是天方夜谭。然而，视障学生的听力较常人敏锐，他们能很好地分辨声音在声调、响度甚至频率上的轻微差异。因此，"听音辨鸟"的观鸟活动仍旧可以对视障学生发挥环境教育的功能。视障学生的"听音辨鸟"的观鸟活动的目标和定义应分层进行。视力相对较好的学生，要求其接近普校学生观鸟目标，即利用望远镜等光学设备，在尽可能避免惊扰鸟类的情况下，对野生鸟类及其生存环境进行观察和记录。让视障学生学会辨识不同的鸟种，观察野生鸟类的生存环境，了解野生动物保护工作，增强野生动物保护意识，保护生态环境。

二、研究过程

本研究以"听音辨鸟"观鸟活动为契机，使视障学生懂鸟、爱鸟、护鸟，并延伸到其他生命体及其生存环境。考虑学生的综合能力及学业压力等，在小学高年部和初中部开设观鸟社团，由生物教师担任主要辅导教师，利用本校和本地的物质和人力资源，定期、有计划地开展一系列与观鸟有关的活动。

（一）在校园里开展观鸟的前期培训

在活动初期，指导教师下载各类广州常见鸟的视音频，在课余和节假日组织小高部和初中热爱自然的学生观看鸟类的视音频，由学生在视音频材料中选出"我最爱的鸟种"，并指导学生利用网络搜集该鸟种的资料，开展诸如"我最爱鸟种"的介绍会、"模仿鸟鸣能手"及在低视力学生中开展"我是图片认鸟大王"等系列与观鸟有关的活动。活动开展一段时间后，越来越多的视障学生愿意参加观鸟社的活动。

（二）在学校周边环境进行户外观鸟

指导教师组织观鸟社的视障学生到学校周边的越秀公园、湿地公园、流花湖公园等进行户外观鸟。让学生用望远镜看、用耳朵听，切身地感受和观察自然状态下的鸟，了解各野鸟的生活环境及环境对各野鸟生活的影响情况。对观鸟期间接触到的动植物进行及时科普和宣教。户外观鸟进行一段时间后，开展户外认鸟比赛。要求观鸟社的学生把看到的、听到的野鸟的种类及它的生存环境记录下来，比较哪位同学计数最多。

（三）在校园里开展宣鸟活动

观鸟社的学生观鸟回来，都是热情高涨的。回校后，不仅互相讨论观察到的野鸟，还会滔滔不绝地向非观鸟社的学生描述户外观鸟的实况及观察到的野鸟。利用此情况，可组织学生书写观鸟感悟，并把学生的观鸟感悟集合成册；举办观鸟经历故事会、交流会，定期出版观鸟有关的墙报、板报，并在心灵广播站开设观鸟栏目，向全校师生科普鸟类知识、濒危鸟的情况及观鸟故事、鸟类趣事等。

（四）在校外参加各类观鸟比赛及联谊活动

近年来，我校观鸟社的学生多次参加广佛肇观鸟邀请赛。在比赛"听音辨鸟"环节，视障学生表现出极大的优势，取得了不错的成绩。学生的观鸟事迹还屡次被《南方都市报》等媒体报道。

（五）参与鸟类的调查和课题研究

林鸟活跃好隐藏，快速飞走的林鸟即使使用单筒望远镜也不能瞬间捕捉；林鸟也好鸣叫，听觉敏锐的视障学生在此可以充分发挥其优势感官。因此，视障观鸟社的学生应邀参与到当地鸟种类和生存环境的调查研究，为当地生物多样性的调查研究贡献自己的一份力量。

三、研究结果

通过一系列"听音辨鸟"的观鸟活动，学生认识鸟种的数量增加，对鸟类的情感增强；爱鸟、护鸟的意识在潜移默化中形成；参与各种观鸟比赛并获得了些许成绩，增强了学生的自信心和自豪感，同时也强化了视障学生观鸟的热情，进一步提升观鸟的兴趣。亲临大自然，感悟生命的真谛，自觉捍卫生命，保护环境。

（一）促进学生爱鸟、护鸟

视障观鸟社的学生定期参与观鸟技能的培训，户外观鸟、视音频的认鸟及参加其他类型的观鸟活动，由对周边的常见鸟感到陌生、疑惑和好奇到有了一个较全面的认识。置身野外去观察，更加能感受鸟儿们的生存环境及环境对鸟儿们生存的影响。懂鸟后更爱鸟，更怜鸟。视障学生开始对掏鸟窝等破坏野鸟生活环境的行为进行劝阻，并自觉制止关鸟的行为。

（二）感悟生命，捍卫生命，保护环境

部分视障学生由于视力障碍的原因，对自我生命价值常有一种否定的态度，对他人或他物的生命也表现出一种冷漠的情感，很难认识、敬畏生命，珍爱和保护生命。通过观察野鸟、聆听野鸟，亲身体验、真切感受，重塑自我生命的意义、生存的价值。大自然的魅力也让视障学生更加深感生命的真谛，懂得生命在自然灾难面前的脆弱，在人为破坏面前的浩劫，自然界的资源取之不尽用之不竭的观念逐步得到修正，思想的觉醒带动行动的脚步。

（三）融入主流社会

视障学生是相对孤立的人群，因鸟与自然结缘，与鸟友结缘，另辟融入社会的渠道。盲校的课堂教学，不时渗透环境教育的元素。视障学生一直有爱花爱草爱树木、保护动物等环保意识，却没有实践的机会。通过观鸟，视障学生有了对大自然充分全面的认识，由鸟友们引路，一起参加各种形式的环保活动，以视障人士的身份来号召环境保护的重要性，同时参与到植树护林、动植物生存环境保护的实践活动中，可使环保的思想意识落实到行动中。

四、讨论与展望

（一）加强教师素养培训，提高视障观鸟的质量

辅导教师观鸟水平和环境素养的提高，是视障观鸟社健康发展的动力。辅导教师要常利用周末和假期的时间，到学校周边去观鸟，了解本地区鸟的分布及状况，记录鸟的情况与变化；参加普校的观鸟活动，开阔眼界，学习更全面的观鸟知识，提高自身的观鸟素养；同时号召更多的科任教师参与观鸟活动，让科任教师在各自的学科教学中灌输、科普更多的环境教育知识，提高视障学生观鸟的质量。

（二）引入多元支持，保障观鸟持续开展

"听音辨鸟"观鸟活动是一项对视障学生来说实践性强、极具挑战性的户外活动。充分调动学校、家长及社会的多元支持，是视障观鸟活动得以顺利、持续开展，从而能更好地发挥视障观鸟的环境教育作用的保障。利用视障观鸟开展环境教

育是一种摸着石头过河的尝试。事实证明，此活动弥补了传统盲校教育的环境教育偏重知识传授、口号式倡导，忽视了视障学生亲身体验的不足。"听音辨鸟"观鸟活动以生动、灵活的实践形式，使视障学生环保意识得到提升，能自觉组织、参与各种环保项目，环保行为得到落实。综上，"听音辨鸟"视障观鸟活动作为视障学生环境教育新模式是可行、有效的。

参考文献

［1］黄珊珊.青少年生态环境教育现状及推进策略［J］.宁夏教育，2017（12）.

［2］中华人民共和国教育部.生物学课程标准（2016年版）［M］.北京：人民教育出版社，2016.

［3］明桂能，李雪峰.利用观鸟活动在初中生中开展环境教育的研究［J］.中学生物学，2011（11）.

［4］李凤杰.浅谈对视障学生的生命教育［J］.科技创新导报，2014（17）.

作者简介

李洁瑛，中小学高级教师，发展与教育心理学教育学硕士，生物教育硕士。广州市科技教育骨干教师，广州市第四批百千万工程名教师培养对象。主持并参与多个省、市级规划课题的研究。在《中国特殊教育》等期刊上发表多篇论文。

新课标背景下优化盲校美工课穿珠教学的实践与思考

沈玉文

美工课程是盲校九年义务教育阶段全体学生必修的基础课程，对于实施素质教育、促进视障学生"五育并举"全面发展具有不可替代的作用。《盲校义务教育美工课程标准（2016年版）》（以下简称课程标准）指出，美工课要使每个学生"在原有的基础上获得不同程度的发展"，"通过有效的学习方式形成基本的美工素养，为终身学习奠定基础"。

穿珠课是盲校美工课程教学的主要内容之一，也是视障学生进行缺陷补偿和潜能开发的关键内容之一。中国残疾人联合会组织编写的康复机构应用教材《视障儿童功能性视力训练活动示范教学指导》明确指出，穿珠活动是"训练视障儿童小肌肉灵敏性和双手配合协调能力的最佳途径之一"。可见，上好穿珠课，对于视障学生丰富触觉语言、提升美术素养、学好其他学科，乃至为将来的生活、工作和发展打好基础，都具有非常重要的意义。

课程标准强调，"兴趣是美工学习的基本动力之一"。但笔者在多年教学和调研走访中发现，视障学生在穿珠课程学习中往往学习兴趣不高、学习动力不足，进而导致教学成效不佳，不利于视障学生综合素养的提升。这也成为困扰很多盲校美工教师的教学难点。因此，笔者从新课标理念出发，就如何提高学生的学习动力、优化穿珠课堂教学、突破美工课教学重难点做了一些思考和探索。

一、紧扣教学目标，丰富穿珠材料，让学生充分体验穿珠的乐趣

课程标准强调，"根据美工课程多样性的特点以及学生的特殊性，使课程内容与不同年龄阶段学生的情意和认知特征相适应，以灵活多样的方法和手段激发学生的学习兴趣"。不同年级的穿珠课程教学目标不同，学生的学习重点也有所差异。因此，教师需要根据实际，有所侧重地选择教学所用的穿珠材料。同时，在明确教学目标的前提下，教师需要为视障学生尽可能多地准备穿珠材料，让学生在轻松愉快的环境中认识各种珠子、绳子，自由选择自己喜欢的穿珠材料，体验穿珠的乐趣，积累触觉经验。

例如，第一学段（1～2年级）穿珠课程的教学目标主要是认识穿珠材料（珠子和绳子）、学习穿珠的基本方法（直穿、间隔穿、对穿）以及绑紧珠子的方法。

在进行实践练习的时候，教师为学生准备的珠子、绳子等穿珠材料，不必局限于教材要求，可以更加多样化。如绳子可以有粗有细，珠子可以材质多样、大小各异，珠子的洞孔也可以形状多样、有大有小，还可以让学生尝试在粗细不同的绳子上穿孔径不同的珠子。这样可以充分满足视障学生对珠子大小、形状、数量、珠洞孔径以及绳子质感、粗细、长短等的不同需求，让视障学生轻松自如地体验穿珠的乐趣，收获成功的喜悦。

二、尊重学生认知特点，制作辅助教学范品，引导学生有效掌握学习重点

课程标准指出，教学中要"加强学生多种形式的空间概念体验，丰富学生的触觉语言，培养造型表达能力及语言沟通能力"。上美工课前，教师可以根据教学内容以及教学重点制作教学范品，让学生通过触觉体验到范品中蕴含的空间概念，从而更好地学习相关内容。完整的范品可以让学生对教学内容有一个整体把握；局部的范品可以帮助学生理解制作步骤，有效掌握学习重点。教学范品的制作需要考虑视障学生的认知特点，如给全盲生使用的范品可以在触感、材质、大小、形状等方面做一些针对性设计，供低视生使用的范品还可以在色彩等方面做一些改进。

例如，在教授一年级穿珠课"四珠花的基本穿法"时，为了方便全盲生在触摸辨别的基础上掌握穿珠方法，笔者选择使用孔径大的珠子和鞋带来制作范品。一年级学生刚刚接触美工课和穿珠活动，太过复杂的教学过程和太过精细的制作材料不利于学生学习，而大孔径的珠子便于学生更好地理解穿珠过程。鞋带相对较粗，又是学生非常熟悉的材料，学生练习起来兴致十足，很快就掌握了其中的关键点。在教授五年级穿珠课"五珠球的穿珠方法"时，为了让学生更好地区分对穿、过珠的珠子，笔者制作的范品除了在珠花上运用不同颜色的珠子，还在珠子上贴上不同的盲文作为标识。这样，学生在练习时就可以根据大小、颜色、盲文区分不同功能的珠子和五珠花。

三、结合学生已有生活经验，采用口语化、形象化的课堂语言，帮助学生突破学习障碍

在不借助直观教具或没有教师手把手指导的情况下，视障学生常常会出现穿珠步骤错乱的问题。如果教师的教学语言没有贴近学生的生活，不够精准、形象，会导致指令不够清晰，使学生不知所措。为了让学生更好地理解教师的指令，笔者结合学生已有的生活经验，将口语化、形象化的表述加入步骤讲解中，让穿珠步骤更直观可感，有效提高穿珠教学的实效性。在上穿珠课之前，笔者先把要教授的穿珠方法详细分解、罗列出来，然后提炼语言，从视障学生的角度出发，运用生活化的口语表达方式，让枯燥的步骤表述变得生动活泼、清晰简练，帮助视障学生突破穿

珠课的学习障碍。

例如，在教授"五珠球的穿球方法"中"过珠"的穿法步骤时，普通教师常会采用的表述是："下一步我们就需要过珠了，过珠就是将绳子穿过珠子的孔眼。"这个指令对于明眼的学生来说是没有问题的，他们通过看图示和方法步骤演示，可以较为轻松地完成。但对于视障学生来说，这个指令就显得不够清晰明确，会使其产生困惑：是用左绳过珠还是用右绳过珠？应该过一颗珠子还是过几颗珠子？应该从珠子右边的孔眼穿入还是从左边穿入？为了精准表述"过珠"的穿法步骤，提高教学语言的形象化、清晰度，笔者将表述转化为："下一步我们就需要过珠了，过珠就是用你右手中的绳子，从第一颗珠子右边的孔眼穿入珠子，再从左边的孔眼穿出。"这样一来，学生就可以通过听觉途径比较清楚地了解每个步骤的穿珠方式，从而更好地掌握本节课的教学内容。

四、加强课堂有效互动，重视学生信息反馈，提高课堂教学的有效性

穿珠是一项动脑动手的活动，不同的人有不同的习惯和思路，教师应当尊重学生的差异，在集体教授、小组合作之外，还可以采取更加有效的课堂互动，充分激发学生的积极性。课程标准也明确提出，"鼓励学生参与评价的过程，与教师共同完成对美术学习的评价"。在教授穿珠方法时，教师可以列出不同的穿珠方法，让学生进行尝试、比较；还可以在课堂上与学生共同讨论，鼓励学生提出自己的意见建议，并及时予以表扬。这样，教师既可以寻找到最适合学生的穿珠法，帮助学生在原来的基础上更好地掌握新的知识，又可以充分激发学生的积极性、自主性，有效提高学生的学习动力。

例如，在一年级穿珠课"穿珠活动——直穿"的教学中，笔者在讲授完穿珠方法之后，鼓励学生进行独立思考，并组织学生在思考之后进行穿珠比赛，规则为5分钟之内运用自己认为最好的穿珠方法进行穿珠，数量多者胜。比赛中，有些学生能穿50多颗，有些学生只能穿10余颗。笔者就此与学生展开了课堂讨论，发现穿珠多的学生采用的穿珠方法和教师教的方法有所不同，学生运用自己发现的方法能够做得更好。这充分说明，学生自己思考发现的穿珠方法更加适合自己。于是，笔者进一步建议已经找到自己方法的学生和全班同学分享经验，并对他们积极思考并取得的成绩给予大力表扬。学生学习的积极性和学习兴趣被充分调动起来，个个都孜孜不倦地摸索更好的方法，从而极大地提高了教学成效。

在新课标背景下，盲校美工课程应以灵活多样的方法激发学生的学习兴趣，提升学生的学习动力，并使这种动力转化为持久的情感态度，从而增强学生的自信，促进学生全面发展。

作者简介

沈玉文,中小学一级教师,2010年毕业于广州美术学院,获文学硕士学位。现为广东省美术家协会会员,广州市美术教师国画社社员,广州市启明学校美工科组长,负责学校美工教育教学。参与多个省、市级规划课题研究。

盲校学生生活垃圾分类的问卷调查与分析

——以广州市启明学校为例

唐英姿

垃圾分类指按一定规定或标准将垃圾分类储存、投放和搬运,从而转变成公共资源的一系列活动的总称。2018年,习总书记提出:"垃圾分类工作就是新时尚。"广州市作为全国一线城市,早在2012年就在全市范围内推行垃圾分类工作,2014年年初广州市教育局制定了《广州市学校创建垃圾分类示范基地认定标准》,推动各学校认真践行绿色理念,积极参与到校园生活垃圾分类的行动中,并涌现出一大批"示范基地学校"。2018年3月,教育部等六部门发出《关于在学校推进生活垃圾分类管理工作的通知》,要求各地教育部门和学校要通过多种形式全面开展生活垃圾分类知识教育工作,探索建立生活垃圾分类宣传教育工作长效机制。本文以广州市启明学校为例,从盲生垃圾分类收集问卷调查分析出发,根据盲生学习认知的特点,结合学校开展的垃圾分类教育,探讨盲生垃圾分类的教育措施和途径。

一、问卷的设计

问卷调查的主要目的是了解广州市启明学校的盲生开展校园生活垃圾分类的情况。问卷内容由25个问题组成,涵盖以下5个方面的内容:垃圾分类的认知、垃圾分类的态度、垃圾分类的处理行为、获取垃圾分类知识的途径以及进行垃圾分类的困难。本次调查时间为2019年9—12月,调查地点为广州市启明学校,调查对象为本校的初中级部6个班的学生。

二、问卷的发放与回收

由于我校学生使用的学习媒介是盲文和读屏软件的电脑,本次调查问卷的形式包括盲文版和电子版,学生可以依据能力和喜好选择盲文和电脑作答,问卷由项目老师统一时间发放和回收。本次对学生发放问卷62份,其中,电脑作答42份,盲文作答20份。在整理问卷数据时进行了筛选,去除了同一个班答案完全相同的问卷,以及漏题未选、全部问题都选第一个选项的无效问卷外,得到有效问卷50份,占81%。

三、问卷数据统计及结果分析

(一) 盲校学生对垃圾分类的认知不足

在对垃圾分类方式的认知方面,14%的学生认为自己非常了解生活垃圾的分类,60%的学生比较了解,24%的学生认为自己不太了解,完全不了解只有2%(如图1所示)。但是在"哪些垃圾属于有害垃圾(多选)?"这一较为简单的问题中,回答正确的只有4%。由此可见,盲校学生自认为在垃圾分类方面的了解程度较高,但实际上对垃圾分类的正确认知程度远远不足。

(二) 盲校学生对垃圾分类的关注度有待提高

对垃圾分类的关注度上,很关注的学生有32%,一般关注的占56%,没有关注的占12%(如图2所示)。这组数据表明,尽管大部分的盲校学生关注垃圾分类,但关注的程度一般,有待提高。在"你对于实施垃圾分类有什么看法?"这一问题上,90%的学生表示支持并且觉得这项措施很有意义,10%认为无所谓,没有学生持反对观点认为没有必要,在选择"支持,这项措施很有意义"的学生中,接近半数的学生回答不出具体有何意义。由此可见,尽管绝大多数学生支持垃圾分类,但仍存在部分学生并未了解实施垃圾分类的意义,导致他们支持垃圾分类这一措施的力度不强、不坚定。

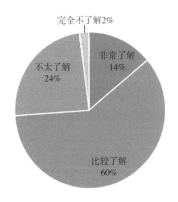

图1 学生垃圾分类认知程度比较

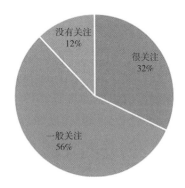

图2 学生关注垃圾分类比较

(三) 盲校学生垃圾分类的行为习惯不规范

一直以来,学校在每个教室都放置了可回收与不可回收的垃圾分类箱,在饭堂、洗碗池放置厨余垃圾箱,在校舍、操场等固定位置也有相应的垃圾分类箱。问卷中设置了三道关于盲生垃圾分类的处理行为的问题,在"你有把垃圾分类的习惯吗?"一项中,64%的学生选择"有",36%选择"没有",可见学校虽然在每个场室都设置了不同类别的垃圾分类箱,但仍有不少学生尚未养成垃圾分类处理的习惯。另外两项问题由于需要视觉观察，仅让低视力学生作答。在"已投入垃圾分类箱中的垃圾是否有混放情况？"一项中，40%选择"有"，20%选择"没有"，40%表示"没注意"；在回答"当分类垃圾箱内垃圾已混放时，你还会分类投放吗？"一项时，40%的学生选择"会"，60%选择"不会"。由此可见，一方面尚有不少盲校学生还没养成垃圾分类处理的良好习惯；另一方面，这些没有正确进行垃圾分类的行为影响着另一部分的盲校学生，即便存在垃圾分类的意识，但在看到垃圾箱中的垃圾混放后，也会因贪图方便或因从众心理选择不分类投放垃圾。可见，盲校学生垃圾分类处理的行为仍不规范，需要积极的引导和教育。

（四）盲校学生获取垃圾分类知识的途径狭窄

问卷设置了三道关于垃圾分类宣传教育的题目，其中两题是选择题，一题是主观问答题。选择题"你接受过垃圾分类的宣传或教育吗？"，94%的学生选择"有"，6%选择"没有"。在接受过垃圾分类的宣传或教育的盲校学生中，"你是通过何种途径了解城市生活垃圾分类的相关知识的？（多选）"，结果显示，盲校学生获取垃圾分类知识的途径主要是通过学校教育，其次是电视、广播和网络，报纸、书籍、朋友或家人、社区宣传的占极少部分。在主观问答题"你对现在的垃圾分类宣传教育有什么看法或建议？"中，回答主要集中为：获得垃圾分类知识的途径较少、垃圾分类的宣传教育形式较为单一枯燥、获取的知识有限，不少学生表示希望能够多参加有趣的活动获取垃圾分类知识。

（五）现使用的垃圾分类箱设计缺乏人文关怀

在对现投入使用的分类垃圾箱满意度调查中，46%的学生认为"还可以，有待改进"，38%表示"不满意"，只有16%的学生选择了"满意"。针对"你对现在投入使用的分类垃圾箱有什么看法或者建议？"这一项问题，不少全盲学生提出，他们都是按照记忆中各个类别的垃圾分类箱位置投放垃圾，而校园中不同类别的垃圾分类箱有时候会互换位置，一旦这种情况发生，他们只有在明眼人的提醒下才知道自己投放错。调查后发现，校园中的可回收垃圾箱和不可回收垃圾箱垃圾只存在颜色以及外部文字提示上的区别，大小、材质等其他物理性质基本一致，低视力学生勉强可以通过颜色辨别，但对于全盲学生而言基本无法区分。可见，校园中先投入使用的垃圾分类箱在设计上缺乏了对视障人士的人文关怀，导致他们在使用上存在一定的困难。

通过问卷统计及分析，我们了解到盲校学生在垃圾分类意识、垃圾分类知识、获取相关知识途径、垃圾分类处理的方式和垃圾分类的宣传教育等方面的现状。根据调查的结果，结合盲校学生的学习特点和补偿缺陷原则，我们可以更好地开展校园垃圾分类教育，推动盲生的垃圾分类实施。在盲校实施盲生垃圾分类的专项教育，具有多元的途径。无论是课程化的知识输入还是各种主题活动、社会实践活动，以及行为养成规范教育，对盲生的成长都有至关重要的影响作用。同时，深入推进垃圾分类的工作，提高垃圾分类投放的质量，还需要以学校为中心，通过对学生本人的教育，辐射到所在家庭，再延伸至其所在的社区，形成多方参与的格局。

作为在盲校开展垃圾分类的教育实践，积累的教学课程和实践参考的经验还很缺乏，今后在此研究的基础上我们更需精进课程和活动，帮助盲生提升垃圾分类处理能力，养成良好的行为习惯和综合素质实践能力，为回归主流和适应社会奠定坚实的行为意识和品质基础。

参考文献

［1］吴壁葵．高职生文明行为养成教育的思考：以垃圾分类为载体［J］．延安职业技术学院学报，2017，31（4）．

［2］张淼．日本幼儿园垃圾分类行为养成教育探析［J］．教育导刊，2015（20）．

［3］余梦婷，等．下沙高校区垃圾分类现状调查［J］．经济研究导刊，2012，162（16）．

［4］邓炯辉，何迎，等．高校生活垃圾分类的问卷调查：以天津理工大学为例［J］．再生资源与循环经济，2018，11（12）．

［5］方俊明．视障教育理论初探［J］．中国特殊教育，2002，33（1）．

［6］李忠宴．美国中小学环境教育研究［D］．曲阜：曲阜师范大学，2012．

［7］邓俊，徐琬莹，等．北京市社区生活垃圾分类收集实效调查及其长效管理机制研究［J］．环境科学，2013，34（1）．

第三部分 我们的足迹

广东省聂永平名校长工作室成员胜利会师

广州市越秀区启智学校

2018年11月11日至14日,广东省全省约80人在广州三寓宾馆参加了由广东省教师继续教育指导中心组织统筹、广东第二师范学院实施的名校长工作室培养对象的研修学习。此次研修是2018年名校长工作室培养对象的第一次集中研修,各位校长们表示此次是满怀热情而来,希望两年后能满载成果而归。

此次研修也是聂永平名校长工作室成员清远清城特校陈杰校长、梅州平远特校的丘玉华校长、深圳市福田区竹香学校的黄木生校长以及珠海特校的陈文校长的首次会师,大家对这次的会师都满怀憧憬。几天的研修学习,大家产生了一种找到组织的归属感,迫不及待地相互认识,增进彼此了解;更有一种将要共同前进的使命感,迫不及待地分享自己的工作,期待相互指导。2018年11月14日,工作室主持人聂永平校长与大家进行了亲切的交流,气氛热烈。交流会上聂校长首先介绍了工作室的基本情况,包括工作室的理念、指导专家以及工作室主要的研究方向等,然后,聂校长与大家一同探讨了接下来的工作安排。具体来说,第二阶段的跟岗交流将于2018年12月中旬在主持人所在的学校广州市越秀区启智学校进行。校长们积极响应,期待再次相会,并表示会尽快整理思路,总结学校的特色、发展现状以及当前的问题,让12月的交流是高质量的学习。同时聂校长也表示,期望在接下来的两年里工作室能带领大家形成一个学习、研究共同体,取得共赢的成绩,让各自的学校都能走上更高的台阶。(如图1所示)

图1 聂永平名校长工作室成员合影

* 本文创作时间为2018年11月。

为爱扬帆　梦想启航*

——记广东省特殊教育聂永平名校长工作室、广州市名教师工作室研修活动

广州市越秀区启智学校

2018年12月13—14日，广东省特殊教育聂永平名校长工作室、广州市名教师工作室近20名学员齐聚一堂，按广东省教育厅对工作室的规划和要求，带着工作室"为爱扬帆、梦想启航"的愿景，完成了2018年最后一次集中学习交流。（如图1所示）

12月13日上午，清远市清城区特殊教育学校陈杰校长、梅州市平远县特殊教育学校丘玉华校长、深圳市福田区竹香学校黄木生副校长、珠海市特殊教育学校陈文副校长、广州市启明学校唐英姿副校长，以及越秀区培智学校周锦萍主任、余志梅老师，广州市康纳学校王周专老师等学员参观了启智学校。启智学校注重根据特殊学生的需求去设置场地，无论是结构化的校园环境，还是视觉提示的教学策略应用，都得到了学员们的充分肯定。启智学校作为市、区重点打造的特殊学校，在启智人孜孜不倦的努力下，这几年取得了很多成果，得到了社会各界的肯定。启智学校于1985年成立，是广州市最早的九年一贯制培智类特殊教育学校之一。学校立足本区，以融合教育为契机，不断带动区内特殊教育发展，是广州市智力障碍儿童随班就读指导中心、越秀区特殊教育资源中心、越秀区智力检测中心和积极行为支持中心。自2005年实施个别化教育计划以来，启智学校以学生为中心，以国家课程标准为纲要，以"好照顾、好家人、好帮手、好公民"为教育宗旨，以康复训练为保障，不断探索教康结合的特殊教育模式。启智学校是最早一批医教结合实验基地，出版的一本本图书以及参与制定的国家《培智学校九年义务教育课程标准（2016年版）》中的《康复训练课程标准》就是最好的见证。特奥运动不仅是康复课程和班级教学结合的体现，也是德育的载体，是启智学校的亮点和品牌。它鼓励身心障碍的学生勇敢尝试，争取胜利，充满阳光自信地面对生活。学校的特奥足球队曾多次代表省参加全国的各种特奥足球比赛，均取得优异成绩。2019年3月，他们还将代表国家参加2019世界奥林匹克运动会的融合足球比赛项目。

基于工作室的工作规划和重点以及启智学校的课程特色，本次交流学习共观摩4节代表性的课例。

李蕙伶老师的生活适应课"我会找人帮忙"，是一节充分体现个别化教育计划

---

* 本文创作时间为2018年12月。

的集体课，通过主题教学模式，将多层次的教学目标，利用创设情境、角色扮演、多媒体课件、协同教学、分组练习等手段来实现。而无口语能力学生沟通辅具的使用、脑瘫学生动作康复目标的融入和活动的设计，都充分体现了康复训练和课堂教学的结合。

林静娴老师的语言训练个训课"小耳朵认真听"，从简单到复杂，逐层深入，提升学生理解口语指令的能力，并培养学生使用沟通辅具及手势动作与人沟通，促进学生多元化的沟通方式的建立。

黎耀斌老师的知觉动作训练小组课"夺宝奇兵"基于评估，了解学生需求，设定目标，通过创设夺宝的情景激发兴趣，使用不同的障碍物，让学生在游戏的过程中，不断调整和变化姿势，主动累积和丰富本体感觉刺激和动作经验，以达到训练目标。

周嘉萍老师的"老师说的我会做"是一节积极行为支持训练个训课，她基于评估、确定行为功能，为其制订了"能用适当的行为逃避不喜欢的物品或活动"的积极行为支持方案。本节课依据方案，训练以"服从指令""延长强化间隔"为目标，通过多样的、有针对性的，设计顺势而为的自然活动，用简单的回合操作来展开。学员们在观课过程中，反响热烈，对于这样目标明确、分组合理、过程流畅的课堂给予充分的肯定，这也体现了老师们的基本功。而康复训练从个训课、小组课到班级支持，这样逐层深入地开展形式也是值得借鉴的。同时，对于如何更好地、更有效地创设情境、选择强化物，以及如何提升课堂中学生之间互动合作，教师也提出了自己的看法和见解。通过相互交流，让我们更相信，理越辩越明、课越评越精，过程就是经验，经验促进提升。

14日的学习交流迎来了重头戏——工作室研修会议。通过主持人聂永平校长对工作室工作规划介绍和规章制度的解读，以及工作室专家团队和成员的介绍，我们更加明确了未来三年的任务，对扬帆起航充满动力。

这次会议颁发了工作室聘书：聘北京师范大学教授王雁为高校专家、广州市教育研究院高珂娟老师为教研员、越秀区培智学校余志梅老师为技术专家，聘请越秀区启智学校曹丽敏、陈霞老师为工作室助手，同时为工作室成员颁发了聘书。无论是专家还是学员，都更加了解工作室架构分工，明确职责，更好前行。工作室积极响应习近平总书记提出的"大湾区规划"，倡议成立"五城特殊学校校长联盟体"，并签订协议。同时，以特奥为载体，成立了"五城特殊奥林匹克融合学校联盟"。让我们携手共进、共创辉煌。

广东省特殊教育聂永平名校长、广州市名教师工作室本次学习交流圆满结束，我们恋恋不舍！2018，我们幸运和充实！2019，我们期待和努力！为爱扬帆、梦想启航！

图1　工作室研修活动

特奥融合　携手共进[*]

——广东省聂永平名校长工作室主持人参加特奥融合学校领导论坛报道

广州市越秀区启智学校

2018年12月7日，广东省聂永平名校长工作室主持人聂永平校长与启智学校德育处李志勇主任出席了在上海华东师范大学举办的2018特殊奥林匹克融合学校领导论坛。2018年是特奥融合项目推进第五十个年头，在这非常有历史意义的时刻，国际特奥会主席蒂姆·施莱佛与国际特奥会东亚区总裁冯美孙出席了开幕式并发表了致辞，随后，国际特奥会全球青少年发展高级总监Soeren Palumbo分享了美国"00后"青少年数据调研报告（如图1所示）。最后，武昌培智学校、蒙古特奥会秘书长组织分别就其所开展的融合情况进行了实践分享。各代表的分享充分证明了融合学校活动已在全国各地如火如荼陆续开展起来，取得了一系列的成果，引起社会的极大反响，越来越多的普特学校加入融合学校行列中来。越秀区启智学校与广州体育学院于2015年就加入了融合学校行列。2015—2018年，我校与体院开展了大大小小的融合活动，如特奥日的融合活动，而将融合活动表现得最淋漓尽致的就是特奥融合足球的训练（如图2所示）。为了能在比赛中有更佳的表现，我校特奥足球队员与体院的融合伙伴保持每月至少两次的训练。经过不断的融合训练与磨合，我校学生与体院融合伙伴有了很大程度的默契，在2017年的广州市融合学校足球友谊比赛中荣获了冠军，还将在2019年3月赴阿联酋首都阿布扎比参加世界特殊奥林匹克运动的融合足球项目。期待孩子们能在比赛中收获更多的友谊与交流，也期待以后能与各校有更多特奥融合合作，共同努力把省、市融合活动推向一个新的高点。

---

[*] 本文创作时间为2018年12月。

图1 特奥融合学校领导论坛

图2 特奥融合足球训练

广东省聂永平名校长工作室培训*

——《培智学校义务教育课程标准》解读和"特殊学校教师专业发展"培训

广州市越秀区启智学校

因应省厅的要求,结合聂永平的教育理念,工作室有幸聘请到北京师范大学教育学部王雁教授作为指导教授。2018年10月18日,举行了简短而隆重的名校长工作室专家聘用仪式。越秀区启智学校聂永平校长向王雁教授颁发了工作室指导专家聘书(如图1所示),并与入室成员清远市清城区特殊教育学校陈杰校长、梅州市平远县特殊教育学校丘玉华校长合影留念(如图2所示)。18—19日,工作室邀请北京师范大学教育学部教授、博士生导师、北京师范大学特殊教育研究院党支部书记王雁教授,在广州市越秀区启智学校为工作室成员和广东省的特教工作者们带来题为"《培智学校义务教育课程标准》解读"及"特校教师的专业发展"的主题讲座(如图3所示)。

10月18日上午,在主题为"培智学校课程标准解读——培智学校课程标准的本质特征解析"的专题讲座中,王雁教授从对课程及课程标准的理解、课程标准的本质特征两方面展开。首先,王雁教授从课程、课程标准、教学这3个关键词入手,帮我们厘清课程和课程标准,并介绍了课程标准的结构,包括总纲(《培智学校课程设置实验方案》)和分科课程标准以及教学的定义。然后,从《培智学校课程设置实验方案》的研制背景、研制过程为我们追溯了方案的诞生。再从政策法规、特殊教育的基本规律和特点出发,介绍了新课程的培养目标、课程设置的原则、课程的性质、课程的基本理念。《基于课程标准的教学》的专题讲座,主要围绕三大块来展开:对培智学校课程的理解、课程实施之教学与评价、基于课程标准进行教学的策略。

对培智学校课程的理解:首先,从宏观的层面通过国家政策、法规看国家对教师、学生的要求。其次,从学术的角度去解读课程的定义。最后,介绍了各种课程分类方式。

课程实施的教学与评价:先明晰了何谓教学、何谓课程评价,再以问题"特殊教师如何依据课程标准进行教学?"引出当前课程实施中存在的3种取向。

基于课程标准的教学策略:教师首先要对"内容标准"进行解构,即经过将课程标准中的内容与要求,通过一系列的目标解析与细化过程,形成学科目标体系,

---

* 本文创作时间为2018年10月。

重构某节课的具体教学目标。

经过18日一天的学习，老师们觉得收获颇丰。既从宏观上了解了《培智学校课程标准》，为今后的课程实施理清了思路，又感受到肩上的责任越发重了，因为清晰地意识到新课程标准的有效实施还任重而道远。在紧张的培训中，王雁教授抽出宝贵的一个小时，同参加培训的学校领导和老师代表进行了座谈。座谈主要围绕着学校如何落实课标以及落实过程遇到的困难两方面进行展开。清远市清城区特殊学校陈杰校长、梅州市平远县丘玉华校长介绍了学校的基本概况以及在课标落实方面的尝试，也提出了希望能在国家层面对课标进一步细化，从而更加有利于一线教师进行使用。番禺培智学校、越秀区至灵学校、越秀区培智学校和越秀区启智学校，以及荔湾区康迪学校教师代表都对本学校如何落实课标做了汇报。王雁教授详细回答了老师们的困惑，也期待每个学校从学校层面推动课标的落实，希望有更多的机会交流经验。

10月19日上午，王雁教授为我们解读了《课程标准》中的"康复训练"和"生活语文"两部分的课标。通过"康复"的广义定义和狭义定义说明教育中康复训练的意义。通过分析学生情况，来阐述学校康复训练的重要性。从课程性质、理念、设计思路以及课程目标、内容和实施建议几方面进行了解读。生活语文课程是培智学校义务教育阶段的一般性课程，是一门学习语言文字运用的综合性、实践性课程。生活语文课程应使培智学校学生初步学会运用祖国语言文字进行沟通交流，具有基本的适应生活的听、说、读、写能力，提高文化素养，初步形成正确的世界观、人生观和价值观。工具性、人文性、生活性相统一是生活语文课程的基本特点。

王雁教授从《课程纲要》到《课程标准》对比中介绍了随着特殊学校学生结构的变化，课程标准的目标、内容也在变化。王雁教授重点介绍了语文的学习要和实际生活相联系，要为生活服务。10月19日下午，近200人共同聆听了主题为"培智学校教师专业发展问题的思考"的讲座。王雁教授围绕时代发展对特教教师专业发展的要求、专业发展之"复合型"以及专业发展之关键问题等三方面展开讲座。王雁教授带领我们从近些年颁布的特殊教育相关文件、近些年实施的项目以及《特殊教育教师专业标准（试行）》中寻找答案，帮我们明晰了作为一名特殊教育教师在个体层面要成为一名"复合型"的教师、"四有"好老师。为了有效实现复合型，我们首先要做到专业自信、专业自爱、专业自主，合理利用环境支持，然后基于研究进行实践，发挥自身的反思以及合作的能力，逐步从"看护型"特教教师过渡到"复合型"教特教师，甚至向智慧型特教教师、教育家型特教教师发展。

满满当当的两天培训，让我们不仅对于课标有了更深的理解，还对于自己要成为什么样的专业教师有了更深的认识，同时，我们也被王雁教授的敬业精神和专业的深度所折服。真不愧是2018年北京师范大学"四有"好老师金质奖章荣誉称号的获得者，期待下一次能有机会继续聆听王雁教授的讲座，领略她的风采！

图1 聂永平校长向王雁教授颁发工作室指导专家聘书

图2 与工作室成员合影

图3 主题讲座

共享 共建 共进*

——广东省聂永平名校长工作室成员赴清远研修活动

广州市越秀区启智学校

为深入贯彻十九大关于"办好特殊教育"的部署，发挥广东省特殊教育聂永平名校长工作室的辐射和专业引领作用，提升各成员单位的办学理念及教育教学质量，实现区域间特殊教育的协同发展，广东省特殊教育聂永平名校长工作室按照《第二期特殊教育提升计划（2018—2020）》《广东省教育厅办公室关于印发广东省中小学名教师、名校长工作室工作指南》的要求，以"共享、共建、共进"为主题，于2019年4月24—26日，对清远市地区特殊教育学校展开为期三天的诊断研修培训活动，清城区特殊教育学校承办了此次活动。本次诊断研修活动得到广东省特殊教育聂永平名校长工作室成员的大力支持。

4月24日，全体成员在清城区特殊教育学校陈杰校长的陪同下分别到清城区特殊教育学校和清远市特殊教育学校参观交流、诊断研修。清城区特殊教育学校办学目标准确，管理细化，积极向外延伸，致力打造"爱智"文化，学生充满活力，快乐成长。清远市特殊教育学校招生规模庞大，占地89亩（约59333平方米），教育对象包括听障、视障、智障、自闭、脑瘫及多重障碍学生，在读特殊学生超过400人，目前正稳步推进基础建设和职高等项目。

4月25日，为了实现"五城特校联盟"资源的共享、共建、共进，不断提升区域特殊教育发展的质量和水平，清城区特殊教育学校举办了与四会市特殊教育学校的同课异构以及校长座谈活动，广州、深圳、珠海、梅州、四会、清新、阳江、佛冈、英德十地同行济济一堂齐聚清城区特殊教育学校，共同研讨区域特教。

聂永平校长表示，两位老师在同课异构活动中都有着扎实的基本功，对课堂的把控能力较好，教学设计合理，过渡衔接紧凑，遵循了由浅入深的教学原则，聂永平校长同时也提出特殊教育的教育教学要关注特殊儿童的需要，以生活适应为核心，必要时根据个别学生需求增加康复的训练目标，设计多种策略及支持手段，使教育训练更具功能性和实效性。专题讲座中，聂校长从政策支持、国际特教趋势、越秀区特殊教育学校办学情况、医教结合、三大资源中心（随班就读指导中心、积极行为处理中心、智力检测中心）以及教师专业化成长规划，阐述了特殊教育当前的问题与发展的方向。在其后的交流环节中各位校长积极发言，就办学中的困难和思考各抒己见，聂永平校长提出新时期特殊教育教师一定要走专业化道路，坚定地

---

* 本文创作时间为2019年4月。

实施个别化教育，落实"一生一案"，最后聂校长还鼓励特教工作者要通过自身的努力和提升，推动区域特殊教育工作的开展。

4月26日，工作室成员校长在清远市特殊教育学校校长的陪同下前往清新区特殊教育学校诊断研修，地处粤北的清新特校办学规模虽然不大，但一线教学人员全是特教专业毕业生，投入也较大，可见政府的重视程度。

工作室为期三天的清远诊断研修活动落下了帷幕，此次活动实现了区域之间特校的共享、共建和共进，培训后各位校长们感触良多。虽然目前看来清远各区县特殊教育的推进力度不同，但相信困难只是暂时的，只要大家齐心协力，清远特殊教育发展同样会有质的飞跃。（如图1所示）

图1　研修活动

目标导向　拓宽视野　强师辐射　引领发展*

——记2019年广东省"强师工程"名校长工作室主持人团队专项研修活动

广州市越秀区启智学校

上海作为国际化大都市，依托于高位的理论引领、教研员的科研指导及基础教育一线教师的探索实践，丰富、创新的教育教学经验得到了教育界的认可。2019年6月23—28日，广东省"强师工程"中小学幼儿园教师、名园（校）长工作室主持人、团队项目研修活动在上海举行，广东省特殊教育名校长工作室主持人越秀区启智学校校长聂永平，携助理曹丽敏主任参加了此次培训，组织方岭南师范学院邀请了上海高校教育研究、基础教育、教学名师等方面的专家、名家，为我们提供了一场教育的盛宴。

依据《广东省2019年"强师工程"省级培训项目申报工作的通知》《广东省教育厅、广东省财政厅关于中小学名教师、名校（园）长工作室的管理办法》《2019年中小学幼儿园骨干教师、校（园）长省级培训项目指南》《广东省教育厅关于加强"十三五"广东省中小学教师培训工作的意见》等文件精神要求，按照省教育厅的部署以及继续教育中心的安排，在2018年第一年度培训任务完成的基础上，开展有针对性的培训，旨在培养一批具有高尚师德，先进教育教学理念，较高的政策水平、理论水平和实践能力，独特教学模式，较强研修水准的中小学教师培训团队，能够充分发挥名师工作室的示范引领作用，打造在省内外具有较高知名度和影响力的名师旗舰团队。本次培训主要目标是更新主持人及助理理念、完善工作室的基本建设、创新工作室的培训模式、完成工作室的培训任务、注重工作室的校本研修、开展工作室的课题研究等。

2019年6月23日上午，华东师范大学国际与比较教育研究所副所长、硕士生导师邓志伟教授讲授"核心素养和课程改革"的专题。邓教授从核心素养时代的来临进行展开，之后进行课堂问题的剖析，最后提出课堂教学改革的方向。邓教授指出"国际化时代不可能闭关锁国""智能化时代，除了学术性轨道之外，还有艺术性轨道""我们要全纳化、高度尊重学生"等等，进一步揭示教育就是要培养回归日常生活世界的生活主体，拥有主观幸福观。

6月23日下午，全国中小学教师继续教育网总编张晓明教授为我们讲授"研创教学成果：名师再发展的新引擎"，从全国教育成果奖的角度来讲述工作室主持人如何研发和形成成果，如何有效地带领团队成为以成果为导向、以科研为方法、

---

* 本文创作时间为2019年7月。

在领域内起到辐射带动作用的领军人物。张教授从寻求名师成长的"第二曲线"、理清教学成果的"来龙去脉"、破解成果锤炼的"行动密码"三方面概括了如何利用研创教学成果促进名师发展。6月24日上午，原上海师范大学校长、上海市教育委员会副主任、上海市教育科学研究院院长、教育部国际教育研究与咨询中心主任张民选教授给我们带来了"TALIS与教师关键能力"主题讲座。

张教授是上海教育经验的总结和见证人之一，他从国际教育的视角来看目前的教育形式，讲解了教师如何应国际形势而提升自己各方面的能力，借鉴上海提出的"教师核心素养"的研究思路和方法很值得我们学习。张教授先介绍了TELIS项目：经合组织（OECD）开发的"教师教学国际调查"项目，上海之所以参加是想了解上海教师对学生学业和成长发展的贡献，为十三五规划发现问题、提供证据、促进改革，学习发达国家多元评价与循证研究方法。而经过评测，上海多项指标超过国际标准，但是也要看到不足，根据这些情况，提出更有针对性的教育改革措施。

6月24日下午，浙江大学教育学系系主任、浙江大学国际教育研究中心副主任教授、博士生导师吴雪萍教授在"国际基础教育的改革和发展"的讲座中，从先进的理念出发，全面梳理具有代表性的国际政策文件，详细呈现欧美国家的具体举措。整场讲座层层深入，逻辑清晰，对我们一线教师开阔视野、拓展思路具有重要的帮助，对培养具有家国情怀、国际视野、能力发展性强的新时代人才提供了重要的思想引领。6月25日上午，上海市教科院培训中心基础教育上海经验推广负责人祝庆东教授为我们带来"教研活动的创意策划与实施"，祝教授从目的入手讲解如何策划教研活动，让教研活动成为成果提炼的摇篮。祝教授对如何发现教师教学中的问题、选择教研课题、如何采用各种具体的方法进行研究、如何有目的地整理教研成果、如何将成果进行推广等方面进行了详细地讲解，让我们对平时常见的教研活动有了新的认识，为了让教研更有针对性、更有创新性、更有价值，我们要不断尝试，在学习中进步。26日下午和27日下午，组织方还专门安排了工作室主持人进行工作室经验分享，寻找理论落地的契机，工作推进的方法，这对我们下阶段的推进而言也是一种启发。丰富多样的特色展现，显示出了各个工作室的努力，让整个工作室团队充满了工作的激情。26日晚上，各工作室团队在彼此有一定了解的情况下进行破冰活动，筹办了一台晚会，一个个有特色的节目，一张张笑脸，打破了隔阂，让彼此更加了解，让各个工作室团队之间的纽带更为紧密。最后，我们在一首《我和我的祖国》中结束了这次活动，红旗飘飘，歌声飞扬。此行收获满满，让我们找准了方向，在工作室的平台上，我们将辐射"一省五城"，带领特殊教育同行焕发更耀眼的光彩！

27日上午，工作室助理曹丽敏参观了嘉定区教育学院，聆听了凤光宇院长关于"名师工作室如何发挥示范引领作用"的讲座，凤院长风趣幽默地为我们展现了上海名师培养基地是如何带领名师、如何打造名师的，照片墙上一张张特级教师、特级校长的照片，让我们充满了战斗的激情。

短短的一周,满满的行程。专家云集的讲座,从世界教育思潮,讲到国际教育现状,进而概述国内教育的情况,我们如何解决,用什么方法来解决,如何让名师工作室成为名师产生的摇篮。一路行来,感慨万千,不是一句珍惜所能表达的。未来路长且阻,我们的工作室在主持人聂永平的带领下全体成员将上下而求索,在特殊教育领域内不断前行。(如图1所示)

图1　2019年研修活动成员合影

探医教结合之路，促教师专业成长*

——记广州市聂永平名师工作室赴东莞市康复实验学校研修

广州市越秀区启智学校

为全面贯彻落实党的十九大关于"办好特殊教育"的精神，根据《广州市越秀区第二期特殊教育提升计划（2018—2020年）》文中提到的"深入推进医教结合，建立跨专业合作机制"相关要求，为推进特殊教育课程改革，探索特殊教育学校和医疗部门常态合作机制，完善特殊教育学校内部跨专业支持模式，促进工作室教师成员专业水平发展，2019年6月14日上午，广东省特殊教育名校长工作室主持人、广州市名教师工作室主持人、越秀区启智学校校长聂永平携全体名师工作室成员赴东莞市康复实验学校参观交流（如图1所示）。

东莞市康复实验学校直属于东莞市残疾人联合会，主要为东莞市6～14岁的中重度残疾学生提供义务教育、职业教育和康复教育等服务，是一所综合性特殊教育学校。该校以教康结合为办学特色，为特殊孩子提供了舒适的教学环境和个性化的课程服务，医教结合课堂实践初见成效，办学成绩可圈可点。

康复实验学校的相关负责人热情地接待了聂永平校长及工作室的成员们，安红妍副校长介绍了学校的发展概况并带领老师们参观了可视音乐室、感官室、OT室、烘焙室及陶艺室等特色功能场室。随后，康复实验学校的文娜、马晶老师分别向工作室的老师们展示了精心准备的课例：综合活动课"我们都是好朋友"和言语个训课"快与慢"。两位老师把医疗康复理念自然地融入了课堂教学中，既完成了教学目标，又帮助学生进行康复补偿，达到事半功倍的效果。下午，老师们倾听了由李俊强主任主讲的"'医教结合'课程体系的整体建构与实践创新"讲座。王曙光校长做总结发言，他指出，康复实验学校以教康结合为办学重点，教学及科研工作都围绕这一主题展开，虽已取得一定成绩，但课程体系还未成熟，故医教结合的教育事业还在路上。最后，在王校长的带领下，工作室的老师们参观了东莞市特殊幼儿中心，在孩子们礼貌的告别声中，本次研训活动圆满结束。

通过本次研训活动，老师们纷纷表示不仅拓宽了视野，而且对医教结合理念有了更深的认识，将努力向医教结合复合型教师人才方向发展。今后，工作室将致力于探索医教结合有效课堂模式的开展，努力开发医疗康复学科资源，着力将特殊教育与康复医学相互整合，以达到学科互补、各施所长，为特殊儿童提供更优质、更精准的个别化教育和康复服务，助力越秀区特教事业的发展。

---

* 本文创作时间为2019年6月。

图1　工作室成员赴东莞市康复实验学校参观交流

特教联盟齐聚首，同向同行同携手*

——记越秀区特殊教育联盟成立

广州市越秀区启智学校

为贯彻落实十九大精神，进一步办好特殊教育，有效推动越秀区特殊教育二期提升计划的实施，2019年12月26日上午，在启智学校召开了越秀区特殊教育联盟第一次工作会议。越秀区教育局党组成员、副局长陈晓同志，小幼教科、中学职业教育科相关科室干部及特殊教育联盟成员单位出席了这次会议。（如图1所示）

这次联盟工作会议旨在"以联盟带动的形式，进一步优化区内特教资源的投放，加大专业支持的力度，提升融合教育的质量，实现基础教育年段的无缝对接，彰显教育公平"。会上，首先由越秀区启智学校校长聂永平对《越秀区特殊教育二期提升计划二期实施方案》进行了详细解读；接着由越秀区启智学校教导处主任曹丽敏介绍了越秀区特殊教育指导中心职责、工作运转流程，使各联盟单位今后在特殊教育工作的落实和推进上更为清晰；紧接着是简单而隆重的越秀区特殊教育联盟签约仪式和越秀区特殊教育指导中心授牌仪式。越秀区特殊教育联盟由越秀区教育行政部门负责行政管理，越秀区教育发展中心提供教科培支持，越秀区启智学校为龙头引领，联盟内包括区内特殊教育学校、有资源教室和特殊教育班的学校和幼儿园、特殊教育指导中心、越秀区特殊教育智库、跨专业团队。越秀区特殊教育联盟成员单位共21个，覆盖了系统公办、民办单位，有中小学、幼儿园，还有机构，具体包括启智学校、培智学校、至灵培训学校、贸易职中、七中实验学校、华侨外国语学校、铁一小学、红火炬小学、清水濠小学、珠光路小学、水荫路小学、净慧体校、八一希望小学、满族小学、市一幼儿园、市二幼儿园、省育才幼儿院一院、省育才幼儿院二院、麓景路幼儿园、泰康路幼儿园和云台里幼儿园。越秀区特教联盟协议的签订是促进越秀区融合教育高质量发展的又一新举措，对推进教育公平、实现越秀区融合教育优质发展有着非常重要的意义。

特殊教育联盟内成立了越秀区特殊教育指导中心，设立在启智学校。该中心内设5个中心：转介安置中心、智力检测中心、随班就读指导中心、积极行为支持中心和辅具适配中心。特教指导中心正式挂牌，将进一步为全区特需少年儿童提供优质的教育和康复服务，提升特殊教育服务质量，同时致力于保障区内幼小、小初、初高（职）学段衔接工作的畅通，推动15年学段的无缝对接。

最后，陈晓副局长在会上殷切寄语："办好人民满意的教育是我们的使命与担

---

* 本文创作时间为2019年12月。

当。在特教事业这片最需要温度与热度的领域里,让我们一起努力,共同把越秀教育的特教事业办好、办活,为更多的特殊孩子享受到公平而有质量的教育贡献力量!"同时,她对特教联盟各单位提出三点期望:一是树立"全局一盘棋"的大局意识,同频共振,共同进步;二是特教联盟各单位各司其职,优势互补,实现基础教育年段的无缝对接,彰显教育公平;三是发挥启智学校先行示范的龙头效应,联同广东沿海先进地区及香港、澳门辖内特殊教育学校,建立三地特殊教育协同发展共同体,以开放共赢的方式开展一系列有影响力的活动。

融合教育是水,普通教育是花。一个人可能走得更快,但是一群人会走得更远!相信未来在越秀区特殊教育联盟的带领下,会更有效促进越秀区特殊教育事业的发展,更有力地推动越秀区特殊教育出新出彩!

图1 越秀区特殊教育联盟

送教千里助提升，结对帮扶促发展*

——广东省聂永平名校长工作室团队赴黔南州送教首日活动

广州市越秀区启智学校

金秋送教秋意浓，多校联动携手行。为充分发挥广东省聂永平名校长工作室示范、引领、辐射和带动作用，促进东西部特殊教育均衡发展，共享优质教育资源，2020年11月2日，广东省聂永平名校长工作室成员一行13人在聂永平校长带领下来到了送教第一站罗甸县特殊教育学校，正式开启黔南州送教培训研修活动（如图1所示）。

罗甸特校·初印象

遇见，即美好。踏进罗甸县特殊教育学校（以下简称"罗甸特校"），映入眼帘的是整洁、干净的过道及运动场，一行人在罗甸特校何大春校长的引领下，先后参观了学生公寓、普通教室、功能场室，细细感受学校的人文环境、校园文化氛围。大家纷纷拿出手机，开启相机功能，定格留存一个个美好的瞬间。在参观教学时，聂校长一行走进越秀启智学校外派罗甸特校的陈洁莹老师所在班级，聆听班级授课，课后与师生互动交流。

启动仪式·齐奋进

参观完校园、观摩课堂后，一行人在罗甸特校会议室举行了隆重的广州越秀启智学校与贵州罗甸县特殊教育学校对口帮扶启动仪式。罗甸县人民政府黎旭泰副县长，罗甸县人民政府办公室毛学骑副主任，罗甸县教育局党组成员、主任科员邹献福同志出席了此次会议，会议由罗甸县特殊教育学校何大春校长主持。

专家引领·共成长

根据罗甸县特殊教育学校的实际教育教学需要，广州越秀启智学校专家团队为参会老师带来了两场精彩的讲座。首先，聂永平校长做了"特殊教育学校多元化课程和专业化发展新视角"专题讲座。聂校长从广州越秀启智学校基本情况、特殊教育最新政策解读谈起，逐一分享越秀启智学校在实施学生个别化教育计划、搭建多元化课程体系、促进特殊教育师资团队专业化发展方面的具体做法，讲座条分缕析、内容翔实。随后，广州市越秀区启智学校教导处主任曹丽敏做了"自闭症谱系概念与教学策略"讲座。曹老师从自闭症学生的症状表现、与精神障碍的区别、具体的教学策略依次展开分享，中间穿插丰富的教学案例故事，娓娓道来，专业而真

---

* 本文创作时间为2020年11月。

诚。学无止境，交流无止境。首日工作室研修培训在充实而有序的活动中圆满结束。且行且思、且思且行，相信各位工作室成员在参观中都有所发现、在座谈交流中都有所触动、在专家引领中都有所成长。

图1　工作室团队赴罗甸特校的研修活动

送教促交流，互助共成长*

——广东省聂永平名校长工作室团队赴惠水县特殊教育学校送教活动

广州市越秀区启智学校

为充分发挥广东省聂永平名校长工作室示范、引领、辐射和带动作用，促进东西部特殊教育均衡发展，共享优质教育资源，2020年11月3日，广东省聂永平名校长工作室成员一行13人在聂永平校长带领下来到了惠水县特殊教育学校，开展送教活动（如图1所示）。

天公不作美，一路下着雨，天气也愈加寒冷，但是到达惠水县特殊教育学校的那一刻，所有人都被孩子们热情的微笑和拥抱温暖了。接着，一行人在惠水特校陈明华校长的引领下，先后参观了教室、康复楼、食堂和寝室。

参观完校园后，一行人在惠水特校天使班举行了隆重的欢迎仪式。会议由惠水特校教务处主任刘洋主持。首先由惠水县教育局谢红主任致欢迎词，谢主任对工作室成员的到来表示感谢，并期望专家们能把宝贵的经验传授给学校的老师们。接下来，由工作室主持人聂永平校长介绍各个工作室成员学校的情况。最后，由惠水特校校长陈明华致欢迎词，并介绍了学校的办学特色。广州市越秀启智学校还赠送了象征两校共同发展的纪念旗和水晶杯。根据惠水县特殊教育学校的实际教育教学需要，工作室特别安排了两场精彩的专题讲座。

首先，梅州市平远县丘玉华校长做了"山区特殊教育学校留住人才的管理经验"专题讲座。丘校长从切身特校管理一线经验出发，逐一分享了饮食起居、福利待遇、培训交流、价值认可和情感归属5个方面的具体做法，最后凝结出"以情动人、物质激励、价值认可"12字留住人才心得，语言诚恳朴实，管理经验实操性强，值得借鉴。

随后，深圳市福田区竹香学校黄木生校长做了"新时代教师队伍建设的'理法方药'"专题讲座。黄校长针对新时代教师的特点进行了分析，提出管理学校的瓶颈问题，以杯子为例深度剖析领导者要以身作则，充分听取老师们的建议。不忘初心，做好教育。专题讲座结束后，惠水特校教务处王丽主任在彩虹班准备了一节语文公开课"马牛羊"，课后专家和随行的老师们对王主任的课进行了交流和点评，对王主任的课给予了高度的评价，也提出了中肯的建议。学无止境，交流无止境。工作室研修培训在充实而有序的活动中圆满结束。

---

* 本文创作时间为2020年11月。

临行前,可爱的孩子们和我们依依不舍地道别,用淳朴的目光送我们离开,让我们的内心无比感动,我们能为孩子们做的就是做好特殊教育,让东西部共同发展,让孩子们的未来也有曙光。

图1　工作室团队赴惠水县特殊教育学校开展送教活动

多校联动深情送教　成长互助共研共行*

——广东省聂永平名校长工作室团队赴独山县沁元学校送教活动

广州市越秀区启智学校

为充分发挥广东省聂永平名校长工作室示范、引领、辐射和带动作用，促进东西部特殊教育均衡发展，共享优质教育资源，2020年11月4日，广东省聂永平名校长工作室成员一行13人在聂永平校长带领下，奔赴独山县沁元学校，开展送教活动。（如图1所示）刚下车，梁校长就热情地迎接大家，并带领众人参观校园。沿着学校的文化长廊，先后参观了手工室、民族绘画室、书法室、感统训练室等功能场室，大家陶醉于孩子们作品中无言的表达，纷纷赞叹校园浓厚的文化氛围。参观完校园，一行人在沁元学校会议室举行了隆重的对口帮扶送教仪式。独山县教研室黄泽萍主任、独山县沁元学校黎成龙校长出席了此次会议。

会议伊始，由聂永平校长介绍工作室入室成员以及单位办学情况。接着，黎校长从独山县的地理位置、民俗民间文化背景展开，一一介绍学校概况、学校教育教学情况、学生的民族艺术创作，并提出现阶段存在的困难，希望各位专家给予指导和建议。最后，广州市越秀启智学校赠送象征两校共同发展的纪念旗和纪念座。依据沁元学校的实际办学需求，工作室安排了两场精彩的专题讲座。

首先，由清远市清城区特殊教育学校校长陈杰做了"培智类特校提质发展的实践探索"专题讲座。陈校长立足本校的实践管理经验，强调六位一体促发展的先进理念，讲述提升特殊教育质量的实践措施，以及自身的办学思考。讲座操作性强，值得借鉴。广州市启明学校副校长唐英姿则分别用"多重障碍儿童教育康复课程体系的建立"和"新课标背景下艺术教育对盲生核心素养培育的研究和实践"两个话题来构建她的讲座内容。她从多重障碍儿童建立康复教育的必要性入手，阐述康复教育的原则、多重障碍儿童教育康复体系的保障措施、康复基地的建设，以及如何加强康复师资的培养，也深情地回顾了学校视障学生艺术教育的心路历程。作为亲历者，她的讲述饱含真情，催人泪下，全体与会者都沉浸在那充满特教情韵的故事中不能自已……工作室研修培训在充实而有序的活动中圆满结束。相信通过此次交流活动，全体参与人都会收获满满。道阻且长，行则将至，行而不辍，则未来可期。愿特教人都能牢记使命，踔厉奋发，直面挑战，为特教事业的蓬勃发展贡献智慧与热血！

---

* 本文创作时间为2020年11月。

图1　工作室团队赴独山县沁元学校送教活动

送教送"心",齐步前行*

——广东省聂永平名校长工作室团队赴黔南州特殊教育学校送教活动

广州市越秀区启智学校

为充分发挥广东省聂永平名校长工作室示范、引领、辐射和带动作用,促进东西部特殊教育均衡发展,共享优质教育资源,2020年11月5日,广东省聂永平名校长工作室成员一行13人在聂永平校长带领下来到了本次贵州送教活动的最后一站——黔南州特殊教育学校(以下简称"黔南州特校")。(如图1所示)

在黔南州特校吴显艳校长的引领下,工作室一行人参观了校园,包括学生食堂、学生宿舍、教学楼、陶艺教室等场室。参观完校园后,黔南州特校的教师们和工作室成员在会议室举行了帮扶送教活动会议。会议由黔南州特校吴显艳校长主持,吴显艳校长致欢迎词,并介绍黔南州特校的学校情况,包括学校的建设、以陶艺课程为主的特色课程,也展示了丰富的教育教学成果。工作室主持人聂永平校长介绍省名校长工作室此行送教的目的和意义,也介绍了工作室各成员学校的办学特色。聂永平校长赠送了象征黔粤心手相牵的水晶座,期待特教之花开满黔南大地。珠海市特殊教育学校陈文副校长开展"特殊教育学校交互性课件制作简介"专题讲座,介绍了制作课件的各种软件,讲解了制作教学课件的基本要点,展示了优秀课件,并演示如何使用storyline制作课件。老师们纷纷表示,陈校长的讲座对于利用课件的交互作用来激发学生兴趣、活化课堂很有帮助。广州市越秀区启智学校陈霞老师开展"特校班级经营之环境策略"专题讲座,通过生动形象的生活事例说明了适当的环境布置的重要意义,并从视觉、听觉等方面介绍了特殊学校中班级经营中视觉策略的作用以及使用时的注意事项。陈老师深入浅出地讲授,通过大量教育教学实例的介绍,让老师们充分了解视觉策略应用中的重点。通过老师们和陈老师的互动,我们相信这一策略会为黔南州特殊儿童享受更高品质的教育提供较大支持。以眼看教育,用心去体会,以成长为基石,因爱而聚焦。

本次广东省聂永平名校长工作室赴黔南州送教活动在充实而有序的活动中画下圆满的句号,但在做好特殊教育的路上这仅仅是一个逗号,发展特殊教育仍然任重而道远。在本次的送教活动中,工作室成员们与贵州的特教同侪们相互交流、相互学习、共同成长。

---

* 本文创作时间为2020年11月。

图1　工作室团队到黔南州特校送教活动

聚力促发展，携手合作谱新篇*

——广东省聂永平名校长工作室、广州市名师工作室团队赴梅州交流研修活动

广州市越秀区启智学校

2020年11月26—27日，广东省聂永平名校长工作室、广州市聂永平名师工作室联动梅州、清远、英德、广州四地特殊教育学校近20位校长及教师，在聂永平校长的带领下来到了梅州，走进了平远县特殊教育学校、梅州市梅江区特殊教育学校和梅州市特殊教育学校，共同聚焦一线课堂，提高教师的课堂教学能力，把脉研修，提升学校的办学质量（如图1所示）。两天过得非常充实，充分发挥了工作室的示范带动作用。

梅州市平远县特殊教育学校，创办于2016年，学校以"国家课程生本化、校本课程特色化、活动课程系列化"为宗旨，注重音乐、美术、体育等特长挖掘类课程，做到赏识每一位学生，让每一位特殊儿童快乐学习、快乐成长。工作室成员在平远县教育局潘昌洪副局长和丘玉华校长的陪同下，参观了学校一期、二期（在建中）教学楼、师生公寓楼、综合楼和户外运动场。学校按照省级示范性特殊学校标准配置，布局合理，生均占地面积配比符合国家要求。

本次研修的一项任务是同题异构研讨，分别由平远县特殊教育学校的冷娟玲老师和清远市清城区特殊教育学校的陈焕君老师，以"小鱼游游"为课题上了两节绘画与手工的研讨课。平远特校的冷老师注重结合生活经验诱导学生观察、发现小鱼的特征，环境保护教育的德育渗透自然。清城特校的陈老师注重对学生动手能力的培养，分层教学合理，利用多彩的教具给予学生折、贴鱼鳞和展示作品的机会。两节研讨课各有侧重，各具特色，大家纷纷表示获益良多。课堂是教师的主阵地，这样的同题异构研讨课交流对教师的专业成长、教学风格的提炼都非常重要。

接下来的主题研讨会，由平远县发展中心肖晓利教研员致欢迎词，丘玉华校长做了学校情况介绍。工作室主持人、广州市越秀区启智学校校长聂永平在发言中指出，平远特校在政府的支持和丘校长的引领下，建校短短三年时间，就走出了一条以科研为导向的特色道路，的确是一所年轻、充满活动、追求专业化的新生代特殊教育学校工作室及启智学校将全力扶持平远特校的发展。工作室学校代表清远市清城区特殊教育学校的陈杰校长、英德市智通学校的李志文校长，都分别对各自学校的情况做了介绍，也肯定了平远特校的办学方向和成效。随后，越秀区启智学校曹

---

* 本文创作时间为2020年11月。

丽敏主任从个别化教育的角度出发，结合自身丰富的教育教学经验，围绕"我们的困惑、我们的对策、流程说明、因IEP的改变"几个部分，深入浅出地与大家分享了做个别化教育计划（IEP）最核心的理念和主要流程，唤起大家对个别化教育的思想共鸣。

梅州市梅江区特殊教育学校，创办于2017年，学校遵循"为了残疾孩子的幸福童年和美好未来而不懈努力"的办学理念，努力营造"诚信友爱、和谐向上"的校园氛围。工作室成员在邹峰校长的陪同下，参观了学校，听取了学校情况介绍。聂校长对梅江特校的校园环境的整体规划、校园文化建设表示赞许，随后还向邹峰校长赠送了纪念旗，期待大家今后多交流，共促发展。

工作室研修培训已近尾声，梅州研修之行，让大家收获颇丰。希望在大家的共同努力下，通过多校联动，凝心聚力，共促广东省特殊教育事业的快速发展。

图1　工作室团队赴梅州交流研修活动

搭建高端交流平台，共商融合教育发展之计*

——祝贺区特教指导中心、启智学校承办第二届粤港澳融合教育分论坛圆满成功

广州市越秀区启智学校

2020年12月22—23日，第二届粤港澳融合教育论坛在广东外语外贸大学国际学术交流中心隆重举行（如图1所示）。论坛由广东省教育厅、广东省残疾人联合会、香港特别行政区政府教育局指导，广东教育学会特殊教育专业委员会、广东狮子会等组织承办，广东外语外贸大学、香港中文大学聋人与手语研究中心、《新课程研究》杂志社、广东知明教育传媒有限公司协办。会议在线上线下同步进行，在香港、澳门均设有分会场。

第一天，会议以"和合相生，融合教育推进及支持策略研究"为主题，共邀粤港澳三地的教育行政部门、专家、学者和一线教师共同分享交流融合教育经验，特别邀请了教育部基教司特教处处长黄伟、北京师范大学特殊教育系主任邓猛，探讨特殊教育理论研究成果，推进融合教育质量的提升。

论坛的第二天同步开放4个分论坛——高教论坛、地市论坛、特教名校长工作成果展示、教师专场，聚焦粤港澳大湾区融合教育中出现的热点、难点，切实推进三地融合教育事业的理论研究和实践发展。

近年来，广东省特殊教育事业蓬勃发展，广东省聂永平名校长工作室不断探索特殊教育学校向区域资源中心的功能转型，积极构建融合支持模式。作为大会其中的一个分论坛，通过主题讲座和圆桌访谈等多平台展示了越秀区在教育局的领导下以特殊教育指导中心为支持点，推动区域融合教育发展的思考和探索。该分论坛由广东省聂永平特殊教育名校长工作室、广州市越秀区教育局、广州市越秀区特殊教育指导中心、广州市越秀区启智学校负责，采取线上线下结合方式举行，来自市区教育行政部门、残疾人联合会、高校、区特殊教育联盟学校的专家、代表共100余人参加了这次论坛。该分论坛线上线下超过9万人观看，论坛邀请了北京师范大学特殊教育系教授邓猛参会，并介绍了国内融合教育的现状和发展趋势，教授对启智学校先行先试的先锋模范作用表示肯定。嘉宾们在演讲中介绍了粤港澳大湾区融合教育从构想到实质发展的思路与路线。华南师范大学特殊教育系主任谌小猛在主题讲座中指出融合教育的重大意义，向特教同行展示了特殊儿童评估转介安置的发展动态。番禺区教育局特教专干、特教教研员介绍了番禺区的办学特色：构建"1+

---

* 本文创作时间为2021年1月。

(8+N)+X"管理网络,她认为做好师资的分层培训,形成师资成长体系,对办有质量的融合教育大有裨益。

广东省名校长工作室主持人、广州市越秀区特殊教育指导中心主任、启智学校党支部书记兼校长聂永平则为大家详细介绍了目前越秀区融合教育的发展现状,通过数据分析,更直观地展现了未来融合教育发展的趋势,并介绍了融合教育"DOT"支持模式。该模式以学生的需求为核心,构建多元化融合课程(D)、全方位覆盖的支持系统(O)、三维立体式的管理模式(T),各司其职,统整资源,以期进一步提升区域融合教育质量。随后,启智学校的代表彭少健、钟杰锋两位老师分享了积极行为支持中心、越秀区辅具适配中心的支持模式。来自广东省聂永平工作室成员的两位校长代表也分别介绍了深圳市和梅州市融合教育的发展情况,向与会嘉宾展示了融合教育在各地本土化发展的实践成果。最后,广东省智协主席、越秀区特殊教育指导中心主任、普校教师代表、教研员代表、家长代表围绕"从教育公平的角度论道融合教育"的主题共同分享融合教育的开展情况。新特教、新优势、共融合、促发展。

本次论坛得到了参会人员的积极反响,为随班就读学生融入校园、融入课程、享受公平优质教育迈出了坚定而有力的一步。未来,在大家的共同努力下,融合教育将成为越秀区教育的又一亮点和品牌。

图1 第二届粤港澳融合教育论坛

第四部分 爱的传承

爱的传承　专业提升

广州市越秀区启智学校党总支部书记、校长　聂永平

如果说，从事特殊教育是一件充满大爱的工作，那么培养特殊教育校长们的工作室，就是传承爱与专业的港湾。

广东省特殊教育聂永平名校长工作室自2018年成立至今，秉承"仁爱、专业、创新、合作"的理念，以培养一批特殊教育骨干校长为己任，以促进广东省深圳、珠海、梅州、清远、广州五城特殊教育学校高位发展为目标，通过专业的引领辐射，推动该区域特殊教育的发展，努力达到共同成长、共同发展的目标。三年来，虽然教育场景在不断地发生变化，但不变的是校长们的研修初心和发展学校的使命和担当。在这里，有精彩纷呈、启人心智的真实表达；在这里，有学校和学校之间的深度对话；在这里，有最接地气的思维碰撞和前沿解读；在这里，有新思考促进下的学校发展和校长专业成长。爱的传承，专业提升，时间飞快，我们走过了三年时光。

一、引领与前行

每一年，工作室都组织一省五城六所特殊教育学校的校长们近距离交流研讨。走进不同的城市和特校，感悟不同的区域教育特色，围绕特殊教育热点进行深度研修。无论是在清远市清城区的支教活动中，还是在远赴贵州省5所特殊学校的送教活动中，我们都相互促进、共同进步。通过理论学习、教学研讨、课堂观摩、主题研修、专家引领、诊断研学，充分发挥了工作室主持人的教学引领、辐射示范作用，工作室的校长们也在教育管理和教学实践的道路上提炼经验、反思做法、砥砺前行。相信在同一蓝天下，前进的道路将会洒满阳光！

二、研讨与成长

本工作室最大的特点就是名校长、名教师双工作室优势互补，实现双平台资源整合，在各种交流的平台中各类型办学的特校凝聚在一起，针对学校建设、教育管理、专项发展，共同探讨特殊教育管理改革，带领教师向多方面技能整合型发展，为特殊教育增添了新的能量。研修活动连接着特校的日常，以专业探讨研磨为平台，借助丰富的培训经验以及优质资源，构建学习共同体。成员们在高位引领、思想碰撞中，不断更新思维的广度和深度，向着更专业、更前沿的方向去思考与探索，促进共同成长！

三、收获与提升

三年时间，我们走访了所有的成员学校，通过把脉问诊对学校发展进行重新审视，帮助梳理了学校的办学思想和理论体系，找准特殊教育学校办学特色的切入点和发展方向，与成员们共同研讨出具有学校特色的发展规划，创设了"合作、竞争、和谐"的共同体文化，在合作中凝聚力量，在碰撞中促进发展，带领着学校的老师们朝着既定的方向踏步前进。工作室成员们逐渐找到自己前进的方向，把所学与实践相结合，在实践中不断探索研讨，也逐步提升了区域的特殊教育质量。

特教人，不忘初心，砥砺前行。我们一步一个脚印，扎实办学基础，开拓新的项目，为改变特殊青少年及其家庭努力着，如春风化雨般，润物细无声。愿在彼此努力和坚守中，将这份爱传承下去。

名师指引　五校联盟　共同成长

深圳市福田区竹香学校副校长　黄木生

笔者于 2016 年担任深圳市福田区竹香学校副校长（主持工作），对于从未担任过学校副职，并对学校管理一窍不通的我来说，能在 2018 年加入广东省聂永平名校长工作室，并在这个高等级的研修平台上与广州市启明学校副校长唐英姿、清远市清城区特校校长陈杰、梅州市平原县特校校长丘玉华及珠海市特校副校长陈文交流，更有广州市越秀区启智学校聂永平校长的指导、示范，从而逐步形成自己的管理模式，实为三生之幸。

一、一个好校长就是一所好学校

2018 年 12 月 13—14 日，在广州市越秀启智学校跟岗培训期间，聂永平校长为我们安排了参观、听课、交流、研讨等活动。学校面积不大，硬件一般，但是教学秩序有条不紊，活动开展得有声有色，每位教师都各尽其能、各司其职，学校呈现的是欣欣向荣、朝气蓬勃的景象。在交流中了解到，聂永平校长来到启智学校担任校长不到半年时间。（我校于 2016 年 11 月也曾派遣 3 位教师到启智学校跟岗培训，当年被堵在门外半小时，至此才明白现在的启智学校与两年前的表现迥异的原因。）"一个好校长就是一所好学校"，虽然这个判断不完全正确，但启智的改变为这句话提供了最好的例证。就个人管理经验而言，校长的办学理念决定学校的方向，校长的思想品格决定学校的人心，校长的工作风格决定学校的习惯。习惯是基础，人心是动力，方向是高度。没有基础，就没有高度；没有动力，方向就是空谈；没有方向，基础和动力都会失效。三者相辅相成，缺一不可。

二、小城市特教事业风生水起

2019 年 4 月 24 日，工作室 5 名成员在聂永平校长的带领下，赴清远市开展为期 3 天的诊断研修培训工作。走进清远市特校，第一感觉是校园面积大，相比之下，竹香学校则相形见绌。香竹学校虽然投入使用刚满 5 年，却给人一种陈旧感，空荡荡的校园唯有对着大门口的电子屏和宣传标语、图片呈现出正能量。前任校长何耀初说，这是他到任后才设置的，所以笔者再一次感叹："一个好校长就是一所好学校！"清远市清城区特校面积虽不如竹香大，但是校园整洁，环境清新，给人一种雅致的舒适感。后来的教学观摩也加深了笔者的这种感觉——三节公开课，清城特校的那节音乐课是表现最佳的，负责点评的珠海特校副校长陈文亦赞不绝口。笔者又在想，"竹香学校能拿出这样专业的一堂好课吗？"心里顿时黯淡下来，作为

"老同志",更应"迎头赶上",不能"拖年轻人的后腿"！交流环节,导师聂永平校长做了有关教师专业成长的专题讲座,学校的"三大中心"和教师专业成长计划"学习者""跟随者""推动者"的定位,都给笔者很好的启发,也再次证明"一个好校长就是一所好学校"的论断。清新区特校是我们的最后一站,小巧精致的校园中一棵百年大榕树成了一道亮丽的风景,我们在树下的合影表达特教人不变的初心。

三、特教帮扶须一直在路上

"扶志、扶智"是脱贫攻坚的根本原则和目标,教育帮扶就显得尤为重要。5所特校校长各带领自己的小团队,怀揣特教帮扶的使命与责任,于2020年11月初到贵州省黔南州实施教育帮扶。此次帮扶的对象是罗甸县特校、惠水县特校、独山县沁元学校和黔南州特校。5天时间很紧张,但让人印象深刻、感触深沉——西部地区对特殊教育的重视程度似乎较东部更甚,崭新的罗甸特校很能说明问题,惠水特校虽然陈旧,却也即将重建,而沁元特校的非遗文化、黔南州特校的工地也在默默诠释笔者的判断。4所特校8个讲座,时间很短,却起到一石激起千层浪的效果,每次讲座都能引起教师们的热烈讨论,就如小王露所言:"我们虽然不能在短时间内帮他们什么,但我们带去的是理念,带去的是思想,如此足矣……"

眼前仍时常浮现惠水特校那些小家伙们隔着玻璃挥手道别的情景,那依依惜别、恋恋不舍、让人心疼的眼神,早已在我们内心镌刻——帮扶的人不会长留,但一定会常在；名校长工作室学员会"毕业",但研讨不会"毕业",感情不会"毕业"。

怀敬畏　守本分　不忘教育初心

清城区特殊教育学校校长、党支部书记　陈　杰

"感谢老师、感谢学校、感谢政府！"这是在特校4年里笔者听家长讲得最多的一句话。这是对特殊教育工作者的肯定，对特殊教育社会价值的肯定。然而，面对家长的赞扬笔者不禁要问："这不正是我们为之努力的初心吗？人民群众的口碑不正是我们共产党人的追求吗？"笔者认为，作为一名教育工作者，应该怀敬畏、守本分、不忘教育初心。

一、怀敬畏，全面做好学校工作

2017年，笔者从区直中学调往特殊教育学校任负责人，笔者从一名负责教学的学校领导调任为学校法人，倍感责任和压力。但作为一名教育工作者，只要对权力怀敬畏之心，兢兢业业全面做好学校工作，就可以不负重托。怀敬畏，不是要战战兢兢，不是缩手缩脚，也不是不敢用权、不敢管理。如果是这样，学校工作将会停滞不前。怀敬畏，就是要敢于用权但不越权、不越界。具体到学校工作中就是要敢于管理，严格要求。对学校，在教学常规、德育开展、财务后勤、学校文化建设等方面要全方位主动谋划，打造有品质的学校；对教师，既要关爱又要严格，不能做老好人，更不能得过且过，要关心教师专业发展，狠抓师德师风建设，努力打造优质教师队伍；对学生，要努力创设良好校园学习环境，努力提供优质而均衡的教育，促进每一位学生的成长。作为一名校长，要用好手中的权力但不能越界。如果在管理中唯我独尊，不依法依规，不找依据，不讲道理，滥用、乱用权力，这将对学校发展、教师队伍造成极大伤害。权力是双刃剑，用好了有助于管理，用不好则伤人伤己。习近平总书记说："传道者自己首先要明道、信道。"作为一名教育工作者，应该常怀敬畏，明道、信道，才能不负为师者。

4年来，笔者正是怀着敬畏之心履行特校校长之责。首先，"工欲善其事必先利其器"，笔者从普教来到特教就必须熟悉特殊教育的一切，因此，笔者给自己一个任务，要求自己保持谦虚的学习态度，认真学习特殊教育的有关政策、专业理论和前沿方向。其次，笔者带领团队制定了学校5年发展规划，谋划并开展了多元课程、医教结合、生活能力培养、主题活动与康复训练结合、个别化教育、个训六位一体提质发展模式，学校办学质量不断提升，受各方领导、专家认可，学校于2018年被评为清远市文明校园。再次，我们为特殊孩子打造"爱智"校园文化环境，孩子们在校园里住宿有人管理和协助，免费为孩子们提供营养均衡的一日三餐，为他们提供了优质的住宿环境（宿舍配装空调和热水系统），为他们精心设计和准备的

"爱智"多元课程，我们还不定期为孩子们提供"爱智"活动，这看似简单的一切凝结了我校全体特教人的心血。最后，笔者高度关注教师的发展。梅贻琦说："大学非大楼之谓，乃大师之谓也。"教师是一所学校的灵魂，一所好学校必然是大师云集的地方。因此，笔者积极为老师们搭建各种平台促其成长。办学之初，笔者就确定了"以校为本、积极外延"的培养教师策略。"以校为本"，就是立足我们自己，开展校本教研、校本培训。如每人一节公开课，基本功比赛，说课比赛，每周主题教研，论文评比，申报区、市级课题，爱智讲坛，等等。"积极外延"，主要是考虑学校刚开办，必须向有经验的学校和老师学习，因此办学不满半年时，我们就和广州市越秀区培智学校签订结对协议，我们派老师每学期去跟岗学习，参加他们的各种教学教研、比赛活动，同时，培智学校定期派专家到我们这里来指导，老师们都受益匪浅；2018年，我们还和广州启智学校、梅州平远特校、深圳竹香学校、广州启聪学校结成了一省五城特校联盟，让我们的老师们在更大的平台上共享资源，同时可以更好地展示和发展。

有人问我："你做个特校校长，这么努力干嘛？有必要办这么好吗？"笔者的回答是："这是我做校长的职责，我有义务和责任把学校办好、把学生培养好、把团队带好。"说到底，就是因为知敬畏，所以须努力。

二、守本分，带头示范促发展

校长是怎样的角色？这个问题很多人都会问，笔者也思考过。从身份上看，校长属于专业技术人员，校长只是教师中的一员；从管理角度上看，校长岗位有行政属性。因此，笔者的理解是，校长是被赋予了更多行政职责的教师，归根到底校长只是一名教师。"师者，传道授业解惑也。"校长要守住作为教师的本分。既然是师者，就不能高高在上，不能以为自己比教师"高"许多；要放下身段，深入一线课堂听课、评课，认真了解教学常规，仔细做好后勤、安全管理等；既要深入一线示范引领，又要做好学校的顶层设计和规划；带着团队干，不畏难、不怕苦，团结老师、依靠老师、帮助老师、提升老师，促进学校走上高质量发展的良性循环快车道。习近平总书记说："全国广大教师要做有理想信念、有道德情操、有扎实知识、有仁爱之心的好老师。"校长也是为师者，坚守本分才能不负职责。

2017年，笔者来到特校的时候被告知团队都是新招聘的，首批8名教师要到当年8月底才能来报到。坦白地说，笔者的心情是复杂的，笔者之前管理的科组长都比如今一个学校的老师多，而且还是新兵。但是，笔者又想："有什么大不了，校长就是称呼而已，其实我不就是一名老师吗？既然是这样，就带着他们干就行了。"于是，办学初的那两年，无论是课堂、教研会、公开课、基本功比赛、部门工作笔者都不缺席，后来工作上了轨道笔者才逐渐放手，让他们历练成长。现在，我们的老师们逐渐成熟，学校规模也不断发展壮大，笔者有一种看到自己"孩子"不断成长的感觉，心中总有喜悦之情。其实，学校领导要做好很简单，守住本分就足够了。

三、不忘教育初心，提供公平而有质量的教育

笔者"跨界"来到特殊教育学校时学校仍在建，教师没有到位。作为我区首间特殊教育学校，没有任何经验可以借鉴，困难重重。心里也有过犹豫和退缩，心想："这么多困难，我又不懂特教，万一做不好怎么办？不如就请辞回普校算了。"但是，每当想到家长们迫切想让孩子读书的眼神，想到如何让我区特殊孩子也像普校孩子那样享受公平而有质量的教育，笔者心里顿时充满了动力去克服一切困难。四年过去了，我们为孩子们提供了多元课程和完善的后勤保障，促进了每位孩子的发展，招生每年都成倍增长，极大解决了我区特殊孩子受教育难的问题，学校也发展成了清远市有影响力的特殊教育学校，受到家长、社会一致认可。这正是我们特教工作者的初心。习近平总书记说："努力让每个孩子享有受教育的机会，努力让13亿人民享有更好更公平的教育，获得发展自身、奉献社会、造福人民的能力。"同一片蓝天下，孩子们共同沐浴祖国的春风，特殊孩子和普通孩子一样露出灿烂的笑容，这样的教育不美吗？

钟南山院士说："生逢盛世，当不负盛世。"他是这样说也是这样做的。我们作为一名教育工作者，理应怀敬畏、守本分、不忘教育初心，为新时代的美好教育而不懈努力。

嵌入式视障德育的管理与思考

广州市启明学校副校长　唐英姿

2018年，笔者有幸成功加入广东省聂永平特殊教育名校长工作室，成了"五城六校特教联盟"的一员。对笔者而言，在工作室的大家庭里，每位成员都是那么优秀，聂永平校长的睿智、陈杰校长的理性、丘玉华校长的自信、黄木生校长的沉稳、陈文校长的敬业……从他们身上，笔者看到特教校长对特教工作的追求与奉献。

参加聂永平名校长工作室研修期间，主持人组织我们多次进行研讨交流，给我们做了"特殊教育学校多元化课程和专业化发展新视角"等几场精彩的专题讲座，激发我们的特教情怀，提升我们的专业素养，鼓励我们牢记教育初心，恪守特教使命。在主持人的带领下，我们先后参访了清远、梅州、黔南州等地近10所特殊教育学校，参观他们的校园文化建设，了解他们办学思路，与教职工一起探讨特殊教育的真谛。为充分发挥工作室示范、引领、辐射和带动作用，促进东西部特殊教育均衡发展，共享优质教育资源，我们以"五城六校特教联盟"的形式，先后集体参加越秀区启智学校的特奥运动会、平远县特殊教育学校的同课异构研讨、黔南州支教研修等活动。每一次研讨，我们都收获颇多。特别在走访每一所学校时，笔者都在寻找他们的闪光点。学校精心规划，把绚丽多彩的环境装饰融入功能性教育环境，孩子们所需的学习和康复的内容以一种亲切、活泼、有吸引力的方式融为一体，嵌入孩子们点点滴滴的日常生活中，可以说，一花一草、砖石墙瓦皆是教育。

与其他几位工作室成员所在的学校不同的是，我校是一所视障教育学校，但同时还有一少部分多重障碍盲童，主要包括盲兼智力障碍、盲兼脑瘫、盲兼情绪行为障碍、盲兼语言障碍、盲兼自闭症等。其中，盲兼智力障碍占多重障碍盲童的大多数。作为一名视障学校主管德育的教育工作者，研修期间所获所得，很自然地引发了笔者对视障德育管理的一些思考。在这个团队里，笔者与大家有共鸣之处，那就是我校多重障碍学生的康复教育，借鉴他们的经验，思考在学校已有的"体验式德育"的基础上，如何开展视障学生嵌入式视障德育的管理。

"嵌入"理论其实最早出自新经济社会学，用来形容人类经济这一活动过程嵌入经济与非经济制度中，是经济社会学中的一个核心词汇，强调了关系的嵌入对结果的影响，之后在信息技术、教育学等领域也引发了人们对其不同角度的新的理解和诠释。

"嵌入式"德育模式是一种新型的德育管理形式，既可以针对特定群体需求，能深入了解他们的学习和需求，并能与之建立良好的联系，又不断提供个性化的服务，随着嵌入式德育核心素养内容和层次的加深，逐步形成高信任度、密切合作、融合共享的良好合作及协同关系。诚如教育、康复和训练嵌入于校园环境中，以其影响学生及家长，形成一个全功能性、高接纳性教育环境以推动和深化教育教学效果，形成独特的"嵌入式"德育模式。

一、"嵌入式"德育教育模式是在大德育理念引领下了解视障学生真实需求，促进视障学生个性发展的需要

随着当前教育改革的变化，视障学生更需要符合个性和自身发展的、针对性较强的德育管理，不只是通过思想政治教育或者讲座来提升自身的德育核心素养，而需要德育核心素养"如影随形"地深入到学习、生活以及以后的职业生涯中。因此，"嵌入式"德育模式符合大德育环境视障学生的个性发展需要。嵌入式德育管理就是要了解视障学生的真实需求，可以根据视障学生的个性发展需要，制定适合不同群体、针对性较强的"嵌入式"个别德育管理计划，使德育的管理有的放矢，让视障学生更好地消化和吸收德育教育管理的相关内容，达到最佳教育效果。

笔者认为，"嵌入式"德育模式可以是外部对于内部的作用，是关系对于结果的影响，其特点应该是积极正面、高渗透、低抗拒，在德育目标明确、原则严明的基础上，跟上新时代要求，贴合视障学生实际，以生为本，播撒光明。其实，"嵌入"一词就很好地表达了德育管理较为理想化的实施，"嵌入"必须是合适，为主体量身订造的，毫无违和，这就要求德育管理的具体落实方式是符合视障学生身心发展规律的，是学生们所能接受甚至是喜爱的，虽然是我们给予他们的，但是最终是在他们内部或自身发生作用，达成目标。

二、推动家庭、社会重视和参与视障学生成长，分层次、分类别、有针对性地开展德育管理工作

在实践中，我们把德育管理的目标落实到视障学生日常生活的点滴之中，以符合他们特点、他们喜欢的方式呈现，润物细无声地嵌入整个德育教育环境中，注重调动视障学生进行自我教育的内在驱动力，依据尊重、责任、体验、自主的原则，落实学生的主体地位，形成自主规划、自觉实践、自查自律、自我教育的"嵌入式"德育模式，做到过程学生参与、形式学生接受、成效学生认同。

启明学校一直在努力实践和探索这种"嵌入式"德育管理模式。例如，红旗班制度的制定和实施，以此给孩子们一个正确的行为导向，利用差额选举增强示范作用和相对减轻压力，重点在于榜样示范，让孩子们从学习生活到课后生活各细节中了解并慢慢形成行为规范，不仅帮助学生个人形成规范意识，同时也利于营造班级整个集体的自我评价和自我约束的能力，树立同伴之间的相互提醒和相互帮助的意识，最终以同伴关系、师生关系等影响学生的规范意识和行为。又如，我们一直以发展特长、体艺先行等方式把特长能力和德育教育管理合为一体。学校多年来重视

和坚持举办好多种多样的体艺活动，既有传统的校运会、艺术节，也有长期与番禺执信中学携手共建的丰富多彩的融合教育活动。体艺是孩子所爱，是国家重推美育的关键部分，更是培养学生健康身心、塑造良好人格的必须要素。我们以丰富多彩的体艺嵌入学生的生活中，让孩子在锻炼中，在塑造自我中，在展现才华发展特长中建立自信、健康和阳光的心理，铸就坚韧、刻苦的毅力，让德育目标真正嵌入学生的生活中，以符合视障学生身心发展的所需与特点，并与学生课内外生活完美结合。德育管理不再是强硬的、生硬的，而是柔和的、灵活的、多样的。

在视障德育管理中，我们坚持动员全校参与其中，领导层、教师群体、学生以及陪读家长个人都是德育管理的参与者，我们努力把德育管理的影响延伸到校外如学生家庭中、社区中。对于视障教育的德育管理，我们还要更多地思考和探索，我们还需要不断深入地研究和了解视障学生，关爱并尊重他们，更好地做到以生为本，对社会环境的变化和趋势葆有关切敏感之心，随时发现视障学生及其家庭与社会关系间的动态变化，想他们所想。我们要高度站位、整体把握、灵活创新、长远发展，让视障德育及其管理更具实效，充满活力。

转眼三年过去，工作室的学习培训很快就要结束了。希望以后还能有机会进一步与工作室的成员沟通交流，不断提升自己的特殊教育的理论水平和管理能力。

在展望中前行

平远县特殊教育学校校长　丘玉华

他山之石，可以攻玉。笔者在广东省特殊教育聂永平名校长工作室这个优秀团队里，在办学经验丰富的特殊教育领域的"前辈们"的悉心指导下，参与了内容丰富、形式多样的学习活动。一次次的专业理论讲座、学校观摩、相互交流都让笔者学习了先进的管理策略和管理理论、专业的教育思想和教育理念，充分理解了特殊教育学校校长应具备的理论素养和能力素质，开阔了教育管理视野，加深了对特殊教育尤其是培智教育的思考。三年来，在工作室领头人聂永平的引领下，笔者结合本校的发展规划，将学习和收获总结为以下几个方面。

一、严管理、抓质量

办学以来，学校以"办人民满意的特殊教育"为宗旨，坚持以人为本，立足培智学生的发展需求，以学校管理与自我研修相结合，着力强化教师专业意识、责任意识、奉献意识，致力于打造高素质的培智教育师资团队。在严格抓学习、纪律、行为规范的前提下，学校以特殊教育领域内的专家教师为引领，采取走出去与请进来相结合的方式，与同行兄弟学校交流，外请专家到校指导，外派教师跟岗学习，保证培训时间，全员参与，提高学校教育教学水平。

二、拓思路、办特色

培智学生的智力水平、语言发展、知识能力以及身体的协调性差异较大。在观摩借鉴其他学校的优秀成果的基础上，探索了多种教学模式后，学校拓宽思路，走特色发展道路，结合本校实际情况，尝试以专项训练为主的教学模式，初步开设了语言康复训练、绘画与手工技能培养、体育特长训练、音乐特长培养和心理健康辅导5门专项训练课程，专人专任，由专任教师全面负责学生特长培养，突出发展学校特色，拓宽培智学生的发展道路，提高教学质量。

课题研究是促进教师专业成长的重要研修途径。学校自开办之初，就高度重视课题研究，以课题为载体引领教师专业发展，构建"研修—教学教研实践—再研修—再实践"的校本研修体系，营造科研氛围，提高学校科研能力。学校召开专题会议，从本校身为山区培智学校的实际出发，明确课题研究的方向，基于教学实际、教师实际、学校实际选择具体的研究问题，号召学校教师积极参与、主动参与、分好工、领好头，把课题研究工作当成一项重要任务。

三、勤反思、促进步

聂永平名校长工作室为我们的专业成长搭建了很好的学习平台，通过学习，笔者深深体会到了"学然后知不足"。在今后的工作中，我校将继续总结经验，不断改进方法、创新模式，进一步规范教育教学研修管理，围绕培智教育当前存在的热点、难点问题，着力抓好专题教学研讨和课题特色教研，全面提高教师队伍的整体素质，使我们的培智教育工作形成自己的特色，探索出更适合我校实际的培智教育发展道路。

回首这几年在名校长工作室的学习，有着这么多有思想、有能力、有活力的特教同行者，相信特殊教育事业会有更进一步的开拓和创新。今后笔者会更加努力，向名校长学习，向工作室的各位同行学习，在展望、反思、践行中前行！

三年工作室感悟

珠海特殊教育学校副校长　陈　文

时光荏苒，三年的时间弹指一挥间。能成为"聂永平名校长工作室"的成员，在走上副校长岗位没多久便能与名校长和成员进行智慧碰撞并同行，笔者感到非常庆幸。回顾在工作室的学习时光和一幕幕研修的场景，笔者的心里充满的是感谢、感悟和感动。三年间，笔者感受到了聂永平校长底蕴深厚、热心教育的魅力，感受到了工作室伙伴们孜孜以求、勤于实践、勇于探究的精神。培训中，有教育管理中对前沿教育理念的解读，也有学校教育管理中对鲜活生动案例的研讨，参加一次次活动就如同经历了一次次教育思想和教育理念的洗礼、一次次管理策略管理层次的提升。学习中，我们的教育管理视野更开阔了，我们的教育管理思考更深入了。

我们的工作室是一个团结合作、乐于学习的团队。虽然每位校长的学校工作繁忙，但是工作室的活动大家都积极参加，因为每一位成员都是极佳的学习交流对象。每次工作室活动，大家相互交流研讨，共同提升管理水平与实践策略，共同进步、共同成长。这里温馨、团结、充满学术氛围，在这样一个团队中我们能时时感受到热切的学习氛围和学习思辨的快乐。工作室每一位校长各有特色，每一次活动、每一次探讨，总能让笔者感受到伙伴们闪耀着智慧光芒的思维火花，分享学习成果让笔者视野开阔，思想升华。

三年的工作室学习，名校长的引领和学员们不断地思想交汇，让笔者收获了智慧。笔者将继续努力，加强学习，不断探索、创新，找到适合自己的路，为学校的发展赢得更广阔的空间。